長沙簡牘博物館
中國文化遺産研究院　走馬樓簡牘整理組　編著
北京大學歷史學系

長沙走馬樓三國吴簡

竹簡〔肆〕

㊦

文物出版社

釋文

⧄□男弟軍年□□　□　⧄　一

【注】簡一至二二五出土時原爲一坨，揭剥順序參見《揭剥位置示意圖》圖一。

⧄廉男弟其（？）年廿一　二

⧄汲女弟造年二歲　⧄　三

廉妻廷年卌九　四

⧄　慎妻省年卅四　五

⧄□□年□　六

石□家口食六人　七

帛男弟醫年二歲　八

圯從男弟文年廿六苦腹心病　九

子男帛年四歲　一〇

妻婢年卌四雀兩足　一一

⧄荆右足　⧄　一二

⧄偖妻倚年廿九　一三

⧄食六人　一四

□□□年四歲　一五

□□妻使年十四　一六

朱小妻常年廿五　一七

□妻因女始年十五　一八

弟道年卅　一九

⧄家口食五人　⧄　二〇

⧄妾子男阮年十五筭一　二一

⧄　□寡嫂張□年六十　二二

屌子男長年十二　二三

召（？）男弟該年十　二四

嘉禾五年緒中里户人公乘賈□年八十一　二五

【注】「賈」或釋「雷」。

右文口食□人　二六

【注】「文」下原脱「家」字。

⧄　□弟□年五歲　二七

⧄子女末年十一　二八

⧄　妻大女傳年卅二筭一　二九

禿女弟姑年五歲　三〇

嘉禾五年緒中里户人公乘陳□年卅三筭一　三一

思男弟鼠年六歲　三二

子女思年十一歲　三三

妻大女□年□二筭一　三四

⧄□妻大女桑年廿四筭一　三五

⧄□里户人公乘□□年卅一筭一腹心疾荆左手　三六

⧄年廿七筭一　三七

衆（？）男弟□年三歲　三八

嘉禾五年緒中里户人公乘五思年廿九筭一　三九

·右忠家口食四人　四〇

妻大女貴年十四　四一

□男弟禿年十歲　四二

□妻大女汝年卅四筭一　四三

子（？）男石年卅五給□□　四四

嘉禾五年緒中里户人公乘嫘長（？）年卅七筭一　四五

⧄妻鼠廿筭一　四六

【注】「廿」上脱「年」字。

⧄……年卌三筭一　四七

宗男弟忽年八歲　苦腹心病　四八

□男弟導年……腹心病　四九

□□□年七十九　五〇

嘉禾五年緒中里户人公乘區□年五十九筭一　五一

·石區口食八人　五二

【注】「區」下原簡脱「家」字。

五三 喁從男姪魚年九歲聾病

五四 得男弟□年四歲

五五 敖男弟得年六歲

五六 ☒□

五七 嘉禾……卅八□□

五八 ……

【注】此簡字迹已磨滅

五九 ……仨年……

六〇 ……九 □□

六一 □子男龍（?）年六歲

六二 小赤里户人公乘吕尺年卅七

六三 ・右理（?）家口食四人 訾 五 十

六四 □男弟儀年四歲

六五 ……年……☒

六六 子女𡿨年□□

六七 □男弟……

六八 □男……足

六九 小赤里户人公乘鄧（?）□年六□

七〇 ……訾 五 十

七一 紀姪子男□年□一

七二 □男弟萬（?）年十歲□□□

七三 □男弟五（?）年□歲

七四 □男弟生（?）年二歲

七五 □子男……

七六 □□□年卅二……

七七 ……年卅□聾□耳

七八 □□里…… 訾 五 十

七九 自姪男……

八〇 □□□年十□

八一 復（?）男弟仲年四歲

八二 ……張年卅筭一

八三 奴（?）妻復年廿一筭一

八四 ……年……

八五 ……黄□年……

八六 ……養□□

八七 杲男弟□年十六刑□□

八八 嘉禾六年東扶里户人公乘雷怒年□□三□腫兩足

八九 妻勉年卅七筭一

九〇 小赤里户人公乘□□年□□□□

九一 ・右石家口食七人

九二 七（?）女弟□年十三

九三 □子男□☒

九四 ☒□妻□年五十三筭一

九五 右董家口食三人 訾 五 十

九六 □女弟婢年二歲

九七 ……户人公乘…… 訾 五 十

九八 □妻大女……

九九 □男弟□年十□□

一〇〇 仨男弟生年……

一〇一 □男弟□年……

一〇二 困男弟筭（?）年五歲

一〇三 胡寡嫂汝年□□

一〇四 ☒□□嫂□年卅

一〇五 ……

【注】此簡字迹完全磨滅。

㗊男弟梁年卅五　一〇六

㗊男弟得年廿□　踵足　一〇七

冒妻思年卅三　一〇八

……年廿二荆□手　一〇九

芯女弟十年三歲　一一〇

得男弟潘（？）年十三　一一一

亘妻息年十六　一一二

□兄叩年五十八　一一三

□女弟生年六歲　一一四

□子女錢年□一　一一五

□子男□年廿一　一一六

□妻烝年卌四　一一七

□□□年九歲　一一八

度寡嫂准年七十四　一一九

□子男□年廿一　一二〇

□□妄足年四歲　一二一

•凡敢家口食五人　一二二

□子男笲年四歲　一二三

敢子男敦年九歲　一二四

□子男□年□歲　一二五

妻大女□年□五　一二六

□子男□年八歲　一二七

曼溲里户人由氾年卅□　一二八

□女弟□年卌七　一二九

妻□年□一　一三〇

子男𥞦年□　一三一

暘子男□年□　一三二

☑□□□□　一三三

……　一三四

【注】此簡殘留字迹左側，未能釋文。

•右明家口食五人　一三五

□□□年八十一　一三六

□男……腹心病　一三七

元男孫殷（？）年四歲　一三八

曼溲里户人由末年八十　一三九

安（？）男弟須年十一　一四〇

凡元家口食六人　一四一

佰男弟賓年十八　一四二

☑□　一四三

應□□汝年□□　一四四

□男弟伯年十一　一四五

應子男主（？）年三　一四六

應妻陵（？）年□三筭一　一四七

曼溲里户人蔡應年卌五腹心病筭一　一四八

凡匿家口食五人　一四九

□男姪伯年五　一五〇

耳妻禾年十七筭一　一五一

子男鈴年卅　一五二

技男弟九（？）年三雀右足　一五三

□子男耳年十六筭一　一五四

客妻威年卅筭一　一五五

□妻息（？）年□　一五六

鈴男弟□年卅（？）　一五七

□男弟……　一五八

•凡□家口食六人　一五九

□妻□年五十四　一六〇

益渡里户人黃乙年六十六腹心病 一六一
□子女姑年十 一六二
汖男弟黃年九歲 一六三
子男興年□五筭一 一六四
□户六十一 一六五
嘉禾六年東扶里户人公乘圂方年□十二腹心病 □ 一六六
·右□家口食□人 訾 五 十 一六七
呂從姪男李運年卌五筭一 一六八
嘉禾六年東扶里户人公乘李建年七十五 一六九
□□子女□年七歲 一七〇
□姪男弟盧年五歲 一七一
石□男…… 一七二
駕（?）從男弟□□□五筭一 一七三
右幸家口食五人 訾 五 十 一七四
右逢（?）家口食四人 訾 五 十 一七五
紀妻實（?）年五十四 一七六
右鳴家口食四人 訾 五 十 一七七
子男免年五歲 一七八
進從男弟須年十 一七九
妻思年卌一筭一 一八〇
嘉禾六東扶里户人公乘陳圛年卌一筭一 一八一
【注】原簡「六」下脱「年」字。
嘉禾六年東扶里户人公乘李□年…… 一八二
婁勉年廿四筭一 一八三
子女行年十三 一八四
行女弟闟（?）年四歲 一八五
□妻…… 一八六
□男□年十九 一八七
物女弟思年十四 一八八
子男物年十八筭一 一八九
妻扶年卅筭一 一九〇
嘉禾六年東扶里户人公乘朱凌（?）年五十一筭一 一九一
逢妻□年十五筭一 一九二
妻五年卌四筭一 一九三
嘉禾六年東扶里户人□並（?）年□□苦聾病 一九四
妻…… 一九五
右送家口食四人 訾 五 十 一九六
汜子女紀年五歲 一九七
□收羅（?）□溢米一十二斛四斗四升二合五勺 一九八
右□家口食四人 訾 五 十 一九九
合夕久尸弟敬年十 二〇〇
界（?）男弟四年八歲 二〇一
右待家口食五人 訾 五 十 二〇二
□□年（?）十八筭一 二〇三
二〇四
【注】此簡未見字迹。
母客年八十六 二〇五
怹母妾年六十七 二〇六
永新倉吏□阿謹列所領圓☐ 二〇七
右沛家口食一人 二〇八
大男周沛年卅三 刑左足 二〇九
右萇家口食二人 二一〇
右狢家口食五人 二一一
大男陳銅年五十一 二一二
領受租米一百八十九斛三斗二升 二一三
平町里户人公乘陳文年七十五刑右足 二一四

□男弟□年七歲　二一五
母□年六十四　二一六
萇妻思年卌二　二一七
□男弟高年十一　二一八
母□年五十一筭一　二一九
虔子女汝年十二　二二〇
□男弟□年十四　二二一
鼠妻莫（?）年卌　二二二
亭男弟□年□歲　二二三
右尊家口食四人　二二四
右限僦溢合六千一百一十七斛一斗七升五合六勺　二二五
□妻困年五十筭一　二二六
【注】簡二二六至五三三出土時原爲一坨，揭剥順序參見《揭剥位置示意圖》圖二。
伯從弟□□年七歲　二二七
平男弟貴年十三　二二八
嘉禾六年東扶里户人公乘鄧□年卅二筭一　二二九
妻婢年廿九筭一　死　二三〇
秦母忽年五十四　二三一
右狗家口食三人　二三二
右檳家口食□人　死户定　二三三
大男周儀年卅三　踵兩足　二三四
福（?）男弟果年八歲　二三五
大男區□年六十　二三六
右咭家口食□人　二三七
大男區樹（?）年卅三□□□　二三八
……年□□　二三九
妻解（?）年六十三　二四〇
□子男□年十一　二四一
子男□年五歲　二四二
□男弟□年七歲　二四三
右鄉家口食三人　二四四
大男□□年卅□　二四五
□□女民年□歲　二四六
右蚼家口食三人　二四七
大男區枂年卌一　腹心病　復　二四八
妻思年卅□　二四九
大男周物年卌五　二五〇
妻陽年廿六　二五一
妻道年廿　二五二
□男弟南年二歲　二五三
右勇家口食三人　二五四
平女姪思年十一　二五五
右平家口食四人　二五六
大男勇強年卅一　二五七
妻□年卅五　二五八
男弟監年一□　二五九
□妻□□□　二六〇
端男弟小年七歲　二六一
□妻□年廿筭一　二六二
□姪子男將年六歲　二六三
婁男姪思年十歲盲□目踵足　二六四
妻喕年五十　二六五
其一百廿人女人　二六六
□小父昭年七十五　二六七
昭妻未年七十一　二六八
□寠嫂□年卌一　二六九

右陵（?）家口食五人　二七〇
右□家口食□人　二七一
其一户佃帥　二七二
其一户給郵卒　二七三
物男姪生年九歲　二七四
梨下里户人公乘鄭□年卌二　□□□　二七五
……　□斤年二歲　二七六
妻□年田六　□母□年七十　二七七
男弟板年十三　星男弟詎年三（?）歲　二七八
右伍家口食四人　二七九
子女蛙年十一　蛙男弟乙年四歲　二八〇
梨下里户人公乘鄭擧年六十一　二八一
右凡家口食五人　二八二
梨下里户人公乘鄭宜年九十六　二八三
妻□年廿八　子男音（?）年十三　二八四
梨下里户人公乘孫儀六十八　二八五
【注】「儀」下脱「年」字。
妻□年五十七　子男者（?）年十二　二八六
妻五年卅六　子男馬年九歲　二八七
桂男姪狛年八歲　二八八
右炉家口食四人　二八九
梨下里户人公乘潘佳年六十　踵足　二九〇
右桂家口食六人　二九一
男弟□年四歲　二九二
其□户給新吏　二九三
其一户給州卒　二九四
其三户給郡卒　二九五
其三户給縣吏　二九六
其二户給縣卒　二九七
其六户給子弟限客　二九八
□男□年十七　二九九
大男宗里年廿一貞吏腹心□　三〇〇
右岑家口食三人　三〇一
□子男國年四歲　三〇二
□□弟勉年六歲　三〇三
□子男泠年四歲　三〇四
岑子男民年六歲　三〇五
督（?）子男給年六歲　三〇六
右宴家口食十三人　三〇七
大男周慶（?）年六十二筭一　三〇八
妻合年六十　三〇九
子男緈年十五腹心病　三一〇
紓女弟嬰年十三　三一一
嬰男弟□年六歲　三一二
蔦姪子男舊年卅腹心疾刑右足　三一三
羅男弟春年七歲　三一四
强姪子男全年七歲　三一五
右强家口食四人　三一六
大男勇銀年卅六　三一七
妻迷年卅二　三一八
□女□年四歲　三一九
□女弟木年七歲　三二〇
銀男姪騎年十歲　三二一
騎男弟□年五歲　三二二
右銀家口食二人　三二三
□男弟尚年廿　三二四

□□□年□歲 三二五
妻□年□ 三二六
女弟楊年五歲 三二七
大男周文年卅二 三二八
・右春家口食六人 三二九
妻姑年廿 三三〇
大男周春年廿五 三三一
右物家口食四人 三三二
谷男弟奴年九歲 三三三
大男周弩年年六十一腹心病死 三三四
【注】原簡衍一「年」字。
子男友年十三 三三五
妻姑年卅一 三三六
・右告家口食四人 三三七
汝男弟增年四歲 三三八
子女汝年七歲 三三九
妻思年卅 三四〇
大男鄭告年卅二 三四一
衆女弟路年七歲 三四二
□弟淇（？）年十九 三四三
强男弟衆年十七 三四四
子男强年廿二踵兩足 三四五
妻縑年五十七 三四六
大男周顏（？）年六十一踵右足 三四七
强男弟表年九歲 三四八
右光家口食七（？）人 三四九
□男弟操年十二 三五〇
子男良年廿一踵足 三五一
高男弟魚年五歲 三五二
戳男弟□年十歲 三五三
元從男姪戳年廿 三五四
度男弟張年三歲 三五五
度男弟各年一歲 三五六
鼠子男度年六歲 三五七
熱男弟□年四歲 三五八
遠男弟熱年八歲 三五九
□男弟遠年十歲 三六〇
香男弟孔年十三 三六一
大男唐葯年六十一 三六二
右緒家口食□人 三六三
佀男弟生年七歲 三六四
後（？）男孫印□□ 三六五
□妻隹年卅五 三六六
□幼年卌一死 三六七
子男□年五十 三六八
銅子女萁（？）年四歲 三六九
大女周稚年八十一 三七〇
其一户佃帥 三七一
其一户縣卒 三七二
其五户給新吏 三七三
其□户州吏 三七四
右銅家口食三人 三七五
其二户郡吏 三七六
其四户縣吏 三七七
其一百廿七人女 三七八
其一百六十二人男 三七九

三八〇 •集凡五唐里魁周□領吏民五十户口食二百八十九人

三八一 右民家口食六人　訾　五　十

三八二 次男弟高年十一

三八三 □男姪□年十歲

三八四 子女逢年七歲

三八五 妻政年廿一筭一

三八六 •右怒家口食三人　訾　五　十

三八七 堇男弟昭年五歲

三八八 城子男逸年七歲

三八九 城母西年六十七

三九〇 城男弟里年十

三九一 妻積年卅一筭一

三九二 子男央年六歲

三九三 嘉禾六年户人公乘□民年卅六　刑右足

三九四 右范家口食五人

三九五 嘉禾六年東扶里户人公乘周城年卅筭一

三九六 范外姪孫果年十

三九七 子女思年十一

三九八 思男弟訓年四歲

三九九 右展家口食四人　訾　五　十

四〇〇 展客年七歲

【注】「展」下脱有關親屬關係的文字。

四〇一 妻惦年廿一筭一

四〇二 展母津六十一

【注】「津」下脱「年」字。

四〇三 嘉禾六年東扶里户人公乘鄧展年廿六筭一

四〇四 果妻世年廿一筭

四〇五 果母小五十七筭一

【注】「小」下脱「年」字。

四〇六 嘉禾六年東扶里户人公乘李果卅一筭

【注】「果」下脱「年」字。

四〇七 妻思年六十

四〇八 嘉禾六年東扶里户人公乘□□年六十六踵兩足

四〇九 右匊家口食四人　訾　五　十

四一〇 右果家口食三人　訾　五　十

四一一 匊外男姪陳毛年八

四一二 匊男弟岑年十二

四一三 妻孔年廿九筭一

四一四 嘉禾六年東扶里户人公乘李匊年廿六踵佐足

【注】「佐」通「左」。

四一五 右兔家口食五人　訾　五　十

四一六 右夳家口食三人　訾　五　十

四一七 子男文年六歲

四一八 妻思年卅七筭一

四一九 嘉禾六年東扶里户人公乘李夳年五十一筭一

四二〇 右□家口食五人　訾　五　十

四二一 □從姪男愚年十六筭一

四二二 物男弟次（?）年六歲

四二三 子女物年廿筭一

四二四 其一户給郡吏

四二五 其二户給卒

四二六 其一百廿五口女人

四二七 其一百五十二口男人

四二八 •集凡東困里魁鄧（?）□領吏民户五十五口食二百七十七人

四二九 右先家口食五人　訾　五　十

四三〇 黄男弟冢年七歲

男弟池年四　四三一
□弟□年□□筭一　四三二
曼溲里户人黄狸年卌二刑左足　四三三
姑女弟尋年六　四三四
凡斗家口食五人　四三五
尋男弟須年二　四三六
有男弟室年四　四三七
妻大女邦年卌一　四三八
有男弟石年六雀右手　四三九
黄女弟□年六　四四〇
忽小妻固年廿一筭一　四四一
忽妻□年卌　四四二
曼溲里户人杜忽年五十　四四三
男弟登年七歲　登男弟□年五歲　四四四
凡逵家口食六人　四四五
妻毛（？）年卅二筭一　四四六
曼溲里户人陳師年卌　筭一　四四七
•凡傳家口食四人　四四八
傳男弟要（？）年十　四四九
傳子男清（？）年□　四五〇
傳妻汝年卅筭一　四五一
曼溲里户人孫傳年卌□刑右足　四五二
可子男導年廿　四五三
曼溲里户人張可年六十　四五四
凡文居口食五　四五五
【注】「居」或爲「家」之誤。
叱女弟草年十六　四五六
叱妻從（？）年十五　四五七
子男叱年廿一　四五八
妻大女足年卅六　四五九
□□萬年五十四　四六〇
……侄□三　四六一
小赤里户人公乘吕庚（？）年廿六　給縣吏　四六二
右復家口食十三人　訾　五　十　四六三
妻導年六十　四六四
□□石年□□　四六五
石……▨　四六六
兔男弟呆年三歲　四六七
曲男弟兔年四歲　四六八
金男弟曲年五歲　四六九
□男弟汲侄六歲　四七〇
□□弟□年□歲　四七一
□男弟□侄六歲　四七二
小赤里户人公乘五兵年卅四筭一給卒□□足　四七三
莫妻子年廿　四七四
黄姪女逆年七歲　四七五
里（？）子男□年三歲　四七六
石男弟……　四七七
右石家口食□人　四七八
□男弟□年二歲　四七九
……給□　四八〇
□□姪……　四八一
妻□年卅筭一　四八二
子男胡（？）年二歲　四八三
尊子男□年六歲　四八四
子女□年□歲　四八五

四八六 小赤里户人公乘李□年六十□□
四八七 右□口食□人
【注】「口」上脱「家」字。
四八八 扣孫□年三歲
四八九 ……年□
四九〇 □姪子男收年卅二
四九一 □男弟□年□□
四九二 □寡嫂妾年卌　聾
四九三 □寡嫂□年六十四死
四九四 嘉禾五年緒中里户人公乘大女楊姑年六十一
四九五 集凡小赤里魁黄仨領吏民户五十口食四百卅五人
四九六 右累（？）家口食□人
四九七 ……
四九八
【注】此簡未見字迹。
四九九 ……
五〇〇 ……歲
五〇一 其二百八十二人男人
五〇二 □男弟載年三歲
五〇三 □子女尋年六歲
五〇四 尋男弟碓年四歲
五〇五 □弟昇（？）年二歲
五〇六 男弟讓年□　筭一　踵□□
五〇七 子男鳴年五歲
五〇八 □女弟養年卅一
五〇九 妻……
五一〇 □子女綺年七歲
五一一 嘉禾五年……
五一二 子女初年十四
五一三 妻大女鷰年卌筭一
五一四 嘉禾五年緒中里户人公乘區□年六十盲一目
五一五 ……
五一六 右客家口食七人
五一七 右懸口食三人
【注】「食」原簡寫作「艮」。「懸」下脱「家」字。
五一八 懸男姪猬年一歲
五一九 懸妻大女如年卌一筭
五二〇 朱男弟萬年五歲
五二一 □姪子栗年七歲
五二二 客寡嫂承年七十三
五二三 厄女弟僕年四歲
五二四 殄子女朱年七歲
五二五 殄妻姑年卌一
五二六 平甿里户人公乘何殄年卌六
五二七 其三户郡縣吏卒
五二八 其五户私學新吏
五二九 其一百廿□女人
五三〇 其一百□口男人
五三一 其一户郡佃卒
五三二 其一户縣市王須
五三三 其七户貧□民不任調
五三四 右椅家口食一人
【注】簡五三四至六五三出土時原爲一坨，揭剥順序參見《揭剥位置示意圖》圖三。
五三五 平甿里户人公乘朱於年五十八
五三六 右須家口食六人
五三七 □男弟□年十歲盲□目

子女綷年十三盲佐目　五三八

【注】「佐」通「左」。

足妻艮年卅六　五三九

碩男弟逊年五歲　五四〇

銀姪子男綺（？）年七歲　五四一

☐歲　五四二

杝妻大女☐年五十筭一死　五四三

仲子女雨年九歲　五四四

☐母……　五四五

嘉禾五年緒中里户人公乘鄧草年卌六筭刑右足　五四六

右組家口食四人　五四七

☐佡年六十一　踵兩足　五四八

右兵家口食五人　訾　五　十　五四九

☐男弟☐年十☐　五五〇

☐女弟☐年十三　五五一

石下里户人☐☐年六十☐刑耳☐　五五二

•右溷家口食☐人　訾　五　十　五五三

……弟☐年三歲　五五四

子女患年十三　五五五

妻弟年卅六☐筭一　五五六

……年☐歲　五五七

☐女弟婢年四歲　五五八

氾☐☐☐年六歲　五五九

……☐　五六〇

長（？）子男善年五　五六一

☐妻☐年十六　五六二

•右奴家口食六人　五六三

子男☐年十三　五六四

妻☐年☐一　五六五

☐男弟威年十二　五六六

右頁家口食七人　訾　五　十　五六七

•集凡曼溲里魁☐忽領吏民五十户口食二（？）百五十七人　五六八

金男弟興（？）年九歲　五六九

☐家口食九人　户下婢有年廿五　五七〇

【注】「家口食九人」墨迹較淡，與下段文字非一次書寫而成。

☐男弟和年六歲　五七一

凡陽家口食六人　五七二

☐☐弟☐年☐歲　五七三

定見人二百五十五人　其一百卅五人男 一百廿人女　五七四

樊子男☐年☐☐　五七五

☐男弟還年十七　五七六

☐☐☐☐年四　五七七

☐妻☐年十☐筭一　五七八

☐男弟☐年☐　五七九

☐女弟取年九　五八〇

户下婢房年卅　五八一

☐子女叱年☐歲　五八二

☐☐年廿三　五八三

凡石家口食八人　五八四

曼溲里户人李取年廿　筭一　五八五

凡柜家口食五人　五八六

☐男弟☐年十一　五八七

異男弟細年四　五八八

妻思年☐☐　五八九

釦女弟素年十三　五九〇

綺妻忽年□十七　五九一
綺母冒年七十□　五九二
曼溲里户人文□年廿一踵兩足筭一　五九三
□□頟年九　五九四
子女異年十一　五九五
□子男新囯□□刑□足　五九六
☒卅一筭一　五九七甲
☒妻大女賈年□　五九七乙
女弟□年□　五九八
曼溲里户人張惕年卅六　五九九
□寡嫂達年八十三　六〇〇
□女□年□□　六〇一
舜（？）妻來年卅一筭一　六〇二
𠯑嫂□年卅七筭一　六〇三
子女興年四　六〇四
義□席年三歲　六〇五
弟女弟樊年四　六〇六
㝅……右足　六〇七
嘉禾六年東扶户人公乘陳阱年卅三筭一　六〇八
【注】「扶」下或脱「里」字。
嘉禾六年東扶户人公乘潘幸廿六筭一　六〇九
【注】「扶」下或脱「里」字，「幸」下脱「年」字。
右碩家口食六人　訾　五　十　六一〇
□女弟□年五歲　六一一
沛男弟如年七歲　六一二
□男弟斗年㽬二筭一□　六一三
貝男姪㖅年十六踵兩足　六一四
子女□年十四　六一五
□男弟㕦年五歲　六一六
嘉禾六年東扶里户人公乘何琪年五十筭一　六一七
嘉禾六年東扶里户人公乘李進年廿一筭一　六一八
妻縣（？）年卅三筭一　六一九
□子男□年七歲　六二〇
轉妻文年廿二筭一　六二一
□□□子男□年□　腹心病　六二二
婢男弟慈年九歲　六二三
……年□□踵□□　六二四
□子女湘年十六筭一　六二五
子女婢（？）年十一　六二六
右倚家口食十六人　訾　五　十　六二七
鴦（？）子女□年十一　六二八
右房家口食十五人　訾　五　十　六二九
蘇子男舜年三歲　六三〇
嘉禾六年東扶里户人公乘陳倉年卅六筭一盲□目　六三一
右儀家口食四人　六三二
右騰家口食七人　訾　五　十　六三三
倚女弟𡢁年十五筭一　六三四
妻西（？）年卅筭一　六三五
□□□年東扶里户人公乘鄧堇年卅一筭一　六三六
大男胡萇年卅三　六三七
貴（？）女弟兒年九歲　六三八
皃女弟能年六歲　六三九
異男弟蔦六歲　六四〇
【注】「蔦」下脱「年」字。
子男異年九歲　六四一
儀從男弟昆（？）年六歲　六四二

妻汝年卅三　六四三
女弟婢年卅九踵左足　六四四
妻□年卅六　六四五
子女婢年七歲　六四六
大男區聑年五十七　六四七
□男弟……　六四八
右□家口食四人　六四九
□佂年□三　六五〇
☒□□年□　六五一
大男宗元年七十五死　六五二
右□家口食□人　六五三
右定見人四百七十七人　其一百八十五人男 一百九十二人女　六五四
【注】簡六五四至七九四出土時原爲一坨，揭剥順序參見《揭剥位置示意圖》圖四。
其二人被病前後物故　六五五
其三户州吏　六五六
其七户郡縣吏　六五七
其一户州卒　六五八
國妻國年廿七　六五九
冶男弟□年九歲　六六〇
右冶家口食五人　六六一
冶子女寬年四歲　六六二
平眭里户人公乘黃陽年卅　六六三
妻恙年卅　六六四
陽從兄平年七十八踵兩足　六六五
平妻大女尋卅八　六六六
【注】「尋」下脱「年」字。
□妻□年十七　六六七
□姪子女以年六歲　六六八
上姪子男䕺年十五　六六九
右□家口食□人　六七〇
平眭里户人公乘□□年五十三苦腹心病　六七一
□妻□年廿一　六七二
董寡嫂承年七十四　六七三
□女弟秦年十二　六七四
右始（？）口食四人　六七五
【注】「口食」上脱「家」字。
嘉禾五年緒中里户人公乘黃囊年五十給限客□□苦腹心病　六七六
右囊口食一人　六七七
【注】「囊」下脱「家」字。
嘉禾五年緒中里户人公乘黃□年卅六筭一給私學　六七八
妻大女貴年卅六筭一　六七九
務男弟鳴年四歲　六八〇
董男弟吟年五歲　六八一
右作家口食七人　六八二
嘉禾五年緒中里户人公乘劉倉年卅筭一　六八三
妻大女粱年卅三筭一　六八四
民（？）男弟肓年八歲　六八五
子女馬（？）年十歲　六八六
昆姪子男粱年九歲　六八七
粱男弟鳴年六歲　六八八
昆外姪子男叫年廿一筭一苦風病　六八九
絈（？）妻□年十六筭一　六九〇
右昆口食廿一人　六九一
【注】「昆」下省略「家」字。
右知口食十二人　六九二

【注】「知」下省略「家」字。

六九三　嘉禾五年緒中里户人公乘區忠年卅七筭一
六九四　妻大女禀年卅三筭一
六九五　蔣（?）女弟□年廿三筭
六九六　蔣（?）子女走年十一歲
六九七　走女弟□年□歲
六九八　嘉禾五年緒中里户人公乘宴（?）妾年六十三
六九九　其三户給卒
七〇〇　子男己（?）年十六筭一
七〇一　其三户私學吏子弟限
七〇二　……領吏民□□□户……
七〇三　黄仨
七〇四　□男弟紀年□三
七〇五　□□女□年□一
七〇六　旨男弟斗年四
七〇七　曼溲里户人
七〇八　……五歲
七〇九　□□□□年卌筭一
七一〇　永小妻元年卅筭一
七一一　□男弟□年□
七一二　……如年□筭一
七一三　右永家口食六人
七一四　□子男收年卅五
七一五　合（?）子男張（?）年十歲
七一六　□弟高年七歲
七一七　男弟紀年七歲
七一八　六妻婢（?）年十四
七一九　右□家……
七二〇　□□里户人公乘□□年□十一　刑左手腹心病
七二一　……年廿筭一
七二二　……年十（?）歲
七二三　□妻□年卅三
七二四　□子女姑年□歲
七二五　黄姪子男相年十一
七二六　黄子女思年十
七二七　•右黄家口食十四人
七二八　黄女弟□□□六
七二九　□妻□年十五
七三〇　……年□歲
七三一　凡可家口食四人
七三二　【注】此簡字迹已磨滅。
七三三　□女弟扣年十一
七三四　□妻思年廿筭一
七三五　平（?）女姑年廿三筭一
七三六　吉小妻禀年卌四
七三七　吉子女□年□
七三八　凡阿家口食二人
七三九　□姪子男汩年卌一　腹心病
七四〇　妻思年十五
七四一　□女弟槐年八
七四二　曼溲里户人周苦年五十踵兩足筭一

【注】「五十」上尚見「卌」之類殘筆。

七四三　曼溲里户人公乘王生年七十
七四四　妻大女□年□□筭一
七四五　子男□年十五筭一
七四六　子男客年卅

七四七 明（?）女弟□侄二歲
七四八 ……侄五歲
七四九 □母恕年七十四
七五〇 妻□侄卅□筭一
七五一 ……侄□
七五二 前（?）妻如年十五
七五三 □女弟從（?）年五歲
七五四 □妻如年卌□
七五五 曼溲里户人宋□年六十□
七五六 凡忽家口食八人
七五七 □子……年□
七五八 𠃊男弟卒年三歲
七五九 卒男弟思年二歲
七六〇 誼姪子女困十七
七六一 □男弟高年□歲踵兩足
【注】「困」下脱「年」字。
七六二 凡誼口食八人
【注】「誼」下省略「家」字。
七六三 曼溲里户人□誼年卅一
七六四 □母□年七十
七六五 其一户給佃吏
七六六 其（?）一户□□客子弟
七六七 凡領應役民卌户
七六八 □□里……侄□
七六九 妻乃年卅六筭一
七七〇 曼溲里户人蔡粲年卌六給郡吏
七七一 嘉禾六年東扶里户人公乘李檢年五十筭一踵兩足
七七二 子男還（?）年廿二
七七三 還（?）女弟宏年十一
七七四 宏男弟嵩（?）年四歲
七七五 嵩（?）女孫休年一歲
七七六 子女象（?）年十三
七七七 嗚從姪魯年十一
七七八 右嗚家口食五人 訾 五 十
七七九 嘉禾六年東扶里户人公乘大女李范（?）年六十
七八〇 嘉禾六年東扶里户人公乘雷堇年卌二筭一□□□
七八一 妻賢（?）年卅一筭一
七八二 善姪（?）□年十一
七八三 男弟董年十
七八四 右善家口食四人 訾 五 十
七八五 右城家口食□一人 訾 五 十
七八六 嘉禾六年東扶里户人公乘李開年卅筭一
七八七 妻思年廿九筭一
七八八 子女羊年十二
七八九 嘉禾六年東扶里户人公乘□𥝩年卅九筭一苦腹心病
七九〇 祖妻告年卌三□
七九一 祖母督年六十六
七九二 定領應役民五户
七九三 妻媿年廿
七九四 嘉禾……
七九五 謙妻斗年廿九筭一
七九六 止妻世年廿二
七九七 咨姪子男金年七歲
七九八 其一户郡吏
七九九 嘉禾五年緒中里户人公乘逢□年卅二筭一風病
八〇〇 如□男姪□年□□筭一

姑子男□年十二 八〇一
子女有年十四 八〇二
其一百六十二人女人 八〇三
右惟家口食十二人 八〇四
平町里户人公乘楊治年五十一 八〇五
𡎺女弟銀年□筭一 八〇六
右谷家口食十二人 八〇七
幸妻□年廿一筭一 八〇八
□女弟姑年卅二 八〇九
□母始（？）年八十四 八一〇
☑冬賜布一匹㠯嘉禾元年七月十七日關丞祁付庫吏殷 一匹 連
受 八一一
【注】「殷」下「一匹」剩右半筆迹，破莂時有意爲之。
吴（？）男弟萇年四歲 八一二
曼子男孟年三歲 八一三
曼男姪仁年□歲 八一四
㐭□家口食八人 八一五
嗚妻文年卅四 八一六
其妻大女可年卅三筭 八一七
□妻尉年廿三 八一八
□妻等年卅 八一九
祉男弟頭年十四筭一 八二〇
汝男弟倉年四歲 八二一
上子男時年廿給縣卒 八二二
狗男姪連年十歲 八二三
☑斛胄畢㠯嘉禾元年十一月十四日林丘子弟鄧服付三州倉吏谷漢受 八二四
☑鄉帛水丘大男區伯布三匹三丈㠯嘉禾元年七月十六日關丞 祁
付庫吏殷三匹三☑ 八二五
【注】「殷」下「三匹三」剩右半筆迹，破莂時有意爲之。
入廣成鄉東薄丘徐麦布一匹㠯嘉禾元年七月十六日關丞 祁付庫吏殷 一匹 連受 八二六
【注】「殷」下「一匹」剩右半字迹，破莂時有意爲之。
入小武陵鄉五□丘男子盧□尃布一匹㠯嘉禾元年七月廿一日關丞 祁付庫吏殷 連受 八二七
應從男弟胄年十一 八二八
怗男弟澤年十六給郡卒 八二九
入中鄉梨下丘徐碓布三匹三丈六尺㠯嘉禾元年七月十六日關丞 祁付庫吏殷 二匹三丈☑ 八三〇
【注】「殷」下「二匹三丈」剩右半字迹，破莂時有意而爲。其中「二」爲「三」之誤。
入小武陵鄉□丘大男□夏布一匹㠯嘉禾元年七月十四日關丞一匹 祁付庫吏殷 連受 八三一
【注】「丞」下「一匹」剩右半字迹，破莂時有意爲之。
入□鄉下梨丘男子烝有布三匹二丈㠯嘉禾元年七月十七日關丞 祁付庫吏殷三匹二丈連受 八三二
【注】「殷」下「三匹二丈」剩右半字迹，破莂時有意而爲。
☑鄉帥烝益布二匹㠯嘉禾元年八月六日關丞 付庫吏殷 連受 八三三
右西鄉入吏帥客限米四斛 八三四
入廣成鄉撈丘男子陳牙布三丈九尺㠯嘉禾元年七月十六日關丞祁 付庫吏殷三丈九尺 連受 八三五
【注】「殷」下「三丈九尺」剩右半字迹，破莂時有意而爲。其中「九尺」二字剩留筆迹較少。而且覆蓋「連」字。
利妻歡年卅三筭一 八三六
□男弟䢼年二歲 八三七
乘男弟睪（？）年四歲 八三八
□子女取年六歲 八三九

物子女□年□歲　八四〇
晏（?）女弟錯年十一　八四一
□子男□年四歲　八四二
文子男□年卅三踵兩足　八四三
奴妻貴（?）年十六　八四四
子男得年七歲刑手　八四五
☐□咨年卅三苦腹心病給郡吏　八四六
□男弟民年十三　八四七
右乃家口食五人　八四八
伥男弟秾年十八筭一　八四九
前妻汖年十六筭一　八五〇
曼溲里户人由經年七十盲目　八五一
右理家口食五人　訾　五　十　八五二
□從兄侯年七十三屈兩足　八五三
子男興年七歲　八五四
岑男弟財年二歲　八五五
•右民入布卌匹三丈七尺　八五六
嘉禾六年東扶里户人公乘□□年……　八五七
蔣子男有年廿六　八五八
嘉禾五年緒中里户人公乘蔡□年卌□筭一刑兩□給□□　八五九
平町里户人公乘唐上年七十二　八六〇
子女岡年廿筭一　八六一
養女弟七年八歲□　八六二
長男弟遷年四歲刑手　八六三
妻大女怗年卅三筭一　八六四
者男弟□年七歲　八六五
右外家口食四人　八六六
小赤里户人公乘朱敢年卌五　八六七
□女弟□年□五筭一　八六八
平町里户人公乘毛怗年卅九　八六九
乇男弟姜年二歲　八七〇
小赤里户人公乘□□年卅四筭一刑□手　八七一
妻芳年廿六　八七二
幸男弟高年十三　踵足　八七三
□女弟姑年六歲　八七四
大男周（?）仁年八十三　八七五
其三户給縣吏　八七六
張子女高年五歲　八七七
□子女一（?）年三歲　八七八
其一户佃師　八七九
子男□年十三踵兩足　八八〇
思小父區客年卅二刑左足　八八一
文男姪光年十歲　☐　八八二
平町里户人公乘赤朱年廿二苦腹信病　☐　八八三
【注】「信」通「心」
妻生年卅六　☐　八八四
☐役户卅四户　八八五
☐二匹Ⅹ嘉禾□年十一月廿日彈溲丘□張付庫吏殷連受　八八六
薄田師限米二百卌斛　八八七
右□家口食四人　訾　五　十　八八八
入桑鄉私學限米三斛青畢Ⅹ嘉禾元年十一月十六日□□丘□□付
三州倉吏谷漢受　八八九
□男弟□年四歲　八九〇
右□家口食四人　八九一
愓小父桃年六十　八九二
□男弟岑（?）年五歲　八九三

八九四 入桑鄉□丘吏限米二斛二斗冑畢𡕾嘉禾元年十一月廿五日湛（？）
丘☐

八九五 宗子男帛年三歲

八九六 平畂里户人公乘文宗年五十五踵左足

八九七 其二户子弟限客

八九八 是（？）姪子女説年十八

八九九 ☐集凡中鄉領吏民三百卌九户口食一千七十一人

九〇〇 ☐□張南布一匹𡕾嘉禾元年七月十七日南鬬丞　祁付庫吏殷一匹
連受

【注】「殷」下「一匹」剩右半字迹，破莂時有意而爲。

九〇一 入故吏周秩子弟限米五斛冑畢𡕾嘉禾元年十一月三日栗丘周客付
三州倉吏谷漢☐

九〇二 領郵卒限米六斛　☐

九〇三 入平鄉子弟限米一斛五斗冑畢𡕾嘉禾元年十一月四日上和丘男子
謝健付☐

【注】「冑畢」二字爲合文。

九〇四 ☐百五十斛

九〇五 龍母磨年五十六

九〇六 ☐・右民入布四匹三丈九尺　☐

九〇七 ☐月廿一日滈丘朱稚付三州倉吏谷漢受

九〇八 ☐年十一月廿二日翟丘毛長付三州倉吏谷漢受

九〇九 平畂里户人公乘區坑（？）年卅六　☐

九一〇 入平鄉嘉禾四年……☐

九一一 入□鄉私學限米☐

九一二 ☐□圸地僦錢五☐

九一三 ☐倉吏谷漢受

九一四 ☐庫吏殷　☐

九一五 ☐付倉吏谷漢受

九一六 ☐連付都尉　☐

【注】「都尉」二字之上尚有覆蓋筆迹。

九一七 ☐詣己丘倉

九一八 ☐弟□年五歲

九一九 ☐𡕾嘉……董基付三州倉吏谷漢受

【注】簡面有朱色筆迹。

九二〇 入桑鄉私學限米二斛冑畢𡕾嘉禾元年十一月廿二日□丘☐

九二一 入樂鄉子弟限米廿斛四斗冑畢𡕾嘉禾元☐

九二二 ☐鄉私學限米三斛冑畢☐

九二三 永新倉吏區善（？）謹列所領☐

九二四 領嘉禾二年新吏限米千☐

【注】「嘉禾」二字爲合文。

九二五 小赤里户人公乘□☐

九二六 右區家口食☐

九二七 ☐吏殷　連受

九二八 ☐吏谷漢受

九二九 ☐八斛五斗九升四合六勺

九三〇 入桑鄉新吏限米一斛九斗冑畢𡕾嘉☐

九三一 ☐子女比年十二

九三二 □男弟胡年☐

九三三 右端家口食九人

九三四 入小武陵鄉勇親子弟米五斛六斗冑畢𡕾嘉☐

九三五 ☐□□卒多少得曹宣□☐

九三六 ☐　付庫吏殷連受

九三七 右足家口食五人

九三八 ☐寡嫂吕年五十五

九三九 ☐𡕾嘉禾二年☐

九四〇 ☐□米四斛冑畢𡕾嘉☐

九四一 ⧄付倉吏張□受
九四二 ⧄付庫吏殷連受
九四三 ⧄付庫吏殷　連受
九四四 ⧄吏殷□□連受
九四五 ⧄元年十一月廿一日尋丘黄顔付三州⧄
九四六 搊男弟留年十二　⧄
九四七 ⧄𠀠嘉禾元年十一月五日□丘男子石萇付三州⧄
九四八 ⧄丘鄭綷（？）付三州倉吏谷漢受　中
【注】「中」字爲朱筆迹。
九四九 入樂鄉叛士限米一斛四斗胄畢𠀠嘉禾元年十一月⧄
九五〇 回姪子男□年□⧄
九五一 入平鄉子弟限米十三斛一斗九升胄畢𠀠嘉⧄
九五二 ⧄限米五斛一斗胄畢𠀠嘉禾⧄
九五三 ⧄三州倉吏谷漢受
九五四 ⧄倉吏谷漢受
九五五 ⧄付庫吏殷　⧄
九五六 ⧄禿男弟佰年七歲
九五七 ⧄庫吏殷　連受
九五八 ⧄□付南受
九五九 ⧄□□付三州倉吏谷漢受
九六〇 子男□年□□
九六一 ⧄調布五匹𠀠嘉禾□年十一月五日□奇……
九六二 其七百三人□□　⧄
九六三 ⧄□女弟小年十六
九六四 ⧄妻汝年卅一
九六五 ⧄妻大女□年卌一筭一
九六六 入□鄉子弟限米五斛六斗五升　𠀠嘉禾⧄
九六七 入□鄉新吏限米四斛胄畢𠀠嘉禾元年十一月⧄
九六八 ⧄□付三州倉吏谷漢受
九六九 ⧄十一月三日關丞　付庫吏殷⧄
九七〇 ⧄庫吏殷三匹連受
【注】「三匹」乘右半字迹，破莂時有意爲之。
九七一 入小武陵鄉徐元丘烝儀⧄
九七二 ⧄　中
九七三 ⧄　連受
九七四 者鄉嘉禾□⧄
【注】「者」或通「諸」。
九七五 領佃帥限米□⧄
九七六 ⧄𠀠嘉禾元年□月三日兵曹馮⧄
九七七 ⧄　連受
九七八 ⧄殷連受
九七九 入東鄉子弟⧄
九八〇 ⧄禾元年十一月⧄
九八一 ⧄匹連受
【注】「匹」僅剩右半字迹，當爲破莂時有意爲之。
九八二 入東鄉税米廿八斛二斗胄畢𠀠嘉禾元年十一月三日楮丘鄭領付三州倉吏谷漢受　中
【注】「中」爲朱筆迹。簡九八二至一〇三八出土時原爲一坨，揭剥順序參見《揭剥位置示意圖》圖五。
九八三 入東鄉税米五斛胄畢𠀠嘉禾元年十一月八日甚丘縣吏陳息付三州倉吏谷漢受　中
【注】「中」爲朱筆迹。
九八四 入園鄉税米十三斛五斗胄畢𠀠嘉禾元年十一月八日上利丘烝蘇付三州倉吏谷漢受
九八五 入東鄉税米四斛五斗胄畢𠀠嘉禾元年十一月十八日音溲丘州吏何息付三州倉吏谷漢受　中
【注】「中」爲朱筆迹。

入東鄉稅米三斗冑畢㚅嘉禾元年十一月八日石唐丘大男李幼付三州倉吏谷漢受　中　九八六

【注】「中」爲朱筆迹。

入東鄉稅米十三斛冑畢㚅嘉禾元年十一月十三日亭丘鄭南付三州倉吏谷漢受　中　九八七

【注】「中」爲朱筆迹。

入東鄉稅米十八斛二斗八升冑畢㚅嘉禾元年十一月十三日□□丘鄭仙付三州倉吏谷漢受　九八八

入東鄉稅米十八斛九斗冑畢㚅嘉禾元年十一月十三日蒖丘鄭經付三州倉吏谷漢受　九八九

入東鄉稅米十八斛冑畢㚅嘉禾元年十一月十三日上亭丘鄭成付三州倉吏谷漢受　中　九九〇

【注】「中」爲朱筆迹。

入東鄉稅米九斛六斗冑畢㚅嘉禾元年十一月廿日緒丘婁金付三州倉吏谷漢受　中　九九一

【注】「中」爲朱筆迹。

入東鄉稅米四斛六斗冑畢㚅嘉禾元年十一月廿日彈溲丘謝□付三州倉吏谷漢受　中　九九二

【注】「中」爲朱筆迹。

入東鄉稅米八斛八斗冑畢㚅嘉禾元年十一月十三日上亭丘鄭喜付三州倉吏谷漢受　中　九九三

【注】「中」爲朱筆迹。

入東鄉稅米五斛七斗冑畢㚅嘉禾元年十一月廿日舞丘大男□釘付三州倉吏谷漢受　中　九九四

【注】「中」爲朱筆迹。

入小武陵鄉子弟限米五斛冑畢㚅嘉禾元年十一月八日……付三州倉吏谷漢受　中　九九五

【注】「中」爲朱筆迹。

入東鄉稅米三斛一斗冑畢㚅嘉禾元年十一月廿日東田丘鄭仙付三州倉吏谷漢受　九九六

入東鄉稅米廿三斛九斗冑畢㚅嘉禾元年十一月廿日音溲丘何息三州倉吏谷漢受　中　九九七

【注】「何息」下脱「付」字。「中」爲朱筆迹。

入小武陵鄉勇親子弟限米五斛冑畢㚅嘉禾元年十一月十一日□丘男子□□付三州倉吏谷漢受　中　九九八

【注】「中」爲朱筆迹。

•右入吏子弟限米七十一斛四斗□升　九九九

入小武陵鄉子弟限米五斛五斗冑畢㚅嘉禾元年十一月十二日利丘衛平付三州倉吏谷漢受　中　一〇〇〇

【注】「中」爲朱筆迹。

入小武陵鄉子弟限米十斛冑畢㚅嘉禾元年十一月十一日平支丘故帥朱佃付三州倉吏谷漢受　中　一〇〇一

【注】「中」爲朱筆迹。

•右諸鄉入吏帥客限米一千一百五十四斛八斗四升　一〇〇二

入東鄉稅米五斛冑畢㚅嘉禾元年十一月廿日蒖丘鄭經付三州倉吏谷漢受　中　一〇〇三

【注】「中」爲朱筆迹。

入平鄉故吏周秩子弟米七斛就□阝冑米畢㚅嘉禾元年十一月十日栗丘周客付三州倉吏谷漢受　一〇〇四

入小武陵鄉子弟限米三斛冑畢㚅嘉禾元年十一月十一日利丘大男衛平付三州倉吏谷漢受　中　一〇〇五

【注】「中」爲朱筆迹。

入小武陵鄉私學限米四斛八斗冑畢㚅嘉禾元年十一月……付三州倉吏谷漢受　一〇〇六

入小武陵鄉吏子弟限米廿七斛冑畢㚅嘉禾元年十一月十一日坪丘男子□□付三州倉吏谷漢受　中　一〇〇七

【注】「中」爲朱筆迹。

入平鄉子弟限米八斛五斗就米畢㚅嘉禾元年十一月……　一〇〇八

入平鄉子弟限米二斛三斗胄畢旲嘉禾元年十一月十二日□下丘廖□付三州倉吏谷漢受　一〇〇九

入平鄉郡吏吴亮子弟□限米五斛四斗胄畢旲嘉禾元年十一月十一日治丘男子吴周付三州倉吏谷漢受　一〇一〇

入小武陵鄉勇親子弟米三斛四斗胄畢旲嘉禾元年十一月……　一〇一一

入樂鄉私學限米三斛胄畢旲嘉禾元年十一月五日下象丘潘囊付三州倉吏谷漢受　中　一〇一二

【注】「中」爲朱筆迹。

入小武陵鄉私學限米十一斛三斗五升胄畢旲嘉禾元年十一月八日坪丘張仲付三州倉吏谷漢受　中　一〇一三

【注】「中」爲朱筆迹。

入小武陵鄉私學限米五斛胄畢旲嘉禾元年十一月一日坪丘男子吴平付三州倉吏谷漢受　中　一〇一四

【注】「中」爲朱筆迹。

入小武陵鄉私學限米一斛□□胄畢旲嘉禾元年十一月廿四日□丘烝□付三州倉吏谷漢受　中　一〇一五

【注】「中」爲朱筆迹。

入小武陵鄉私學限米五斛□□胄畢旲嘉禾元年十一月廿二日坪丘男子吴平付三州倉吏谷漢受中　一〇一六

【注】「中」爲朱筆迹。

入樂鄉限米十三斛六斗五升胄畢旲嘉禾元年十一月四日酉丘謝曆付三州倉吏谷漢受　中　一〇一七

【注】「中」爲朱筆迹。

入東鄉新吏限米七斛五斗四升胄畢旲嘉禾元年十一月廿日下□丘鄭（？）馬付三州倉吏谷漢受　中　一〇一八

【注】「中」爲朱筆迹。

入平鄉子弟限米七斛六斗胄畢旲嘉禾元年十一月十一日巾竹丘男子烝□付三州倉吏谷漢受　中　一〇一九

【注】「中」爲朱筆迹。

入樂鄉私學限米四斛三斗胄畢旲嘉禾元年十一月十三日□丘謝賓（？）付三州倉吏谷漢受　中　一〇二〇

【注】「中」爲朱筆迹。

入樂鄉私學限米三斛四斗胄畢旲嘉禾元年十一月□日□軍丘董友付三州倉吏谷漢受　一〇二一

入樂鄉私學限米十九斛　畢旲嘉禾元年十一月十一日下象丘番囊付三州倉吏谷漢受　中　一〇二二

【注】「中」爲朱筆迹。

入樂鄉私學限米三斛　胄畢旲嘉禾元年十一月十日夫丘謝動付三州倉吏谷漢受　一〇二三

入東鄉新吏限米三斛五斗胄畢旲嘉禾元年十一月廿三日莨丘大男黄馮付三州倉吏谷漢受　一〇二四

入小武陵鄉佃卒限米四斛胄畢旲嘉禾元年十一月八日余元丘男子烝勤付三州倉吏谷漢受　中　一〇二五

【注】「中」爲朱筆迹。

入小武陵鄉佃卒限米五斛二斗胄畢旲嘉禾元年十一月八日中落丘謝□付三州倉吏谷漢受　中　一〇二六

【注】「中」爲朱筆迹。

□□鄉子弟限米九斛胄畢旲嘉禾元年十一月十一日上和丘陳□付三州倉吏谷漢受　一〇二七

入東鄉新吏限米七斛四斗胄畢旲嘉禾元年十一月廿七日……付倉吏谷漢受　中　一〇二八

【注】「中」爲朱筆迹。

入小武陵鄉私學限米七斛胄畢旲嘉禾元年十一月廿四日平支丘吴監付三州倉吏谷漢受　中　一〇二九

【注】「中」爲朱筆迹。

入樂鄉私學限米卅斛胄米畢旲嘉禾元年十一月八日肥豨丘潘豨付三州倉吏谷漢受　中　一〇三〇

【注】「中」爲朱筆迹。

右東鄉入新吏限米卌七斛七斗五升 一〇三一

入廣成鄉佃吏限米三斛胄畢𦬣嘉禾元年十一月六日漂丘番岱付三州倉吏谷漢受 中 一〇三二

【注】「中」爲朱筆迹。

入東鄉新吏限米十六斛五斗五升胄米畢𦬣嘉禾元年十一月廿八日□丘黃□付三州倉吏谷漢受 中 一〇三三

【注】「中」爲朱筆迹。

•右諸鄉入新吏限米四百六十六斛二斗 一〇三四

入廣成鄉佃吏潘礼限米十二斛胄米畢𦬣嘉禾元年十一月四日漂丘吏潘礼付三州倉吏谷漢受 中 一〇三五

【注】「中」爲朱筆迹。

入廣成鄉嘉禾元年佃吏限米十一斛胄畢𦬣嘉禾元年十一月一日漂丘吏陳杬付三州倉吏谷漢受中 一〇三六

【注】「中」爲朱筆迹。

入廣成鄉佃吏限米十斛胄畢𦬣嘉禾元年十一月六日漂丘番礼付三州倉吏谷漢受 中 一〇三七

【注】「中」爲朱筆迹。

出廣成鄉佃吏限米九斛胄畢𦬣嘉禾元年十一月六日憂丘郡吏吴攺付三州倉吏谷漢受 中 一〇三八

【注】「中」爲朱筆迹。

入東鄉税米十二斛胄畢𦬣嘉禾元年十一月十六日□□丘黃□付三州倉吏谷漢受 中 一〇三九

【注】「中」爲朱筆迹。簡一〇三九至一〇五四出土時原爲一坨，揭剥順序參見《揭剥位置示意圖》圖六。

入東鄉税米六斛二斗胄畢𦬣嘉禾元年十一月十六日平樂丘鄧□付三州倉吏谷漢受 中 一〇四〇

【注】「中」爲朱筆迹。

入東鄉税米七斛五斗胄畢𦬣嘉禾元年十一月十九日唐下丘李鼠付三州倉吏谷漢受 中 一〇四一

【注】「中」爲朱筆迹。

入東鄉税米卅一斛三斗胄畢𦬣嘉禾元年十一月十六日唐下丘縣吏□□付三州倉…… 一〇四二

入東鄉税米二斛胄畢𦬣嘉禾元年十一月三日上利丘男子烝堂付三州倉使谷漢受 中 一〇四三

【注】「使」爲「吏」字之誤寫。「中」爲朱筆迹。

……胄畢𦬣嘉禾元年十一月三日上臺丘鄭□付三州倉吏谷漢受 一〇四四

入東鄉税米十七斛胄畢𦬣嘉禾元年十一月三日東渂丘男子烝學付三州倉使谷漢受 一〇四五

【注】「使」爲「吏」字之誤寫。

•右税米一百九十八斛七斗五升 一〇四六

入東鄉税米六斛七斗就畢𦬣嘉禾元年十一月八日劉里丘廖蘇付三州倉吏谷漢受 中 一〇四七

【注】「中」爲朱筆迹。

入東鄉税米五斛二斗胄畢𦬣嘉禾元年十一月九日莨丘陳補付三州倉吏谷漢受 中 一〇四八

【注】「中」爲朱筆迹。

入東鄉税米八斛五斗胄畢𦬣嘉禾元年十一月八日仨丘男子謝贛付三州倉吏谷漢受 中 一〇四九

【注】「中」爲朱筆迹。

入東鄉税米十斛胄畢𦬣嘉禾元年十一月八日旁丘大男烝碩付三州倉吏谷漢受 一〇五〇

入東鄉税米三斛胄畢𦬣嘉禾元年十一月十四日上利丘蔡棠付三州倉吏谷漢受 一〇五一

入東鄉税米十七斛三斗胄畢𦬣嘉禾元年十一月十四日舞丘黃□付三州倉吏谷漢受 中 一〇五二

【注】「中」爲朱筆迹。

入東鄉税米三斛四斗五升胄畢𦬣嘉禾元年十一月十四日東田丘烝鼠（？）付三州倉吏谷漢受中 一〇五三

【注】「中」爲朱筆迹。

入東鄉税米八斛五斗冑畢𥝋嘉禾元年十一月十四日莒丘男子烝陳
付三州倉使谷漢受　中　一〇五四

【注】「使」爲「吏」字之誤寫。「中」爲朱筆迹。

領收除散錢六千六百一十八錢　一〇五五

八月簿餘六年布六百九十……五寸　一〇五六

入平鄉税米四斛三斗冑畢𥝋嘉禾元年十一月廿九日平樂丘文儿付
三州倉吏谷漢受中　一〇五七

【注】「中」爲朱筆迹。

入平鄉税米五斛一斗冑畢𥝋嘉禾元年十一月十二日□丘□□付三
州倉吏谷漢受中　一〇五八

【注】「中」爲朱筆迹。

入小武陵鄉私學限米三斛冑畢𥝋嘉禾元年十一月十九日暹丘烝□
付三州倉吏谷漢受　中　一〇五九

【注】「中」爲朱筆迹。

入小武陵鄉私學限米六斛冑米畢𥝋嘉禾元年十一月十七日利丘衛
□付三州倉吏谷漢受　中　一〇六〇

【注】「中」爲朱筆迹。

入小武陵鄉佃卒限米三斛八斗冑畢𥝋嘉禾元年十一月十七日中落
丘謝棠付三州倉吏谷漢受　中　一〇六一

【注】「中」爲朱筆迹。

入平鄉子弟限米五斛七斗冑畢𥝋嘉禾元年十一月十五日巾竹丘男
子石萇付三州倉吏谷漢受　一〇六二

入平鄉税米九斛五斗冑畢𥝋嘉禾元年十一月廿九日僑丘許囊（？）
付三州倉吏谷漢受　一〇六三

入東鄉税米卅斛二斗𥝋嘉禾元年十一月廿日夫丘黃郕付三州倉吏
谷漢受　中　一〇六四

【注】「中」爲朱筆迹。

入廣成鄉佃吏謝幼限米二斛就畢𥝋嘉禾元年十一月十五日付三州
倉吏谷漢受　中　一〇六五

【注】「付」前缺關于支付人的記載。「中」爲朱筆迹。

領衛士限米五十斛　一〇六六

□男弟第年五腹心病　一〇六七

領叛士限米八十斛　一〇六八

入桑鄉私學限米三斛冑畢𥝋嘉禾元年十一月廿六日㚃丘黃養付三
州倉吏谷漢受　中　一〇六九

【注】「中」爲朱筆迹。

入東鄉税米五斗冑畢𥝋嘉禾元年十一月十二日劉里丘雷□付三州
倉吏谷漢受　中　一〇七〇

【注】「中」爲朱筆迹。

入桑鄉私學限米一斛冑畢𥝋嘉禾元年十一月廿五日銀（？）丘黃
𦈡付三州倉吏谷漢受　中　一〇七一

【注】「中」爲朱筆迹。

入平鄉税米三斛六斗就畢𥝋嘉禾元年十一月四日平樂丘男子□□
付三州倉吏谷漢受　一〇七二

入東鄉税米十五斛冑畢𥝋嘉禾元年十一月廿日舞丘黃□付三州倉
吏谷漢受　一〇七三

入模鄉限米卅二斛四斗五升冑畢𥝋嘉禾元年十一月十六日員田丘
子弟曹車付三州倉吏谷漢受　一〇七四

男弟良年十二　一〇七五

入□鄉税米五斛冑畢𥝋嘉禾元年十一月十三日杝丘婁金付三州倉
吏谷漢受中　一〇七六

【注】「中」爲朱筆迹。

入平鄉税米三斛　冑畢𥝋嘉禾元年十一月廿日監沱丘惹知付三州
倉吏谷漢受　中　一〇七七

【注】「中」爲朱筆迹。

入東鄉税米卅二斛就畢𥝋嘉禾元年十一月二日劉里丘大男殷楮付

三州倉吏谷漢受　中　一〇七八
【注】「中」爲朱筆迹。

出東鄉税米一斛二斗三升五合胄畢𡖋嘉禾元年十一月三日上唐丘
男子孫□付三州倉吏谷漢受　中　一〇七九
【注】「中」爲朱筆迹。

入東鄉新吏限米五斛九斗五升胄畢𡖋嘉禾元年十一月十一日上唐
丘鄭馬付三州倉吏谷漢受　一〇八〇
【注】簡面有朱色筆迹。

出東鄉税米五斛四斗三升就畢𡖋嘉禾元年十一月三日託丘大男蔡
和付三州倉吏谷漢受　一〇八一
【注】簡面有朱色筆迹。

入平鄉税米五斛胄畢𡖋嘉禾元年十一月十一日杺丘張殷付三州倉
吏谷漢受　一〇八二
【注】簡面有朱色筆迹。

入……米十一斛一斗胄畢𡖋嘉禾元年十一月廿五日□□丘烝□付
三州倉吏谷漢受　一〇八三
【注】簡面有朱色筆迹。

入東鄉税米一斛二斗胄畢𡖋嘉禾元年十一月廿日莫（？）丘大男
謝倉付三州倉吏谷漢受　一〇八四

入故吏周秩子弟米三斛四升胄畢𡖋嘉禾元年十一月十八日栗丘周
客付三州倉吏谷漢受　一〇八五

入平鄉税米五斛四斗胄畢𡖋嘉禾元年十一月十九日□丘男子□□
付三州倉吏谷漢受　一〇八六
【注】簡面有朱色筆迹。

右入税米一百廿三斛七斗　一〇八七

轉母□年五十七筭一　一〇八八

入平鄉税米三斛一斗胄畢𡖋嘉禾元年十一月十一日唐中丘彭囊付
三州倉吏谷漢受　一〇八九

•右小武陵鄉入私學限米□十八斛九斗□□　一〇九〇

入西鄉元年布廿匹三丈　一〇九一

弟寡嫂苩年卅三筭一　一〇九二

入小武陵鄉勇親子弟米二斛就畢𡖋嘉禾元年十一月十五日……　一〇九三
【注】簡面有朱色筆迹。

☑其二斛五斗付州中倉吏李金　一〇九四

領郡吏限米一百廿斛　一〇九五

右□家口食三人　訾　五　十　一〇九六

入平鄉税米四斛六斗五升就畢𡖋嘉禾元年十一月十一日常略丘伍
敍（？）付三州倉吏谷漢受　一〇九七

入平鄉税米十一斛胄畢𡖋嘉禾……　一〇九八

入廣成鄉元年布卌六匹□丈八尺　一〇九九

•右三月旦承餘新入布一千□百□匹二丈二尺五寸　一一〇〇

入東鄉税米二斛四斗胄畢𡖋嘉禾元年十一月十九日……　一一〇一

入桑鄉税米二斛五斗胄畢　嘉禾元年十一月五日沺丘文屈付三州
倉吏谷　中　一一〇二
【注】「中」爲朱筆迹。

入平鄉税米六斛胄米畢𡖋嘉禾元年十一月二日□沺丘番□付三州
倉吏谷漢受　一一〇三

入東鄉□米廿七……　一一〇四

右□鄉入吏子弟米廿九斛八斗二升　一一〇五

☑鄉子弟限米二斛胄畢𡖋嘉禾元年十一月十五日林丘男子區落付
三州倉吏谷漢受　一一〇六

入平鄉子弟限米一斛胄畢𡖋嘉禾元年十一月九日栗丘周客付三州
倉吏谷漢受　中　一一〇七
【注】「中」爲朱筆迹。

入東鄉税米一斛六斗胄畢𡖋嘉禾元年十一月廿日上幸丘鄭成付三
州倉吏谷漢受　中　一一〇八
【注】「中」爲朱筆迹。

入東鄉鄉税米六斛胄畢☰嘉禾元年十一月七日東丘大男謝目付三
州倉吏谷漢受　中　一一〇九
【注】「中」爲朱筆迹。
入桑鄉私學限米五斛八斗就畢☰嘉禾元年十一月廿一日下唐丘男
子謝□付三州倉吏谷漢受　一一一〇
入平鄉税米十五斛九斗胄畢☰嘉禾元年十一月四日泊丘任敍付三
州倉吏谷漢受　一一一一
入東鄉税米一斛　胄畢☰嘉禾元年十一月八日上利丘烝黄付三州
倉吏谷漢受　中　一一一二
【注】「中」爲朱筆迹。
入東鄉税米七斛胄畢☰嘉禾元年十一月七日舞（？）丘郡吏張衹
付三州倉吏谷漢受　中　一一一三
【注】「中」爲朱筆迹。
入東鄉税米三斛胄畢☰嘉禾元年十一月十三日新成丘謝鼠付三州
倉吏谷漢受　一一一四
•右黄龍三年限雜米三萬二千二百八十八斛五升六合時丞　一一一五
入平鄉税米十斛五斗胄畢☰嘉禾元年十一月廿八日浸須丘番平付
三州倉吏谷漢受　一一一六
　禾元年八月廿九日舉言　一一一七
〼諸佃卒限米一百一十斛　其十斛六斗唐礼不應儆米　一一一八
入□鄉吏謝威子弟限米五斛　胄畢☰嘉禾元年十一月十日上□丘
□□付三州倉吏谷漢受　中　一一一九
【注】「中」爲朱筆迹。
〼□□□□周會支孝雇□□賣監吏丁男周□七十五　一一二〇
〼□□黄龍三年財用錢　一一二一
【注】簡面有朱色筆迹。
入小武陵鄉元年布十一匹三丈二（？）尺　一一二二
曼溲里户人逢柜年五十筭一　一一二三

入桑鄉私學限米□三斛胄畢☰嘉禾元年十一月九日下□丘□□付
三州倉吏谷漢受　一一二四
〼其十斛六斗付三州倉吏鄭黑米已入倉未得具革　一一二五
〼□□限米九斛七斗就畢☰嘉禾元年十一月八日中落丘吴殷（？）
付三州倉吏谷漢受　一一二六
入……米□斛一斗　☰嘉禾元年十一月十□日浸須丘□□付三州
倉吏谷漢受　一一二七
〼租米□百六十二斛八斗六升　一一二八
入東鄉税米□斛九斗五升□□☰嘉禾元年十一月廿九日石下丘謝
薦付三州倉吏谷漢受　中　一一二九
【注】「中」爲朱筆迹。
〼□子弟限米十斛二斗□升□畢☰嘉禾元年十一月□日上俗丘□
麦付三州倉吏谷漢受　一一三〇
•右樂鄉入新吏限米百五十九斛九斗　一一三一
入平鄉子弟限米十四斛五斗胄畢☰嘉禾元年十一月七日伍社丘張
□付三州倉吏谷漢受　一一三二
入□鄉子弟限米□斛□斗□升胄畢☰嘉禾元年十一月六日東丘潘□
付三州倉吏谷漢受〼　一一三三
米別簿遣□吏主者齎詣在所計□須到言君叩頭叩頭　一一三四
已入一百六十一萬二千五百七十八　一一三五
【注】簡面有朱筆迹。
入桑鄉税米六斛胄畢☰嘉禾元年十一月五日桐（？）丘男子潘健
付三州倉吏谷漢受　一一三六
入樂鄉叛士限米一斛胄畢☰嘉禾元年十一月廿日柚丘謝物付三州
倉吏谷漢受　中　一一三七
【注】「中」爲朱筆迹。
領叛士限米九十斛　一一三八
•右入税米一百八斛八斗五升　一一三九

入西鄉元年布卌七匹三丈二尺　一一四〇

……入布八百卌二匹二丈　一一四一

▨錢九千　一一四二

入平鄉税米廿四斛二斗冑畢冞嘉禾元年十一月二日僕丘韓佃付三州倉吏谷漢受　一一四三

入東鄉税米十斛六斗就畢冞嘉禾元年十一月七日石唐丘李參付三州倉吏谷漢受　一一四四

入□鄉私學限米廿二斛冑畢冞嘉禾元年十一月廿日夫與丘陳客付三州倉吏谷漢受　一一四五

入東鄉□□限米四斛冑畢冞嘉禾元年十一月□日□丘□諱付三州倉吏谷漢受　一一四六

……就畢冞嘉禾元年十一月廿七日□下丘大男這□付三州倉吏谷漢受　一一四七

入□□税米……冑畢冞嘉禾元年十一月二日季丘□□付三州倉吏谷漢受　一一四八

•右小武陵鄉入……限米廿二斛　一一四九

入桑鄉税米五斛五斗冑畢冞嘉禾元年十一月十六日租下丘盧得付三州倉吏谷漢受　一一五〇

入桑鄉税米一斛冑畢冞嘉禾元年十一月十六日阿丘殷彊付三州倉吏谷漢受　一一五一

入平鄉子弟限米五斛一斗冑畢冞嘉禾元年十一月卅日□丘□□付三州倉吏谷漢受　一一五二

入桑鄉税米五斛冑畢冞嘉禾元年十一月十五日桐丘男子番建付三州倉吏谷漢受　一一五三

入東鄉新吏限米十一斛四斗就畢冞嘉禾元年十一月十日賀丘黄張付三州倉吏谷漢受　一一五四

入樂鄉新吏限米三斛三斗冑畢冞嘉禾元年十一月廿五日溏丘宋□付三州倉吏谷漢受　一一五五

入桑鄉新吏限米十一斛一斗冑畢冞嘉禾元年十一月□日□□丘子弟鄧□付三州倉吏谷漢受　一一五六

入東鄉税米十四斛七斗冑畢冞嘉禾元年十一月三日廣丘許民付三州倉吏谷漢受　一一五七

入東鄉税米五斛五斗冑畢冞嘉禾元年十一月十九日甚丘史□付三州倉吏谷漢受　一一五八

入東鄉税米八斛三斗冑畢冞嘉禾元年十一月九日大田丘大男□□付三州倉吏谷漢受　一一五九

入桑鄉私學限米廿斛三斗冞嘉禾元年十一月廿九日沺丘黄和付三州倉吏谷漢受　一一六〇

入元樹問事米虜監今遣吏操書□□條列種領斛數□　一一六一

入桑鄉税米五斛冑畢冞嘉禾元年十一月十六日區丘谷水付三州倉吏谷漢受　一一六二

入桑鄉税米三斛冑畢冞嘉禾元年十一月五日下園丘唐連付三州倉吏谷漢受　一一六三

臨湘言條列連年懸□□□舉言畢□籍簿答善書詣□　一一六四

五萬六千二百五十一斛□斗七升其一萬□千六百七十七斛一斗　一一六五

□□□簿言案文佃領粢租米合八十二斛二斗已入畢其卌斛　一一六六

期會掾烝若録事掾陳曠校　一一六七

□□□六斛請爲庫吏殷連卅　一一六八

入桑鄉税米七斛九斗冑畢冞嘉禾元年十一月四日盧丘廖山付三州倉吏谷漢受　一一六九

□□□代□□歲伍吳鍾還應□限□▨　一一七〇

入東鄉税米四斛冑畢冞嘉禾元年十一月廿日資（？）丘縣吏毛意付三州倉吏谷漢受　一一七一

領船師張盖何春梅朋運所備建安廿六年折咸米三百八十七斛八斗五升　一一七二

入樂鄉私學米十一斛七斗八升胄畢𡊄嘉禾元年十一月十八日丈丘謝勤付三州倉吏谷漢受　一一七三

入樂鄉叛士限米一斛胄畢𡊄嘉禾元年十一月廿九日語丘謝多付三州倉吏谷漢受　一一七四

郡吏區光黄養（？）劉義蔡忠文（？）貸何等谷漢殷連　一一七五

入小武陵鄉稅米二斛五胄畢　嘉禾元年十一月□日□□丘□□付三州倉吏谷漢受　一一七六

【注】「五」下脱量詞「斗」之類。

入小武陵鄉子弟限米三斛胄畢𡊄嘉禾元年十一月十二日□……倉吏谷漢受　中　一一七七

【注】「中」爲朱筆迹。

領黄龍三年將軍步騭所還民限米一百八十六斛　一一七八

入東鄉新吏限米一斛二斗胄畢𡊄嘉禾元年十一月七日東溲丘大男烝（？）龍付三州倉吏谷漢受　一一七九

八千五百六十一斛七斗□升一合□今見在𡉉未有入郡（？）吏給　一一八〇

·右錢卌八萬五千八百六錢□准（？）在郭君丞區讓張衹　一一八一

給□□高貲何□□領□□自覺善□空以義許多以食　一一八二

入桑鄉稅米四斛胄畢𡊄嘉禾元年十一月五日何丘謝動付三倉吏谷漢受　一一八三

【注】「三」下脱「州」字。

入桑鄉稅米七斛五斗胄畢𡊄嘉禾元年十一月十五日夫與丘州吏劉察付三州倉谷漢受　一一八四

【注】「倉」下脱「吏」字。

縣領黄武六年𦺇錢卅八萬七千四百五十一錢　一一八五

定所移戒叛咎意不時假子□□□□百不以軍糧　一一八六

領黄龍三年稅米一𦊅乜千二百卌七斛五斗九升三合　一一八七

入平鄉稅米卅斛七斗　胄畢𡊄嘉禾元年十一月十一日泊丘男子吴帛付三州倉吏谷漢受　一一八八

入東鄉稅米八斛五斗胄畢𡊄嘉禾元年十一月廿日大田丘烝這付三州倉吏谷漢受　一一八九

·右東鄉入稅米二千一（？）百廿四斛九斗六升　一一九〇

領都計陳□所還黄龍元年限（？）米□千□百七斛四升　一一九一

入東鄉稅米□十一斛胄畢𡊄嘉禾元年十一月三日帝丘烝□付三州倉吏谷漢受　中　一一九二

【注】「中」爲朱筆迹。

入廣成鄉佃吏限米七斛　胄畢𡊄嘉禾元年十一月十一日漂丘吏陳杋付三州倉吏谷漢受　一一九三

入平鄉稅米五斛三斗胄畢𡊄嘉禾元年十一月一日臺（？）丘男子五陽付三州倉吏谷漢受　一一九四

責辤詣府最報（？）須叩頭死罪死罪案文書輒絞促　一一九五

領黄龍三年郵卒限米五百七十二斛九斗　一一九六

入桑鄉稅米二斛胄畢𡊄嘉禾元年十一月十六日區丘黄習付三州倉吏谷漢受　一一九七

謹以□□肯□益叩頭死罪掾□勑□列𥻗租稅斛數　一一九八

出用　無　☐　一一九九

入桑鄉稅米一斛胄畢𡊄嘉禾元年十一月四日敷丘男子潘丁付三州倉吏谷漢受　一二〇〇

·右入稅米二百斛九斗五升　一二〇一

·右入稅米百卌六斛二斗一升　一二〇二

入平鄉稅米十三斛五斗胄畢𡊄嘉禾元年十一月四日胡萇丘許仲付三州倉吏谷漢受　一二〇三

□鄉文入黄武三年稅米五百廿三斛七斗　一二〇四

備入□月卅日□須謹□復□□遣□□□事主者　一二〇五

·右入稅米一百……　一二〇六

入平鄉税米三斛冑畢𡕝嘉禾元年十一月四日杖丘男子烝囊付三州
倉吏谷漢受　一二〇七
入□鄉税米□三斛冑畢𡕝嘉禾元年十一月二日音溲丘謝數付三州倉
吏谷漢受　一二〇八
入小武陵鄉士限米九斛冑畢𡕝嘉禾元年十一月十一日丘男子文茷
付三州倉吏谷漢受　一二〇九
【注】「丘」上脱地名。
□紋謜負者□□隱核逋出吏帥□依□□叛者　一二一〇
入桑鄉税米二斛六斗冑畢𡕝嘉禾元年十一月十五日上唯丘黄垂付
三州倉吏谷漢受　一二一一
☑𡕝嘉禾元年十一月廿日前丘男子呂□付三州倉吏☑　一二一二
領郎中王毅所買生口賈錢二萬七千三百六十五錢　一二一三
入桑鄉税米四斛二斗冑畢𡕝嘉禾元年十一月五日露丘烝黄付三州
倉吏谷漢受　一二一四
入小武陵鄉私學限米四斛冑畢𡕝嘉禾元年十一月十五日暹丘烝從
付三州倉吏谷漢受　一二一五
領督軍糧都尉陳□所買生口賈錢四萬五百九十　一二一六
四升九合白主（？）右□校見□者書到□□謹書三萬八千　一二一七
入平鄉税米三斛三斗冑畢𡕝嘉禾元年十一月十八日僕丘廖殷付三
州倉吏谷漢受　一二一八
☑……冑畢𡕝嘉禾元年十一月十一日浸須丘□□付三州倉吏谷漢受　一二一九
過（？）元年八月廿九日今年七月廿九日□□　一二二〇
舉言　一二二一
見者隱核度（？）對□叛者輒入所負有書縣文通來　一二二二
領黄龍元年税米四百九斛九斗五升　一二二三
入平鄉限米四斛六斗冑米畢𡕝四年十一月十三日□□丘大男番元
付三州倉吏谷漢受　一二二四

入樂鄉私學限米二斛冑畢𡕝嘉禾元年十一月十七日丈丘謝動付三
州倉吏谷漢受　一二二五
……畢𡕝嘉禾元年十一月十一日□丘男子吴恢付三州倉吏谷漢受　一二二六
・集凡領逋空米五萬六千六百廿六斛四斗七升三合二勺五撮三圭　一二二七
【注】簡面有朱筆迹。
領黄武六年監運掾姫度漬米九十斛　一二二八
曹謙張袛録事主者吴玄鄧慎田謏黄　一二二九
・右連年逋空雜米三千五百二斛三斗八升□合□侯相郭君丞
區讓　一二三〇
右倉田曹史烝堂闟掾烝□白草　一二三一
入小武陵鄉私學限米四斛六斗冑畢𡕝嘉禾元年十一月十一日坪丘
男子吴□付三州倉吏谷漢受　中　一二三二
【注】「中」爲朱筆迹。
入東鄉税米七斛□斗冑畢𡕝……付三州倉吏☑　一二三三
☑……急今禾□鄖以記　一二三四
嘉禾二年十二月十一日右倉田曹史烝堂闟部曲田曹掾□□
白言答主郎中書列懸□米種領草　一二三五
領黄龍三年州佃吏限米五十斛　一二三六
領連年郵□□限雜米……　一二三七
入平鄉税米一斛五斗冑畢𡕝嘉禾元年十一月二日平樂丘李達（？）
付三州倉吏谷漢受　一二三八
入廣成鄉……米十斛就畢𡕝嘉禾元年十一月十四日付三州倉吏谷
漢受　一二三九
【注】「十四日」下脱丘名及人名。
右樂鄉入吏帥客限米百廿一斛七斗　一二四〇

斛數獶多家□藋說□□無入今本主流移亡叛　一二四一
□告主□睪化中部督郵書掾□異（?）記言料核臨湘告　一二四二
郡吏李晟　母澤年卌一　勸吕侯都尉□□新見□□　一二四三
入小武陵鄉税米一斛七斗六升𠕇嘉禾元年十一月……付三州倉吏
谷漢受　一二四四
者輸入所連其本主反叛無所詭責者□被吏三（?）組主者備　一二四五
連仍今年雖收孰□遇客敗民佃種無幾收穫未訖詭　一二四六
課見者㞐榜應幾叛者檢入□□□録如□□限　一二四七
入平鄉税米廿六斛八斗五升胄畢𠕇嘉禾元年十一月十一日胡萇丘
許□付三州倉吏谷漢受　一二四八
料核懸空不足嘉禾元年□月□九日□□米白　一二四九
入小武陵鄉私學限米二斛胄畢𠕇嘉禾元年十一月十二日坪丘男子
張先付三州倉吏谷漢受　一二五〇
入西鄉税米十四斛六斗五升就畢𠕇嘉禾元年十一月廿三日茹丘雷
崇付三州倉吏谷漢受　一二五一
入西鄉税米七斛五斗胄畢𠕇嘉禾元年十一月廿五日上俗丘馬孫付
三州倉吏谷漢受　一二五二
領黄龍三年佃卒限米一百六十四斛三斗二升七合　一二五三
出模鄉限米六斛胄畢𠕇嘉禾元年十一月廿五日林丘子弟胡則付三
州倉吏谷漢受　一二五四
☐懸逋四萬七千九十四斛一斗　一二五五
入小武陵鄉佃卒限米二斛胄畢𠕇嘉禾元年十一月十五日余元丘烝
勸付三州倉吏谷漢受　一二五六
右郎中治所被丁卯書白縣各有文□□□米七萬斛錢　一二五七
入小武陵鄉子弟限米十一斛胄畢𠕇嘉禾元年十一月六日平支丘故
帥朱佃付三州倉吏谷漢受　一二五八
縣文入逋長斛□複□不動佃詣□年無　一二五九
入□鄉私學限米六斛胄畢𠕇嘉禾元年十一月十七日周丘私學
烝咄付三州倉吏谷漢受　一二六〇
右……　一二六一

【注】簡一二六一至一三〇四出土時原爲一坨，揭剥順序參見《揭剥位置示意圖》圖七。

白佃乞假期重絞促有入複言書□入詣右倉　一二六二
得入遣五□錢事主者掾史劉恒潘典烝堂等詣郡　一二六三
領黄龍三年私學限米一千六百八十六斛四斗六升　一二六四
府中部督郵移戊午書自（?）言料校文入□連年運雜米合　一二六五
會縣領連年懸空錢卅八萬五千八百六錢謹條列種領與（?）　一二六六
嘉禾三年十一月癸巳朔日主簿羊君叩頭死罪敢言之　一二六七

【注】此簡右下側存約十二字批文，僅見左側筆迹。

領黄武五年租米……斛七升　一二六八
言月日爲簿五牒□有入别言禾郡謹答言□誠惶誠恐叩頭死罪死罪
敢言之　一二六九
牒答自書　詣□右　所　一二七〇
臨湘言條列黄龍三年□連年逋䊧米種領斛數右别如　一二七一
領黄武六年粢租米廿斛四斗四升　一二七二
領黄武五年吏帥客限米七十二斛　一二七三
主簿劉　恒□　一二七四
右米一萬二千五百卌斛牒録事主者致　一二七五

【注】簡面有朱筆迹。

嘉禾元年貧民所貸食米一萬一千五百一十斛　一二七六
領連年諸將長吏復田税米一百七十九斛四斗六升九合　一二七七
領黄龍二年旱田税米一千九百廿三斛九斗四升　一二七八
其……　一二七九
領黄龍三年税米五……　一二八〇
領黄龍三年吏帥客限米三千四百卌三斛三斗九升一合　一二八一
領監運掾巍樓黄武六年漬米七十五斛　一二八二

領縣吏子弟□公□黄武六年折咸米七十五斛　一二八三

領黄武六年蒻錢准囷二百卌四斛二斗八升　一二八四

……檢　一二八五

臨湘謹列黄龍元二三年懸連（？）錢准和□斛□升　一二八六

彭政等承督郵潘□所□簿言畢料校　一二八七

懸連不見嘉禾元年八月廿九日舉言　一二八八

諾少受命料問事當覆驗今遣吏□書到亟促條列□　一二八九

【注】「諾」字爲草體濃墨批文。

得晳留言會吹書日時如詔書律令十月十八日致　一二九〇

斛數錢米列登簿更真吏者乘里□詣在所計時□□　一二九一

領黄龍元年叛士魁（？）限米百五十八斛五斗　一二九二

領黄龍二年粢租米九百八十五斛七斗四升四合二勺三撮三圭　一二九三

嘉禾二年十月丁巳朔十八日丁卯右郎中記督察告　一二九四

□錢幾千百萬□何年種領何日□何□足以悉□入　一二九五

臨湘下雋攸吴昌劉陽令長侯相□□□文□□年幾曹　一二九六

相郭君丞唐（？）祁録事主者周岑石彭謝進　一二九七

領黄龍元年私學□□限米七□□□□□一斗七升六合　一二九八

縣領黄龍元年吏帥客限米……十五斛八斗　一二九九

領黄龍元年新吏限米……百六十六斛五斗二升　一三〇〇

領黄龍元年佃卒限米三百一斛四斗□升　一三〇一

領黄龍□年新吏限米……　一三〇二

·右連年懸空米九千七百七十五斛二升三合二勺五撮三圭此致　一三〇三

領吏魯黄故負大男□謝黄龍二年限米二百斛　一三〇四

朞會掾烝若録事掾陳曠校　一三〇五

臨湘謹列連年懸空錢種領簿　一三〇六

□□負作□湘□以所氾漬股米廿□七千三百廿二□　一三〇七

☑三匹三丈　一三〇八

入小武陵鄉元年稅……　一三〇九

入□鄉元年布十一匹三丈二尺　一三一〇

·□一千一百□☑　一三一一

☑……錢二千　一三一二

入□鄉元年布五匹三丈二尺　一三一三

入廣成鄉元年布卅二匹二丈□尺　一三一四

入西鄉元年布三丈九尺　一三一五

入中鄉嘉禾四年粢租米二斛一斗　一三一六

主庫吏殷連謹列……承餘新入布匹數簿　一三一七

入及連年雜米合三萬六千二百五十三斛一斗七升其七千六百　一三一八

出元年四品布一千五百匹嘉禾元年八月……　一三一九

領黄龍三年叛士限米八十七斛八斗　一三二〇

☑□□米合八千六百五斛五斗六升　一三二一

☑　·右諸鄉勸農掾□定記部黄欣□　一三二二

入市吏潘羜所市布一百六十□匹　一三二三

☑鼠　子男虞年十五　虞☑　一三二四

☑……嘉禾□年□月……堂中賊曹史利□白事　一三二五

入平鄉稅米十九斛六斗五升㝵嘉禾元年十一月十八日栗丘烝□付
三州倉吏谷漢受　一三二六

五百六十一斛七斗一升一合稟今見在負者有入部吏絞課　一三二七

入□鄉□米二斛三斗就畢㝵嘉禾元年十一月……何付三州倉吏谷
漢受　一三二八

□前言領受諸鄉雜米謹案文書□□□一斛……　一三二九

入平鄉稅米十四斛七斗胄畢㝵嘉禾元年十一月十八日專丘吴定付
三州倉吏谷漢受　一三三〇

東鄉領雜限米四百九十斛　一三三一

入平鄉稅米一斛就畢㝵嘉禾元年十一月廿七日監沱丘周義付三州
倉吏谷漢受　一三三二

【注】「義」或作「儀」。
右入税米卅五斛九升 一三三三
領叛士限米卌斛 一三三四
九十二斛一斗五升九合主各死叛及傳□者僦□□詭責三萬 一三三五
•右新入布三百九十九匹二丈二尺 一三三六
致假課鄉吏魁帥絞詭負者懸□入□□其卒主死 一三三七
☑□謹列三月□□承餘新入布匹數簿 一三三八
入模鄉元年布一匹三丈六尺 一三三九
……白……月三日辛巳白 一三四〇
領船師徐長備建安廿□年折咸米一百□斛六斗五升 一三四一
•右入税米九十一斛 一三四二
其二斛郡屯田掾利焉□☑ 一三四三
主庫吏殷連謹列正月旦承餘新入布匹數簿 一三四四
☑三月旦承餘新入……數簿 一三四五
領新吏限米一百卌斛　☑ 一三四六
入桑鄉税米廿□斛五斗五升胄畢𠬸嘉禾元年十一月十五日敷丘男子潘丁付三州倉吏谷漢受 一三四七
入桑鄉税米四斛三斗胄畢𠬸嘉禾元年十一月十三日……道付三州倉吏谷漢受 一三四八
入都鄉元年布廿八匹四尺五寸 一三四九
入平鄉元年布十七匹三丈三尺 一三五〇
入東鄉元年布五十七匹二丈九尺 一三五一
☑頭䰻五歲十一月日　左角長三寸　變烝栗色　民　文　春　養 一三五二
其五百卅七匹二丈四尺□□□ 一三五三
右□鄉入私學限米…… 一三五四
☑爲意今禾稻熟記到察□佃吏魁帥絞詭白 一三五五
曌鄉大男……臨湘侯相　嘉禾五年十二月十八日模鄉典田掾烝若白 一三五六
監運曹史陳□□□匱吏殷連列□□嘉禾二年八月一日烝若白 一三五七
右模鄉入吏帥客限米六十八斛二斗五升 一三五八
入小武陵鄉布□□□匹一丈七尺　中 一三五九
【注】「中」爲朱筆迹。
入市吏潘羜□□所市布□□□百卌七匹七尺　中 一三六〇
【注】「中」爲朱筆迹。
☑□武□布廿九匹三丈七尺 一三六一
□䢵吏周章等所貸連道米一百卅九斛八斗五升 一三六二
曌鄉大女□妾䢵户下品出錢□千□百九十四錢臨湘侯相十一月十八日模鄉典田掾烝若白 一三六三
今者縣界連年遭遇水旱吏民並貧困無所收入養 一三六四
【注】「者」及「無所收入」上有塗墨痕迹。
入東鄉新吏限米三斛八斗胄畢𠬸嘉禾元年十一月十六日石唐丘鄭周付三州倉吏谷漢受 一三六五
入桑鄉元年布四匹 一三六六
其五百卅匹吏潘羜所市布 一三六七
領郡吏潘丁備繼縣年諸將佃禾五十斛九斗六升四合 一三六八
主庫吏殷連謹列九月旦承餘新入米（？）數簿 一三六九
庫餘布訖八月卅日簿領□市布入一百廿三匹二丈四尺 一三七〇
模鄉大男潘陽新户下品出錢五千五百九十四錢臨湘侯相…… 一三七一
入小武陵鄉佃吏限米十斛胄畢𠬸嘉禾元年十一月廿六日下巾丘吏朱饒付三州倉吏谷漢受 一三七二
録事主者周岑鄭慎謝進彭政等言畢 一三七三
從黄牯齒四歲□□左角長四寸五□　☑ 一三七四
☑及新字大小合卅三頭 一三七五
•右承八月旦承餘□□□百□□匹…… 一三七六

……九十四錢臨湘侯相　嘉禾五年十二月十八日模鄉典田掾……　一三七七

其七百九十五□□　一三七八

☑元年布一百匹三丈　一三七九

領澤（？）宗（？）限米卅斛　一三八〇

入小武陵鄉元年布五十六匹□丈七尺　一三八一

模鄉大男黄欽新户上品出錢一萬三千臨湘侯相　嘉禾五年十二月
十八日模鄉典田掾烝若白　一三八二

模鄉□□□新户下品出錢五千五百九十四臨湘侯相　嘉禾五年
十二月十八日模鄉典田掾烝若白　一三八三

模鄉大男潘度新户……臨湘侯相　嘉禾五年十二月十八日模鄉典
田掾烝若白　一三八四

模鄉大男謝牒新户中品出錢九千臨湘侯相　嘉禾五年十二月十八
日模鄉典田掾烝若白　一三八五

模鄉大男潘□新户中品出錢九千臨湘侯相　嘉禾五年十二月十八
日模鄉典田掾烝若白　一三八六

模鄉大男張郡新户中品出錢九千臨湘侯相　嘉禾五年十二月十八
日模鄉典田掾烝若白　一三八七

黄牯牛一頭齒二歲一月日左角長一尺　民　妻　道　養　一三八八

☑年八月廿九日死黄牯牛一頭齒一歲一月一日左角長半　民　文
春　養　一三八九

【注】「半」下或脱「尺」字。

黄牸牛一頭齒四歲二月□日左角長六寸　民　謝　佑　養　一三九〇

模鄉大男謝□新户下品出錢五千五百九十四錢臨湘侯相　嘉禾五
年十二月十八日模鄉典田掾烝若白　一三九一

嘉禾二年七月卅日　黄牸犢一頭齒六月一日左角長一寸　民
王　龍　養　一三九二

模鄉大男謝萇新户下品出錢五千五百九十四錢臨湘侯相　嘉禾五
年十二月十八日模鄉典田掾烝若白　一三九三

模鄉大男烝忠新户下品出錢五千五百九十四錢臨湘侯相　嘉禾五
年十二月十八日模鄉典田掾烝若白　一三九四

入中鄉布□百卅七匹四丈二□　一三九五

·今餘市布一千一百卅五匹一丈七尺　一三九六

·右出布一千四百七十三匹　一三九七

模鄉大男潘□攷新户中品出錢九千錢臨湘侯相　嘉禾五年十二月十
八日模鄉典田掾烝若白　一三九八

户兵曹謹列詔稽逋縣（？）界錢□□課……　一三九九

模鄉大男張陴新户中品出錢九千臨湘侯相　嘉禾五年十二月十八
日模鄉典田掾烝若白　一四〇〇

模鄉大男□陳新户中品出錢九千臨湘侯相　嘉禾五年十二月十八
日模鄉典田掾烝若白　一四〇一

右倉曹列言入五年鄉雜米起正月九日訖十六日合六千二百一十三
斛二斗八升與前刺通合四萬六千五百卅斛八斗二升
其□千斛六斗九升付州中倉吏張曼張欽□
其□千二百一十二斛五斗九升付吏孫義
嘉禾六年正月十九日從掾位烝循白　一四〇二

模鄉大男□魯新户中品出錢九千臨湘侯相　嘉禾五年十二月十八
日模鄉典田掾烝若白　一四〇三

模鄉大男陳客新户中品出錢九千臨湘侯相　嘉禾五年十二月十八
日模鄉典田掾烝若白　一四〇四

出米五斛四斗雇男子潭元布賈　一四〇五

模鄉典田掾烝若逋……　一四〇六

☑鄉鋘賈錢卅萬□千四百嘉禾二年……　一四〇七

模鄉大男五氾新户中品出錢九千臨湘侯相　嘉禾五年十二月十八
日模鄉典田掾烝若白　一四〇八

……税□白米有入卅斛八斗　正月十八日倉曹掾□　一四〇九

右倉曹列言入五年□□米起十四日訖十六日合卅斛八斗與前刺通
合三百一十六斛二斗四升
　嘉禾六年正月十九日從掾位烝循白　一四一〇
模鄉大男區政新户下品出錢五千五百九十四錢臨湘侯相　嘉禾五
年十二月十八日模鄉典田掾烝若白　一四一一
　嘉禾二年五月十日黄牸犢牛一頭齒二歲八月日左角長二寸一
分本蔡可牛可物故　差民謝□養　一四一二
黄牸牛一頭　齒三歲角長□□　盲左目　民　謝　便　養　一四一三
入東鄉税米八斛　胄畢𡗝嘉禾元年十一月八日舞丘黄㕢付三州倉
吏谷漢受　一四一四
☑曹列言入五年貸食米起六年正月一日訖十□日合二百八十四斛
□斗四升與前刺通合一萬□千二百□□斛□□斗□升
　其二百八十一斛六升付州中倉吏張曼
　其三斛一斗付吏孫義
　嘉禾六年正月十九日從掾位烝循白　一四一五
承十一月簿元年布一千七百□九匹□尺五寸　一四一六
　嘉禾三年四月二日字　黄牯犢一頭齒一歲六月卅日左角長四
寸變栗佐色民吕民養　一四一七
 ·右入税米八十九斛一斗五升　一四一八
□□□□餘種粻米有入二百八十四斛七斗二半　正月十九日倉
曹掾谷漢白　一四一九
　……月廿日主庫吏殷連白　一四二〇
模鄉□付掾殷連通吏黄……卅□　一四二一
模鄉大男烝馬新户下品出錢五千五百九十四錢臨湘侯相　嘉禾五
年十二月十八日模鄉典田掾烝若白　一四二二
模鄉大女黄妾新户下品出錢五千五百九十四錢臨湘侯相　嘉禾五
年十二月十八日模鄉典田掾烝若白　一四二三
模鄉大男鄧鷄新户下品錢五千五百九十四錢臨湘侯相　嘉禾五年
十二月十八日模鄉典田掾烝若白　一四二四

【注】「下品」下脱「出」字。

　肅等承督課領吏所列簿言畢料校不見嘉　一四二五
 ·右五頭將軍張承遣牛府曹以别取養不見　一四二六
黄牯牛一頭齒三歲九月日左角長八寸變烏色　民　□　☑　一四二七
平鄉典田掾□□通□□復百□黄（？）妻三人五人入請錢□文……　一四二八
模鄉大男□□新户中品出錢九千臨湘侯相　嘉禾五年十二月十八
日模鄉典田掾烝若白　一四二九
模鄉大男烝□新户中品出錢九千臨湘侯相　嘉禾五年十二月十八
日模鄉典田掾烝若白　一四三〇
□收嘉禾三年起六月一日訖九月卅日簿食牛卅頭　一四三一
 ·右新入布九十二匹三丈九尺　一四三二
☑户下品出錢五千五百九十四錢臨湘侯相　嘉禾五年十二月十八
日模鄉典田掾烝若白　一四三三
☑敗湯走百□所出讓即時追捕得□敗□杝□□□白　一四三四
臨湘謹列官領（？）牛頭數齒色養者數簿　一四三五
模鄉……臨湘侯相　嘉禾五年十二月十八日模鄉典田掾烝若白　一四三六
……湘侯相　嘉禾五年十二月十八日模鄉典田掾烝若白　一四三七
☑　已入卅八斛五斗　一四三八
黄牯牛一頭齒四歲七月日左角長一尺　民　婁　道　養　一四三九
黄牯牛一頭齒四歲四月廿日左角長一尺五寸　民　胡　□　養　一四四〇
□□□有入五年餘逋租税米三千三百一十三斛二斗八升　正月十
八日倉曹掾□□白　一四四一
黄牯牛一頭齒四歲六月日　左角長八寸　民□☑　一四四二
模鄉大男□□新户中品出錢九千臨湘侯相　嘉禾五年十二月十八

日模鄉典田掾烝若白　一四四三

黄牯牛一頭齒六歲四月左角長一尺變烏色任耕本蔡長牛差民張客
養　一四四四

黄犊牛一頭齒三歲左角長九寸　民　王　吴　養　一四四五

烏栗犊牛一頭齒十七歲十月日左角長一尺二寸　民　□　□　□　一四四六

黄犊牛一頭齒四歲五月廿日左角長七寸變烝栗色　民　吕　尾　養　一四四七

入桑鄉元年布三匹三丈九尺　一四四八

入東鄉税米十一斛一斗胄畢𡬁嘉禾元年十一月三日帝丘烝徐付三
州倉使谷漢受　一四四九

【注】「使」爲「吏」之誤寫。

黄犊牛一頭齒九歲一□□左角長一尺二寸　本趙可牛可被病物故
差民唐定養　一四五〇

【注】「九」旁補寫「七」字，當爲更改意。又「□□」處原有字迹，已被濃墨覆蓋。

黄犊牛一頭齒五歲九月日左角長九寸變烝栗色任耕本趙可牛可被病
物故差民陳成養　一四五一

模鄉大男鄧平新户中品出錢九千臨湘侯相　嘉禾五年十二月☑　一四五二

•右收二百□都尉□唐……☑　一四五三

☑□逋雜米廿三斛二斗付州中倉吏李金　一四五四

☑品布四百卌一匹八尺五寸　一四五五

☑……斗三升詭責……不中還奴人出錢☑　一四五六

其七十二斛七斗給爲佃粻　一四五七

其七十三斛一斗給雇秝粻　一四五八

模鄉大男謝□新户下品出錢五千五百九十四錢臨湘侯相　嘉禾五
年十二月十八日模鄉典田掾烝若白　一四五九

拘校相應訖……頃白　一四六〇

模鄉大男區須新户下品出錢五千五百九十四錢臨湘侯相　嘉禾五
年十二月十八日模鄉典田掾烝若白　一四六一

其四百九十二匹□尺五寸……　一四六二

入廣成鄉元年布三匹三丈七尺　一四六三

入模鄉元年布卌八匹五尺　一四六四

入桑鄉元年布十五匹二丈九尺一寸　一四六五

入南鄉元年布七匹三丈七尺　一四六六

入西鄉税米十一斛　胄米畢𡬁嘉禾元年十一月一日上俗丘何逐付
三州倉吏谷漢受　一四六七

入東鄉元年布二匹二丈二尺　一四六八

領佃卒限米十斛　一四六九

□月簿餘布訖三月卅日旦簿領……一千一百……　一四七〇

其一百廿一斛六斗五升□□　税米　一四七一

入東鄉税米十八斛一斗胄畢𡬁嘉禾元年十一月三日劉里丘殷終付
三州倉吏谷☑　一四七二

……無入請案條罰典田□☑　一四七三

入□鄉嘉禾元年布一□……　一四七四

其廿五斛見米在……倉　一四七五

嘉禾二年十二月壬辰朔卅日辛酉臨湘侯相君丞　叩頭死罪敢言
之　一四七六

【注】「卅」、「辛酉」等字爲第二次書寫，書於首次書寫文字的右下側。

右□米八斛四斗六升八合　一四七七

入中鄉元年布十六匹二丈七尺　一四七八

……新入元年布數簿　一四七九

領黄武六年潰口漬米五百七十一斛七斗七升　一四八〇

入模鄉元年布卌一匹一丈□尺　一四八一

□□□年□月□□朔卅日□□三州倉吏鄭黑叩頭死罪死罪敢言之　一四八二

一四八三 □□餘文要子□民□皆不收責定收一囷一百□十二斛三斗畝
一四八四 任鹽賈米一百一十二斛六斗八升連□所新没入雜（？）□□
一四八五 □□□所有列鄉吏□田可三百□他邪父已起過嘉禾二年二
一四八六 入南鄉元年布卌四（？）匹三丈四尺
一四八七 入西鄉元年布二匹三丈七尺
一四八八 金曹□言吏□□□☒
一四八九 ☒□□貸食雜米□□□斛嘉禾元年十一月□日□
一四九〇 ☒□鄉入元年布匹數簿
一四九一 ☒角長一尺一寸三分　民　蔡　李　養
一四九二 郡吏唐虎　弟□年□三　☒
一四九三 入西鄉税米一斛胄畢旲嘉禾元年十一月☒
一四九四 ☒斛　男子李臺五斛
一四九五 ☒　□　計　鄧　膺（？）
一四九六 ☒假郎吏尹釋奴勤身☒
一四九七 其☒
一四九八 ☒　田
一四九九 ☒市吏潘羜所市布
一五〇〇 ☒嘉禾元年十一月入當見米張七斗

【注】「張」或爲「粻」之誤寫。

一五〇一 ☒……詔奴得自代如詔
一五〇二 ☒具錢一萬四千九百七十五錢
一五〇三 入桑鄉税米一斛五斗旲嘉禾元年十一月五日區丘男子□□付三州倉吏谷漢受
一五〇四 入西鄉税米廿斛　胄畢旲嘉禾元年十一月十二日龍穴丘苗世付三州倉吏谷漢受
一五〇五 入南鄉元年布十一匹三丈六尺
一五〇六 出米二斛七斗雇男子程勸布賈
一五〇七 入南鄉卒限米十斛　☒
一五〇八 領□錢二萬一千七百六十五錢……☒
一五〇九 出錢三萬九千四百一十四錢□地僦錢卌萬二千☒

【注】簡面有朱筆迹。

一五一〇 ☒□慮主庫掾潘有領
一五一一 ☒□付三州倉吏谷漢受
一五一二 入東鄉税米十三斛　胄畢旲嘉禾元年☒
一五一三 ☒百廿四斛三斗□　☒
一五一四 入西鄉税米五斛一斗胄畢旲嘉☒
一五一五 入桑鄉税米六斛胄畢旲嘉☒
一五一六 ☒□□□□年詔□義別列還布匹數
一五一七 ☒□五百卌一錢☒
一五一八 ☒　利　合　☒
一五一九 入廣成鄉元年布十二匹二丈□尺☒
一五二〇 入西鄉税米二斛二斗胄☒
一五二一 ☒吏谷漢受
一五二二 ☒十一月廿日薄（？）丘大男烝宗付三州☒
一五二三 ☒年十一月十三日劉里丘烝已付三州☒
一五二四 其八十二斛六斗元年税米☒
一五二五 ☒出錢五千五百九十四錢臨湘侯相　嘉禾五年十二月十八日模鄉☒
一五二六 ☒錢嘉禾三年六月廿九日付業受
一五二七 ☒日平支丘男子番田付三州倉吏谷漢受
一五二八 ☒四尺五寸
一五二九 ☒□色夬鼻本蔡劉牛差民張客養
一五三〇 ☒……萬雜米雇所市賈□□
一五三一 ☒□岑張祁□☒
一五三二 ☒十三日上俗丘烝俗付☒
一五三三 ☒倉吏谷漢受

☒　其十七斛五斗五升☒　一五三四
☒合七百廿三斛八斗……☒　一五三五
船曹言作柏船十一艘悉訖卅傳送詣入□☒　一五三六
【注】「艘」通「艘」。
□度種粻□□☒　一五三七
入西鄉稅米二斛五斗就畢𡘾嘉禾元年十一月□日□□丘□□付三州倉吏谷漢受　一五三八
領黃龍三年士妻子□米八百卅七斛七斗□升□合　一五三九
【注】簡面有朱色筆迹。
•右都鄉領雜限米一千四百卅五斛　一五四〇
領佃卒限米一百七十斛　一五四一
斛付三州倉吏鄭黑□七斛四斗付中倉吏李金二斛八斗付吏□　一五四二
☒等所貸武昌黃武六年稅禾吏准米五十五斛　一五四三
其一千七百卌斛□斗二升一合雜□☒　一五四四
□卌六斛□斗□升付吏□□卅斛□斗付吏□養九斛□斗□　一五四五
絞無所詭責者咋鄉吏王維□者□□誠令代□　一五四六
•已入米二千□百□□斛□斗四升錢□八萬九千四百五十一錢　一五四七
•未畢米五萬四千一百八十五斛一斗三合錢□萬□千三百五十　一五四八
桑鄉和米……已入畢　一五四九
已若　主簿　省　一五五〇
【注】「已若」爲批示文字，以濃墨大字書寫。
☒胄畢𡘾嘉禾元年十一月廿六日巾竹丘潘安付三州倉吏谷漢受　一五五一
•右民入稅米百廿一斛三斗二升　☒　一五五二
☒𡘾嘉禾元年十一月八日帝丘烝徐付三州倉吏谷漢受　一五五三
入龍黃□年東部督郵書掾□□□□𡘾☒　一五五四
【注】「龍黃」當爲「黃龍」二字之誤倒。
☒　正月卅日典田掾烝若白　一五五五
☒米一百卅八斛　☒　一五五六
☒□斗　胄畢𡘾☒　一五五七
☒八百卅一錢百卅四錢　一五五八
☒□斛□斗二升胄畢𡘾嘉禾元年十一月一日☒　一五五九
入桑鄉稅米卅一斛五斗𡘾嘉禾元年十一月五日何丘男子殷連付三州倉吏谷漢受　一五六〇
入桑鄉稅米二斛七斗胄畢𡘾嘉禾元年十一月十五日夫與丘黃肅付三州倉吏谷漢受　一五六一
入平鄉子弟限米四斛一斗胄畢𡘾嘉禾元年十一月十三日泊丘鄭□付三州倉吏谷漢受　一五六二
入小武陵鄉子弟限米五斛胄畢𡘾嘉禾元年十一月□三日平丘□□付三州倉吏谷漢受　一五六三
其□斛勸□□□□嘉禾元年□□米　一五六四
右小武陵鄉私學限米七十九斛三斗二升　☒　一五六五
☒其四斛監池司馬鄧邵……　一五六六
☒屯田民限米八十斛　一五六七
領佃帥限米一百六十斛　一五六八
☒米□百一十一斛三斗　一五六九
☒𡘾嘉禾元年十一月廿八日監沱丘范（？）侯付三州倉吏谷漢受　一五七〇
其一百卅三斛一斗一升嘉禾二年粢租☒　一五七一
定領吳平斛米三千八百廿三斛七斗九升　☒　一五七二
其五斛□斗黃龍□年□□☒　一五七三
☒一萬二千絹十三匹一丈七尺六寸凡（？）直八千錢　一五七四
□□後日田□□户　☒　一五七五
☒月廿日帝丘黃□付三州倉吏谷漢受　一五七六

☑扶丘郡吏張祇付三州倉吏谷漢受　一五七七
右倉曹史烝　白　倉吏㕣☑　一五七八
☑一斛八斗青畢𠀋嘉禾元年十一月廿日吴丘黄□☑　一五七九
☑米畢𠀋嘉和元年十一月十八日下□丘謝囷団☑　一五八〇
【注】「和」通「禾」。
☑月一日合三日　☑　一五八一
☑錢已入畢　一五八二
☑□謹列□□□□禾☑　一五八三
☑三州倉吏谷漢受　一五八四
☑䎽限米十一斛五斗青畢𠀋嘉☑　一五八五
☑其一百一斛七升嘉禾二年租米☑　一五八六
☑八日中落丘吴廖付三州倉吏谷漢受　一五八七
☑種（?）䅣　一五八八
☑承餘新入元年布匹敷簿　一五八九
入小武陵鄉元年布六十八匹六尺　☑　一五九〇
☑□布八匹三丈一尺　☑　一五九一
五斛五斗三升已出三百田七斛六升☑　一五九二
☑利下丘黄□付三州倉吏谷漢受　一五九三
☑□付庫吏殷　連受　一五九四
☑一千七百廿三匹三☑　一五九五
入樂鄉叛士限米□☑　一五九六
都鄉佃田掾□☑　一五九七
領新吏限米五十斛□□☑　一五九八
☑□宜付三州倉吏谷漢受　一五九九
☑□吏姚（?）鍾□朱謝□范難等七人　一六〇〇
☑□□萬九千四百一十四錢督　一六〇一
稟今餘米四千七百卌一斛六斗七升☑　一六〇二
其六十七斛六斗五升嘉禾　□☑　一六〇三
☑角長二寸五分變烝栗色本張司牛差民謝民謝張養　一六〇四
☑斛七斗八升青畢𠀋嘉禾元年十一月廿一日林丘仇有☑　一六〇五
其廿☑　一六〇六
☑□郾屯田掾利焉黄龍元年□☑　一六〇七
入平鄉税米一斛九斗五升☑　一六〇八
☑承餘新☑　一六〇九
承閏月簿餘元年布□☑　一六一〇
☑㓂四斛黄武元年張□☑　一六一一
☑□青畢𠀋嘉禾元年十一☑　一六一二
入都鄉元年布十七匹一丈　☑　一六一三
出模鄉限米二斛□□𠀋嘉☑　一六一四
【注】簡文「限」寫作「佷」。
能（?）四望白前後累任□□□☑　一六一五
☑黄仁付三州倉吏俗漢受　一六一六
【注】「俗」通「谷」。
☑限米十一斛青米畢𠀋嘉𠀋禾☑　一六一七
☑廟所用嘉禾四年正☑　一六一八
☑𠀋嘉禾元年十一月廿九日柚丘謝☑　一六一九
☑二月□日主庫吏殷連白　一六二〇
領佃帥限米卌斛　☑　一六二一
户曹言郎（?）吏董基客巨□☑　一六二二
☑嘉禾元年十一月二日岑（?）丘☑　一六二三
☑右雜米九☑　一六二四
入桑鄉叛士限米☑　一六二五
☑倉吏谷漢受　一六二六
☑□付三州倉吏谷漢☑　一六二七
☑許和　民五户☑　一六二八
☑嵩付三州倉吏谷漢受　一六二九

☒有傳□詣府嘉禾四年十二月☒　一六三〇
☒□□百卅六錢　☒　一六三一
☒嘉禾元年十一月十日□□丘鄧（？）斬付三州倉☒　一六三二
☒入□鄉稅米二斛三斗冑畢☒　一六三三
☒其卌五斛五斗黄龍二年稅米☒　一六三四
☒付三州倉吏谷漢受☒　一六三五
☒未畢甚多☒　一六三六
☒大男彭唐☒　一六三七
☒二年□□租米一斛合□☒　一六三八
☒左角長一尺一寸變☒　一六三九
君取其□☒　一六四〇
入廣成鄉私學限米四斛四☒　一六四一
入東鄉稅米二斛二斗冑畢☒　一六四二
☒三年五月十六日付中倉□□
☒三年四月一日訖五月十五日□簿
已若　一六四三
君教　丞出給民種糧掾烝　如曹期會掾烝　録事掾谷　校　一六四四
領（？）黄龍三年貧民貸食米九千三百七十七斛五斗八升　一六四五
……雜米三千二百……☒　一六四六
☒□一百七十七□　☒　一六四七
入中鄉元年布八十六匹九尺　□☒　一六四八
☒　中　一六四九
☒禾元年十一月廿七日栗丘□☒　一六五〇
入廣成鄉郡佃☒　一六五一
☒促□鄧（？）孫□□☒　一六五二
☒禾元年十一月□☒　一六五三
入廣成鄉子弟限米三斛冑畢⿱三乂嘉禾元年十一月三日漂丘番嵩（？）付三州倉吏谷☒　一六五四

入桑鄉稅米十六斛冑畢⿱三乂嘉禾元年十一月十二日阿丘□☒　一六五五
入小武陵鄉稅米七斛九升⿱三乂嘉禾元年十一月□□丘毛蘭付三州倉吏谷漢受☒　一六五六
☒五十一□　中　一六五七
【注】「中」爲朱筆迹。
☒元年十一月一日堯（？）都丘鄧斬付三州吏谷漢受中　一六五八
【注】「中」爲朱筆迹。「吏」上脱「倉」字。
☒吏谷漢受　一六五九
☒子男鼠年　☒　一六六〇
☒十二斛二斗☒　一六六一
☒年卅五　☒　一六六二
・右今餘☒　一六六三
☒□絞（？）☒　一六六四
☒錢卅萬二☒　一六六五
☒三月日左角☒　一六六六
入廣成鄉學限米二斛⿱三乂嘉禾元年十一月四日漂丘番金付三州倉吏谷漢受　一六六七
【注】「學」上脱「私」字。
☒右出布一千五百匹　一六六八
入平鄉稅米二斛　冑米畢⿱三乂嘉禾元年十一月一日栗丘□鄧……☒　一六六九
入東鄉稅米十斛冑畢⿱三乂嘉禾元年十一月十五日賀丘縣吏黄☒　一六七〇
入平鄉稅米五斗冑畢⿱三乂嘉禾元年十一月六日函丘男子谷□☒　一六七一
入西鄉稅米六斛冑米畢⿱三乂嘉禾元年十一月二日……☒　一六七二
入西鄉稅米一斛七斗五升冑畢⿱三乂嘉禾元年十一月九日上俗丘張賓（？）付三☒　一六七三
入東鄉稅米三斛一斗冑畢⿱三乂嘉禾元年十一月廿五日□丘陳□付三州☒　一六七四

入西鄉税米一斛乂嘉禾元年十一月廿日汝丘楊鳥付☒ 一六七五
入東鄉税米二斛胄畢乂嘉禾元年十一月四日劉里丘劉□付三州☒ 一六七六
入桑鄉税米廿八斛五斗胄畢乂嘉禾元年十一月十一日泊丘鄭岑
□□☒ 一六七七
入廣成鄉賊吏棋綜子弟限米三斛二斗胄畢乂嘉禾元年十一月四日
榜丘☒ 一六七八
☒乂嘉禾元年十一月十日楮丘婁金付三州倉吏谷☒ 一六七九
☒區禾元年十一月一日常略丘謝有付三州倉吏谷漢☒ 一六八〇
☒乂區禾元年十一月一日三州丘男子謝内付三州倉吏谷漢受　中 一六八一
【注】「中」爲朱筆迹。
入廣成鄉私學限米七斛　胄畢乂嘉禾元年十一月十一日撈丘陳硍☒ 一六八二
入□鄉税米十五斛□斗胄畢乂嘉禾元年十一月☒ 一六八三
☒□丘新吏文阿（？）付三州倉吏谷漢受　中 一六八四
【注】「中」爲朱筆迹。
☒乂嘉禾元年十一月十五日新成丘大男鄭□付三州倉☒ 一六八五
入東鄉税米十六斛五斗胄米畢乂嘉禾元年☒ 一六八六
☒升胄畢乂嘉禾元年十一月十日倉丘男子烝騰付三☒ 一六八七
☒□付三州倉吏谷漢受　中 一六八八
【注】「中」爲朱筆迹。
☒□丘吳耶付三州倉吏……　中 一六八九
【注】「中」爲朱筆迹。
☒……鄭可付三州倉吏谷漢受　中 一六九〇
【注】「中」爲朱筆迹。
☒十五箬一 一六九一
☒丘區襄付三州倉吏谷漢受　中 一六九二
【注】「中」爲朱筆迹。

入廣成鄉私學限米三斛胄畢乂嘉禾元年☒ 一六九三
入平鄉子弟米七斛胄畢乂嘉禾元年十一月十一日□丘□□付三州
倉吏谷漢受 一六九四
☒卅一匹一丈六尺　中 一六九五
【注】「中」爲朱筆迹。
☒□□□卅七踵兩足 一六九六
☒……布一千三□□匹八尺五寸 一六九七
入平鄉税米三斛胄畢乂嘉禾元年十一月廿一日僕丘庚□☒ 一六九八
入桑鄉税米五十四斛六斗胄畢乂嘉禾元年十一月二日區丘男子□☒ 一六九九
入桑鄉税米一斛六斗胄畢乂嘉禾元年十一月十日□丘大女☒ 一七〇〇
入桑鄉黃□子弟限米十八斛四斗五升胄畢乂嘉禾元年十一月五
日上☒ 一七〇一
☒乂嘉禾元年十一月十三日上俗丘鄧宣付三州倉吏谷☒ 一七〇二
入平鄉税米五斛　胄畢乂嘉禾元年十一☒ 一七〇三
入平鄉税米十斛六斗胄米畢乂嘉禾元年十一月廿一日下□☒ 一七〇四
入平鄉税米二斛五斗就米畢乂嘉禾元年十一月□日上和丘☒ 一七〇五
入桑鄉税米十斛胄畢乂嘉禾元年十一月☒ 一七〇六
入桑鄉税米七斛……乂☒ 一七〇七
入東鄉税米四斛☒ 一七〇八
☒付三州倉吏☒ 一七〇九
☒禾元年十一月七日領山丘謝驚付三州☒ 一七一〇
☒付三州倉吏谷漢受　中 一七一一
【注】「中」爲朱筆迹。
☒□賈付三州倉吏谷漢受　中 一七一二
【注】「中」爲朱筆迹。
・右入税米一百七十九☒ 一七一三
☒番龍付三州倉吏谷漢受　中 一七一四

【注】「中」爲朱筆迹。

一七一五 ☑嘉禾元年十一月廿五日石（？）下丘𦿠堇付三州倉吏谷漢☑

一七一六 入桑鄉税米七斛四斗胄米畢𠈠嘉☑

一七一七 右有家口食八人男五女三

一七一八 有男姪課年七歲　☑

一七一九 陽貴里户人公乘詔祁年□□筭一

【注】簡一七一九至一七六三（一）出土時原爲一坨，揭剥順序參見《揭剥位置示意圖》圖八。

一七二〇 陽貴里户人公乘許城年□六筭一

一七二一 陽貴里户人公乘張郡年□☑

一七二二 ☑□十二　子男囊年十三聾兩耳

一七二三 ☑十一月十五日漂丘番金付三州倉吏谷漢受

一七二四 妻自年十六筭一

一七二五 妻諱（？）年十五筭一

一七二六 妻汝年十六筭一

一七二七 陽貴里户人公乘蔡覇年七十六刑左手　□吏客

一七二八 右匧家口食五人男三女二

一七二九 □母桑年七十三

一七三〇 妻思年卌一筭一

一七三一 右鋌家口食六人男四女二

一七三二 陽貴里户人公乘吴叮年五十八筭一

一七三三 □子男揚年六歲

一七三四 右郡家口食五人男三女二

一七三五 妻姑年卌三筭一

一七三六 俗男弟逮年五歲

一七三七 陵女弟垣（？）七歲

一七三八 □妻萬年六十一

一七三九 □母妾年□□□足☑

一七四〇 ☑　□男弟□年四歲

一七四一 ☑里户人公乘文舍年□四　□民

一七四二 ☑　右許家口食五人　男二女三

一七四三 □男弟張年七歲

一七四四 郡男弟士年卌二踵右足

一七四五 □男弟夜年二歲

一七四六 郡男弟仨年十二

一七四七 ☑□家口食六人　其三人男 三人女

一七四八 □男弟堅年十歲

一七四九 男弟生年十三

一七五〇 妻思年□□筭一

一七五一 妻汝年卌筭一

一七五二 郡子女汝年六歲

一七五三 郡妻姑年廿八筭一

一七五四 ·右度家口食四人　其三人男 一人女

一七五五 ☑年卅三筭一

一七五六 ☑□里……丘……

一七五七 ☑……人男

☑市吏唐正謹列起嘉禾六年正月訖三月卅日受吏民賣買生口……

一七五八 ☑士文錢賣女生口易直錢四萬嘉禾六年正月廿□日貸（？）男子

一七五九 唐調收中外

一七六〇 做具錢八千

一七六一 大女依汝賣女生口葉直錢六萬嘉禾六年正月廿日貸男子富蓮收中
外做

具錢九（？）千　一七六二
大女劉佃賣男生口得直錢五萬嘉禾六年三月廿八日□縣吏□□收
中外做　一七六三
都市史唐玉叩頭死罪白被曹勅條列起嘉禾六年正月一日訖三月卅
日吏民所
私賣買生□者收責估錢言案文書輒部會郭客料實今客辭男子
唐調雷逆（逆）郡吏張橋各私買生口合三人直錢十九萬收中外估
具錢一萬九千謹
列言盡力部客收責送調等錢傳送詣庫復言玉誠惶誠恐叩頭死罪死罪
詣　金　曹
四月七日白
一七六三（一）
入桑鄉元年布十匹三丈五尺　一七六四
☑　其一千一百卌二……　一七六五
☑限米五斛七斗冑畢旲嘉禾元年十一月廿五日盡丘李遐（？）付
三州倉吏谷漢受　一七六六
☑市吏潘羜所市布□□　一七六七
入□鄉限米二斛五斗冑畢旲嘉禾元年十一月六日胡丘鄧□付☑　一七六八
☑家口食八人　其五人男三人女　一七六九
☑宏年九歲　宏男弟五年六歲　一七七〇
☑母妾年七十九　妾姪子小女汜年六歲　一七七一
☑妻思年卌一筭一刑右手　子男□年廿八筭一　一七七二
☑□合吳平斛米三千六百九☑　一七七三
☑年六月廿九日債男子周□☑　一七七四
☑限米九斛一斗冑畢旲嘉☑　一七七五
☑□文付三州倉吏☑　一七七六

☑禾元年十一月九日□丘番□付三州倉吏谷漢受　中　一七七七
【注】「中」爲朱筆迹。
☑十一月十三日大田丘烝造付三州倉吏谷漢受　中　一七七八
【注】「中」爲朱筆迹。
□□應（？）年卌筭一踵兩足　子小女思年二歲　一七七九
☑廿二日略丘婁金付三州倉吏谷漢受　一七八〇
【注】簡面有朱筆迹。
☑　□姪子男昭年十一　一七八一
☑□年五歲　齊（？）男弟客年四歲　一七八二
入東鄉稅米三斛八斗冑畢旲嘉禾☑　一七八三
入廣成☑　一七八四
☑□新吏鄧斬☑　一七八五
入小武陵鄉稅☑　一七八六
•右諸☑　一七八七
入東鄉稅米田三斛☑　一七八八
入桑鄉稅米一斛冑畢旲☑　一七八九
入平鄉稅米五斛冑畢旲嘉禾元年十一月三日唐中（？）丘大男黃
營付三州倉吏谷漢受　一七九〇
入東鄉稅米八斛五斗冑米畢旲嘉禾元年十一月廿二日領（？）下
丘黃生付三州倉吏谷漢受　中　一七九一
【注】「中」爲朱筆迹。
陽貴里户人大女吳妾年七十六　不任役　一七九二
入桑鄉稅米十二斛冑畢旲嘉禾元年十一月十日壬（？）丘男子謝
□付三州倉吏谷漢受　一七九三
右□家口食十五人　中　一七九四
【注】「中」爲朱筆迹。
□稅米一百九十一斛四斗五升　一七九五
☑斛冑畢旲嘉禾元年十一月十日何丘殷兒付三州倉吏谷漢受　一七九六

☒稅米八斛六斗胄畢𡒰嘉禾元年十一月十三日新民文劉付三州倉
吏谷漢受　一七九七

崇（？）男弟室年四歲　一七九八

☒米二斛五斗胄米畢𡒰嘉禾元年十一月廿二日石唐丘□息付三州
倉吏谷漢受中　一七九九

【注】「中」爲朱筆迹。

入西鄉稅米十三斛五斗胄畢𡒰嘉禾元年十一月……中　一八〇〇

【注】「中」爲朱筆迹。

☒□米三斛　胄畢𡒰嘉禾元年十一月十八日寇（？）丘男子烝□
付三州倉吏谷漢受　一八〇一

鐵妻大女仇年卌九　鐵子仕伍泥（？）年五歲　一八〇二

☒……付三州倉吏谷漢受中　一八〇三

【注】「中」爲朱筆迹。

入東鄉稅米一斛五斗胄畢𡒰嘉禾元年十一月四日上利丘男子烝棠
付三州倉吏谷漢受　一八〇四

☒米三斛胄畢𡒰嘉禾元年十一月廿一日浸頃丘□□付三州倉吏谷
漢受中　一八〇五

【注】「中」爲朱筆迹。

☒畢𡒰嘉禾元年十一月廿二日大田丘烝收付三州倉吏谷漢受中　一八〇六

【注】「中」爲朱筆迹。

☒稅米五斛四斗五升胄米畢𡒰嘉……付三州倉吏谷漢受　一八〇七

☒米七十八斛𨶏畢𡒰嘉禾元年十一月□日新成丘陳□付三州倉吏
谷漢受　一八〇八

入桑鄉稅米十九斛胄畢𡒰嘉☒十一月十九日男丘□□付三州倉吏
谷漢受　一八〇九

☒……人男三女一　一八一〇

入東鄉稅米四斛二斗胄畢𡒰嘉禾元年十一月四日復丘陳補付三州
倉吏谷漢受　中　一八一一

【注】「中」爲朱筆迹。

入西鄉稅米九斛八斗五升胄畢𡒰嘉禾元年十一月十六日復睪丘男
子□敢付三州倉吏谷漢受　中　一八一二

【注】「中」爲朱筆迹。

入平鄉稅米七斛六斗五升胄畢𡒰嘉禾元年十一月六日洽丘吳卒付
三州倉吏谷漢受　一八一三

入桑鄉稅米卌四斛六斗胄畢𡒰嘉禾元年十一月一日夫與丘李狗付
三州倉吏谷漢受　一八一四

☒鄉稅米十一四斛五斗胄畢𡒰嘉禾元年十一月九日新□丘□□付
三州倉吏谷漢受　一八一五

入西鄉稅米一斛五斗胄畢𡒰嘉禾元年十一月廿八日上俗丘周興付
三州倉吏谷漢受　一八一六

外孫女孫婢年二歲　一八一七

入西鄉稅米一斛𡒰嘉禾元年十一月十六日早丘男子劉蘇付三州倉
吏谷漢受　一八一八

【注】「早」或爲「旱」之誤。

入平鄉稅米十八斛一斗三升胄畢𡒰嘉禾元年十一月三日林丘周烝
楊付三州倉吏谷漢受　一八一九

入西鄉稅米六斛胄畢𡒰嘉禾元年十一月廿一日上俗丘廖旻付三州
倉吏谷漢受中　一八二〇

【注】「中」爲朱筆迹。

☒□斛六斗胄米畢𡒰嘉禾元年十一月廿二日楮丘鄭領付三州倉吏
谷漢受　一八二一

☒米卌一斛七斗就畢𡒰嘉禾元年十一月十五日新成丘陳崇（？）
付三州倉吏谷漢受　一八二二

☒七斛胄畢𡒰嘉禾元年十一月六日盡丘巨傳付三州倉吏谷漢受　一八二三

☑〼嘉禾元年十一月廿九日□丘□□付三州倉吏谷漢受　一八二四

☑米四斛　胄米畢〼嘉禾元年十一月十二日下略丘大男鄧□付三州倉吏谷漢受　中　一八二五

【注】「中」爲朱筆迹。

☑五斛一斗胄畢〼嘉禾元年十一月十二日□□丘巨□付三州倉吏谷漢受　一八二六

☑……畢〼嘉禾元年十一月□日□□丘男子□□付三州倉吏谷漢受　一八二七

☑　胄畢〼嘉禾元年十一月十日上唸丘□□付三州倉吏谷漢受中　一八二八

【注】「中」爲朱筆迹。

☑嘉禾元年十一月廿一日把丘男子朱碩付三州倉吏谷漢受　一八二九

【注】「中」爲朱筆迹。

☑巾丘谷羅付三州倉吏谷漢受中　一八三〇

【注】「中」爲朱筆迹。

☑嘉禾元年十一月十七日下巾丘梁飲付三☑　一八三一

☑〼嘉禾元年十一月十九日☑　一八三二

☑常略丘謝叔付三州倉吏谷漢受中　一八三三

【注】「中」爲朱筆迹。

☑□露丘烝□付三州倉吏谷漢受　一八三四

金女弟絮年二歲　一八三五

晝妻偖年六十二　一八三六

右孫家口食九人男四女五　一八三七

右曼家口食八人男四女四　一八三八

厨妻養年十九筭一　一八三九

入東鄉税米八十斛胄畢〼嘉禾元年十一月☑　一八四〇

☑年十一月一日常略丘烝齊（？）付三州倉吏谷☑　一八四一

☑禾元年十一月十一日付三州倉吏谷漢受中　一八四二

【注】「中」爲朱筆迹。

☑十一月一日□丘男子烝記付三州倉吏谷漢☑　一八四三

入平鄉税米廿一斛胄畢〼嘉禾元年十一月五日石下丘區復付三州倉吏谷漢受中　一八四四

【注】「中」爲朱筆迹。

入桑鄉税米六斛胄畢〼嘉禾元年十一月一日敷丘婁辰付三州倉吏谷漢受　一八四五

入西鄉税米十斛胄畢〼嘉禾元年十一月六日苦竹丘張□付三州倉吏谷漢受中　一八四六

【注】「中」爲朱筆迹。

□妻朔年卅三筭一　一八四七

入平鄉税米三斛五斗　就畢〼嘉禾元年十一月三日□□丘男子□□付三州倉吏谷漢受　一八四八

入桑鄉租米三斛二斗胄畢〼嘉禾元年十一月六日夫與丘郭□付三州倉吏谷漢受☑　一八四九

☑廿一斛一斗□畢〼嘉禾元年十一月十二日□丘吳□付三州倉吏谷漢受中　一八五〇

【注】「中」爲朱筆迹。

湜妻妨年六十四　一八五一

陽貴里户人公乘妄湜年六十二　一八五二

欽從男弟公乘旦年五十盲左目　一八五三

入西鄉税米二斛胄畢〼嘉禾元年十一月十四日……付三州倉吏谷漢受　一八五四

入東鄉税米六斛三斗胄畢〼嘉禾元年十一月十五日石下丘黄貴（？）付三州倉吏谷漢受　一八五五

入□鄉税米八斛　胄畢〼嘉禾元年十一月三日浸頃丘番惕付三州倉吏谷漢受　一八五六

入平鄉租米二斛　胄畢𦤎嘉禾元年十一月十五日專丘大男□□☒　一八五七

入東鄉税米八斛七斗胄畢𦤎嘉禾元年十一月九日蔦（？）丘男子
□碩付三州倉吏谷漢受　一八五八

入東鄉税米四斛二斗五升胄畢𦤎嘉禾元年十一月五日上利丘男子
□貴付三州倉吏谷漢受　一八五九

入平鄉税米二斛四斗胄畢𦤎嘉禾元年十一月廿一日枯蓑丘廖□
付三州倉吏谷漢受　一八六〇

☒右入税米八十五斛三斗　一八六一

妾女孫許年十一　一八六二

□子男立年廿二筭一　一八六三

☒　·右入税米一百七十六斛二斗　一八六四

☒米五斛五斗二升胄畢𦤎嘉禾元年十一月十四日旁丘男子□倉付
三州倉吏谷漢受中　一八六五

【注】「中」爲朱筆迹。

右郡家口食十一人男七女四　一八六六

·右尉家口食三人男一女二　一八六七

㔔子男萈年三歲　一八六八

從兄嫂（？）萇年六十二苦填（？）宮病　一八六九

妻思年六十五　一八七〇

☒右奇家口食四人男二女二　一八七一

入西鄉税米一斛胄畢𦤎嘉禾元年十一月廿八日上俗丘何王付三州
倉吏谷漢受　一八七二

入西鄉税米二斛胄畢嘉禾元年十一月廿二日□丘男子□□付三州
倉吏谷漢受　一八七三

☒鄉税米一斛胄畢𦤎嘉禾元年十一月五日常略丘衛陽付三州倉吏
谷漢受中　一八七四

【注】「中」爲朱筆迹。

入東鄉税米二斛胄畢𦤎嘉禾元年十一月十五日新成丘大男黄脊付
三州倉吏谷漢☒　一八七五

右小武陵鄉入新吏限米卌六斛二斗　一八七六

尉（？）母汝年六十　☒　一八七七

入平鄉租米二斛七斗五升胄畢𦤎嘉禾元年十一月六日函丘男子谷
養付☒　一八七八

入平鄉子弟限米五斛胄畢𦤎嘉禾元年十一月廿五日函丘男子潘嘉
付三州倉吏谷☒　一八七九

欽女弟思年廿一筭一　☒　一八八〇

□專女姪新年十六踵足☒　一八八一

入□鄉……𦤎嘉禾元年十一月十五日□丘州吏石☒　一八八二

·右入租米卌八斛　一八八三

☒禾元年十一月十日□成丘男子謝□付三州倉吏谷漢受　一八八四

□男姪□年卌八筭　☒　一八八五

☒税米☒　一八八六

☒十一月三日上薄☒　一八八七

☒禾元年☒　一八八八

☒禾元年十一月☒　一八八九

☒禾元年十一月二日☒　一八九〇

☒州倉吏谷漢受中　一八九一

【注】「中」爲朱筆迹。

☒斛五斗七升胄畢𦤎　一八九二

☒胄米畢𦤎嘉禾元年十一月五日高樓丘烝□付三州倉吏谷漢受　一八九三

利男姪由奴年廿八筭一　☒　一八九四

☒入吏帥客限米卅二斛八□　一八九五

☒𦤎嘉禾元年十一月十九日彈丘謝□付三州倉吏谷漢受　一八九六

【注】簡面有朱筆迹。

·子男養年六歲　一八九七
☐吏民五千戶口食一萬（？）三百五人　一八九八
☐……嘉禾四年四月卅八日☐五月廿三日六月☐三日付吏　一八九九
【注】竹簡下端有淡墨迹。
☐三日☐☐　一九〇〇
☐監沱丘☐　一九〇一
☐日濱（？）丘烝☐　一九〇二
入平鄉稅米☐　一九〇三
☐年私學限米☐☐☐　一九〇四
入桑鄉租米十三斛胄畢旲嘉禾元年十一月八日夫與丘郭☐☐　一九〇五
入平鄉租米一斛一斗胄畢旲嘉禾元年十一月十二日☐☐丘大女
☐☐付三☐　一九〇六
☐稅米九十☐斛三斗　一九〇七
☐☐四日上和丘陳虔付三州倉吏谷漢受　一九〇八
☐小妻應年廿九踵☐　一九〇九
☐……丘☐☐付三州倉吏谷漢受　一九一〇
☐丘大男陳☐付三州倉吏谷漢受　一九一一
入桑鄉稅米十一斛☐　一九一二
☐畢旲嘉禾元年十一月十二☐　一九一三
☐三州倉吏谷漢受　一九一四
入中鄉元年布二匹三丈五尺　☐　一九一五
戉弟仕伍☐年六歲　忠女弟☐年四歲　一九一六
嘉禾四年廣成里戶人公乘盧☐年六十六強☐　一九一七
☐妻大女照（？）年廿一筭一　☐母大女絮年☐☐☐　一九一八
在姪子公乘袁年☐☐司　一九一九
陽貴里戶公乘唐博（？）年卌三筭一　☐☐☐　一九二〇
【注】「戶」下脱「人」字。
☐　廉（？）小父公乘伯年五十六踵兩足　☐妻大女霞（？）年
六十　一九二一
☐　☐姪男子仕伍五（？）年八歲　☐弟公乘孩（？）年廿二☐
吏　一九二二
石仲口食六人　一九二三
【注】「仲」下脱「家」字。
☐年廣成里戶人公乘周車年五十二腹心病給關父　一九二四
廉妻大女臺年廿五　☐子仕伍☐年☐歲　一九二五
☐☐家口食六人　訾　五　十　一九二六
☐　仲弟仕伍堂年七歲刑左手　一九二七
☐妻大女思年廿三筭一　☐弟公乘☐　一九二八
☐一人　訾　五　十　一九二九
右要家口食四人　訾　五　十　一九三〇
☐妻大女☐年六十五　析子公乘豫年廿三給郡卒　一九三一
☐　☐妻大女倚年廿四　一九三二
☐馮德年七十二踵兩足　一九三三
☐　☐妻大女汝年卅二筭一　一九三四
☐妻大女生年廿九　異（？）母大女務年八十踵兩足　一九三五
☐☐妻大女虵年六十三　孩子公乘㢡年卌腹心病　一九三六
☐人公乘蔡廉年卅二　一九三七
☐……僅（？）弟仕伍庄年六歲　一九三八
☐……亘（？）妻大女☐年卅九　☐　一九三九
☐☐農年七十二刑右足　一九四〇
·右舉家口食三人　☐　一九四一
☐女棠年☐腹心病　☐弟仕伍蔡（？）年七歲　一九四二
·右諸鄉入租米九百卌五斛七斗六升☐　一九四三
☐受　一九四四
☐鄉稅米十七斛☐　一九四五
入廣……☐　一九四六

【注】「廣」下字迹已磨滅。

入□鄉租米七斛□□〼　一九四七

〼解（?）付三州倉吏谷漢受　中　一九四八

【注】「中」爲朱筆迹。

入□鄉税米七斛七斗胄畢𡘤嘉禾元年十一月十日石下丘五新付三
州倉吏谷漢受　中　一九四九

【注】「中」爲朱筆迹。

入桑鄉税米二斛五斗胄畢𡘤嘉禾元年十一月十八日□巾丘睪正付
三州倉吏谷漢受　一九五〇

入平鄉税米八斛　胄畢𡘤嘉禾元年十一月六日上和丘謝耕付三州
倉吏谷漢〼　一九五一

〼五斛一斗胄畢𡘤嘉禾元年十一月一日露丘男子五宗三州倉吏谷
漢中　一九五二

【注】「中」爲朱筆迹。

入小武陵鄉税米四斛三斗胄畢𡘤嘉禾元年十一月二日唅丘衛冷付
三州倉吏谷漢〼　一九五三

入桑鄉租米廿斛胄畢𡘤嘉禾元年十一月八日乘與丘黄肅付三州〼　一九五四

入平鄉租米二斛　胄畢𡘤嘉禾元年十一月廿三日洽丘州吏謝銀付
三州倉吏〼　一九五五

·右入税米一百七斛五斗二升　一九五六

稈女弟如年七歲　□女弟詣年五歲　一九五七

〼税米□斛胄畢𡘤嘉禾元年十一月九日石羊丘男子鄭喜付三州倉
吏谷漢受　中　一九五八

【注】「中」爲朱筆迹。

〼斛　胄畢𡘤嘉禾元年十一月十三日通□丘張倜付三州倉吏谷漢〼　一九五九

入小武陵鄉税米四斛二斗胄畢𡘤嘉禾元年十一月十一日□□丘大
男謝□付〼　一九六〇

……入租米一百一斛六斗五升　〼　一九六一

入平鄉租米六斛七斗胄畢𡘤嘉禾元年十一月廿三日杷丘男子李如
付三州倉吏〼　一九六二

嘉禾四年新成里户人公乘朱廉（?）年卌四給州吏　一九六三

嘉禾四年□成里户人公乘廖（?）邑年□四刑左足　一九六四

嘉禾四年陽成里户人公乘烝□年七十六□□　一九六五

□妻大女□年卌　□子仕伍兒年五歲　一九六六

造妻大女嚢年廿一筭一　□弟仕伍□年廿一給□吏　一九六七

務母夌年五十筭一　一九六八

〼人公乘□□年□十五　一九六九

入西鄉税米十三斛三斗五升胄畢𡘤嘉禾元年十一月十四日茹丘謝
鄭付三州倉吏谷漢受　一九七〇

右加家口食三人　男一女二　一九七一

嘉禾四年平樂里户人公乘烝恷年五十四刑右足　一九七二

嘉禾四年平樂里户人公乘侯□年廿筭一　一九七三

嘉禾四年平樂里户人公乘鄧□年卅二腹心病　一九七四

在子女姑年七歲　一九七五

·右桑鄉入租米二百六十八斛四斗一升　〼　一九七六

入東鄉租米三斛胄畢𡘤嘉禾元年十一月十日沮丘男子劉□付三州
倉吏谷漢受〼　一九七七

□妻匹（?）年十八筭一　一九七八

曠男弟鼠年七歲〼　一九七九

入小武陵鄉税米……〼　一九八〇

入樂鄉租米六斛就畢𡘤嘉禾元年十一月一日須丘〼　一九八一

欽母汝〼　一九八二

·右模鄉入租米十斛四斗〼　一九八三

〼□母□〼　一九八四

陽貴里户人公乘吴☑　一九八五

☑十一月十五日謝昌□□☑　一九八六

入□鄉税米九斛二斗胄米畢𡒈嘉禾☑　一九八七

☑　點（？）妻大女妾年卅　點（？）弟公乘法年廿四給□□　一九八八

☑　□母㐅㚢□年六十　𥁰子公乘□年廿七　一九八九

入小武陵鄉税米二斛胄畢𡒈嘉禾元年十一月十二日□□□☑　一九九〇

怙男弟虎（？）年九　☑　一九九一

入桑鄉税米七斛六斗胄畢𡒈嘉禾元年十一月廿二日☑　一九九二

右異家口食五人男四女一　☑　一九九三

富貴里户人公乘劉楊年六十三　☑　一九九四

☑禾元年十一月七日曼溲丘大男烝文付倉吏谷漢受　一九九五

□子仕伍南年四歲　☑　一九九六

入樂鄉雜米三斛七斗胄畢𡒈嘉禾元年十一月二日垞丘州吏劉☑　一九九七

☑嘉禾元年十一月十一日常略丘烝秀付三州倉吏谷漢受中　一九九八

【注】「中」爲朱筆迹。

☑……二斛三年十二月十四日付書史陳胖　一九九九

☑……功曹□仁張贊言　二〇〇〇

右鼠（？）家口食六人　二〇〇一

入桑鄉佃吏限米一斛胄畢𡒈嘉☑　二〇〇二

☑　□弟仕伍黄年四歲　二〇〇三

☑者（？）人□□授事　十一月十日兵曹掾烝□白　二〇〇四

☑年吏客限米二斛胄畢𡒈嘉禾三年正月九日上□丘□□關☑　二〇〇五

☑　皆　一　千　一　百　二〇〇六

☑　□妻大女汝年五十三　□子公乘□年□□□吏　二〇〇七

☑畢𡒈嘉禾元年十一月十一日武龍丘男子謝齊（？）付三州倉吏谷漢受　二〇〇八

☑　□□□汝年十五　☑　二〇〇九

入桑鄉租米六斛一斗胄畢𡒈嘉禾元年十一月九日𣏌成丘男子☑　二〇一〇

入廣成鄉私學謝大元年旱限米八斛胄畢𡒈嘉禾元年十一月☑　二〇一一

妻高年五十二筭一☑　二〇一二

入東鄉租米二斛七斗□升胄米畢𡒈嘉禾元年十一月☑　二〇一三

□姪子男兒年廿六筭一　兒妻大女妥年廿三筭一　二〇一四

右范家口食三人　皆　五　十　二〇一五

嘉禾四年廣成里户人公乘周明年卅五盲左目　二〇一六

岡女弟毛年七歲　二〇一七

士弟公乘達年廿一給縣吏　達弟公乘得年十二　二〇一八

右士家口食六人　皆　五　十　二〇一九

□□大女仕年八十三　□外孫女□年四歲　二〇二〇

禿妻大女監年卅　禿子仕伍士年三歲　二〇二一

□妻大女僕（？）年卅二筭一　僕子女安年十一　二〇二二

嘉禾四年廣成里户人公乘胡文年六十三腹心病　二〇二三

謝妻連年十九　連女弟還年十二　二〇二四

嘉禾四年廣成里户人公乘利禿年卅九刑右手　二〇二五

□妻大女婢年五十二筭一　□□弟□年□□　二〇二六

□妻大女永（？）年廿五　二〇二七

☑……公乘□年六十刑右足　二〇二八

露弟公乘頭年卅給縣吏　露妻大女專年卅　二〇二九

☑食十七人　皆　一　千　二　百　中　二〇三〇

【注】「中」爲朱筆迹。

☑食九人　皆　五　十　中　二〇三一

【注】「中」爲朱筆迹。

☑　奴妻大女姻年……　……廿七　二〇三二

☑□子公乘碓年十二聾病　碓弟仕伍□年七歲　二〇三三

☒乘□□年七十一　□妻大女□年六十七　二〇三四

立子仕伍衷年四歲　二〇三五

嚋母大女思年九十七　嚋妻大女□年六十一　二〇三六

□弟仕伍逑年七歲　二〇三七

□弟公乘龍年十六　二〇三八

・右新入布五百匹一丈五尺　二〇三九

☒……年七十二　□姪子公乘晏（？）年十九腹心病　二〇四〇

☒　訾　一　百　二〇四一

嘉禾四年廣成里户人公乘朱萇年六十六刑左足給亭雜人　二〇四二

嘉禾四年廣成里户人公乘郭當年廿七給習射　二〇四三

右仳家口食四人　訾　五　中　十　二〇四四

【注】「中」爲朱筆迹。

右道家口食六人　訾　五　中　十　二〇四五

【注】「中」爲朱筆迹。

☒右郎家口食四人　訾　五　中　十　二〇四六

【注】「中」爲朱筆迹。

☒家口食十人　中　訾　一　百　二〇四七

【注】「中」爲朱筆迹。

☒　露子女從年七歲　露弟仕伍稟年九歲　二〇四八

右明家口食六人　訾　五　十　二〇四九

右座家口食二人　訾　五　十　二〇五〇

萇妻大女𡛣年卌二筭一　萇子公乘樂年十二　二〇五一

右□家口食五人　中　訾☒　二〇五二

☒年廣成里户人公乘廖士年廿三給習射　二〇五三

☒　□妻大女貞年五十一　二〇五四

☒　稟弟仕伍□年八歲　□姪子公乘□年廿三□□□　二〇五五

□子仕伍□年四歲　二〇五六

主庫吏殷連謹列四月旦承餘新入布匹數簿　二〇五七

入市吏□……　二〇五八

入都鄉元年布卌二匹六□□□　二〇五九

入小武陵鄉稅米十斛胄畢𦤎嘉禾元年十一月卅日龍（？）上丘大　二〇六〇
男陳牛付三州倉吏☒

入桑鄉子弟限米一斛七斗胄畢𦤎嘉禾元年十一月二日平樂丘謝牒　二〇六一
付三州倉吏☒

☒𦤎嘉禾元年十一月三日上薄丘區文付三州倉吏谷漢受　二〇六二

☒……吏烝陵子弟限米三斛就畢𦤎嘉禾元年十一月三日上薄丘區　二〇六三
得付三州倉吏谷漢受☒

入東鄉稅米二斛胄畢𦤎嘉禾元年十一月四日新成丘男子由旱付三　二〇六四
州倉吏谷漢受

・右桑鄉入吏帥客限米……六斛□斗四升　二〇六五

□任田董飢元年布一百四匹二丈二尺五寸　二〇六六

☒限米七斛五斗胄畢𦤎嘉禾元年十一月廿三日上和丘謝趙付三州　二〇六七
倉吏谷漢受

入東鄉稅卅一斛二斗胄畢𦤎嘉禾元年十一月四日劉里丘男子劉□　二〇六八
付三州倉吏谷☒

【注】「稅」下脱「米」字。

☒五丈七尺　二〇六九

☒嘉禾四年吏民□數人名年紀數簿　二〇七〇

☒公乘潘和年卅三給縣帥　二〇七一

☒　□月卅日□庫吏殷連白　二〇七二

☒□□年七十九　二〇七三

入桑鄉稅米二斛胄米畢𦤎嘉禾元年十一月十日何丘蔡（？）戍付　二〇七四
三州☒

☒逐妻大女婢年□七　逐子公乘□年十三□取□　二〇七五

☒弟仕伍什年四歲　二〇七六

□妻大女息年十五　□母大女□年☒　二〇七七

☒中　訾　五　十　二〇七八

☒　中　訾　五　十　二〇七九

右龍家口食七人　☒　二〇八〇

嘉禾四年廣成里户人公乘周符年廿二給州私學　☒　二〇八一

☒　金妻如年卌二筭一　☒　二〇八二

☒□　曼子仕伍亼年二歲聾耳　二〇八三

入廣成鄉☒　二〇八四

•右入税米八十斛☒　二〇八五

入小武陵鄉税米十九斛五斗〓嘉☒　二〇八六

入小武陵鄉新吏限米六斛三斗□☒　二〇八七

入東鄉税米四斛五斗五升胄☒　二〇八八

☒□胄畢〓嘉禾元年十一月廿一日□☒　二〇八九

入小武陵鄉税米四斛三斗胄畢〓嘉禾☒　二〇九〇

遆弟頃（？）年八歲　☒　二〇九一

☒□年九十七　犖（？）妻大女累年卌一　二〇九二

壽女弟兼（？）年三歲☒　二〇九三

•右士家口食四人　二〇九四

•右小武陵鄉入火種租米二斛☒　二〇九五

右編（？）家口食五人　☒　二〇九六

☒斛就畢〓嘉禾元年十一月三日須丘□☒　二〇九七

入小武陵鄉税米二斛四斗六升☒　二〇九八

入□□鄉私學限米八斗胄畢〓嘉禾☒　二〇九九

【注】「斗」或爲「斛」字之草率寫法。

入小武陵鄉税米三斛七斗胄畢〓嘉☒　二一〇〇

☒胄畢〓嘉禾元年十一月十四日語丘謝☒　二一〇一

☒□丘郡吏谷休付三州倉吏谷漢受　中　二一〇二

☒廿六日曼丘黄張付三州倉吏谷漢受　中　二一〇三

入小武陵鄉税米十五斛胄畢〓嘉禾元年☒　二一〇四

☒禾元年十一月四日劉里丘李勝付三州倉吏谷漢受☒　二一〇五

入小武陵鄉火種租米二斛四斗胄畢〓嘉禾元年十一月□☒　二一〇六

入東鄉税米十五斛胄畢〓嘉禾元年十一月……☒　二一〇七

☒十一月七日領山丘侯虞付三州倉吏谷漢受　中　二一〇八

【注】「中」爲朱筆迹。

☒山丘侯虞付三州倉吏谷漢受　中　二一〇九

【注】「中」爲朱筆迹。

☒日□丘番誠付三州倉吏谷漢受　中　二一一〇

【注】「中」爲朱筆迹。

入小武陵鄉税米三斛六斗胄米畢〓嘉☒　二一一一

☒畢〓嘉禾元年十一☒　二一一二

入桑鄉税米十六斛☒　二一一三

☒谷漢受　中　二一一四

【注】「中」爲朱筆迹。

入□鄉和米十一斛三斗五升胄米畢〓☒　二一一五

入廣成鄉新吏鄧斬限米十一斛□☒　二一一六

☒付三州倉吏谷漢受　中　二一一七

【注】「中」爲朱筆迹。

☒囯上和丘吏謝趙付三州倉吏谷漢受　中　二一一八

【注】「中」爲朱筆迹。

漢妻大女宜年六十二　漢子公乘□年……師　二一一九

☒年□□里户人公乘徐賢年卌一　給州卒　……　二一二〇

☒□□公乘懸年十五□□病　懸弟公乘佰年十一刑右□　二一二一

•右平鄉入佃卒限米九十五斛五斗七升　☒　二一二二

☒一千二百□十二匹八尺　二一二三

入桑鄉税米卌九斛七斗三升胄畢〓嘉禾元年十一月三日阿丘☒　二一二四

☒〓嘉禾元年十一月一日漂丘婁伯付三州倉吏谷漢受中　二一二五

【注】「中」爲朱筆迹。

……厓十九　□母大女妾年六十八　二一二六

☒郡卒限米六斛胄畢𡗗嘉禾元年十一月廿六日常略丘烝秃付三州倉吏谷漢受中　二一二七

【注】「中」爲朱筆迹。

入廣成鄉元年布十六匹三丈九尺　二一二八

……其五百九十三匹三丈一尺五寸□□入……　二一二九

入平鄉税米十一斛六斗胄米畢𡗗嘉禾元年十一月廿一日僕丘大男文敬☒　二一三〇

☒畢𡗗嘉禾元年十一月一日何丘男子烝□付倉吏谷漢受　二一三一

入平鄉税米十五斛胄畢𡗗嘉禾元年十一月十二日栗丘周𣲆付三州倉吏☒　二一三二

·右入税米一百六十五斛八斗六升　二一三三

☒𡗗嘉禾元年十一月廿九日露丘烝𧦝付倉吏谷漢受　二一三四

入廣成鄉吏陳𪄟子弟限米十二斛□畢𡗗嘉禾元年十一月五日☒　二一三五

入東鄉縣吏黃階限米四斛五斗胄畢𡗗嘉禾元年十一月十六日音☒　二一三六

☒十一月十五日復丘謝同付三州倉吏谷漢受　二一三七

入小武陵鄉税米三斛胄畢𡗗嘉禾元年十一月☒　二一三八

入廣成鄉新吏限米四斛胄畢𡗗嘉禾元年十一月二日上何丘鄧度付三州倉吏谷漢受中　二一三九

☒年十一月二日邏丘☒　二一四〇

入西鄉税米廿一斛一斗僦畢𡗗☒　二一四一

入小武陵鄉税米二斛胄畢𡗗嘉☒　二一四二

入樂鄉税米四斛胄米畢𡗗嘉禾☒　二一四三

入小武陵鄉税米一斛胄畢𡗗嘉禾元年☒　二一四四

入小武陵鄉税米一斛胄畢𡗗嘉禾☒　二一四五

☒　十一月十四日部曲田曹史彭政白　二一四六

入小武陵鄉税米二斛七斗胄米畢𡗗嘉禾元年十一月十☒　二一四七

☒月廿日林丘陳□付三州倉吏谷漢受　二一四八

入西鄉税米十二斛二斗胄米畢𡗗嘉禾元年十一☒　二一四九

入小武陵鄉税米二斛胄畢𡗗嘉禾元☒　二一五〇

入平鄉税米十一斛胄米畢𡗗☒　二一五一

入小武陵鄉税米三斛八斗五升胄☒　二一五二

入平鄉税米二斛九斗五升胄☒　二一五三

入小武陵鄉税米十斛胄畢𡗗嘉☒　二一五四

☒鄭盡付三州倉吏谷漢受　二一五五

☒□付三州倉吏谷漢受　二一五六

入小武陵鄉税米十二斛四斗胄畢𡗗嘉禾元☒　二一五七

入小武陵鄉税米二斛胄米畢𡗗嘉禾元年十一月☒　二一五八

☒年十一月廿二日吏誦迷付三州倉吏谷漢受　中　二一五九

【注】「中」爲朱筆迹。

☒　三年□月九日□吏龔□傳送大屯　二一六〇

☒　□妻大女茹年卅筭一　奠男弟劉年七歲　二一六一

☒嘉禾元年十一月廿日僕丘烝（？）將付三州倉吏谷漢受　中　二一六二

【注】「中」爲朱筆迹。

☒元年十一月十日新（？）成（？）丘大男□□付三州倉吏谷漢受　二一六三

☒白　十一月田七日部曲田曹史彭政白　二一六四

☒日常略丘烝𦧝（？）付三州倉吏谷漢受　二一六五

模鄉租米五斛胄畢𡗗嘉禾元年十一☒　二一六六

入桑鄉税米三斛二斗□☒　二一六七

☒𡗗嘉禾元年十一月□□日浸☒　二一六八

☒□虛付三州倉吏谷漢受中　二一六九

【注】「中」爲朱筆迹。

⧄胄畢𠬝嘉禾元年十一月廿日上□丘黄⧄　二一七〇

⧄年田□月九日□丘吏□□付三州倉⧄　二一七一

⧄□□日平陽丘□□付三州倉吏谷漢受　二一七二

⧄貸食嘉……⧄　二一七三

⧄□人詣大屯請致（？）書事
　十月廿九日兵（？）曹史黄界白　二一七四

入□鄉租米十五斛胄畢𠬝嘉禾元年十一月十六日州吏□⧄　二一七五

⧄　獄掾毛𢝫白　二一七六

⧄□食四人　二一七七

⧄　二一七八

⧄吏烝（？）揚租米十斛胄畢𠬝嘉禾元年十一月十四日旁丘黄□　二一七九

【注】簡面有朱色筆迹。

⧄□審私收□□大男謝盖米歲卅□　二一八〇

⧄鄉租米八⧄　二一八一

⧄年十一月廿四日杖丘黄⧄　二一八二

⧄鄉税米十□斛⧄　二一八三

入桑鄉税米十二⧄　二一八四

⧄□畢𠬝嘉禾⧄　二一八五

　嘉禾五年……⧄　二一八六

⧄　□　十一月四日部曲田曹史彭政白　二一八七

　•右入税米七□斛⧄　二一八八

⧄三丈□□　二一八九

⧄　正月卅日主庫吏殷連白　二一九〇

⧄十二日東平丘郡吏吴阝□付三州倉吏⧄　二一九一

入模鄉租米四斛六斗　胄畢𠬝嘉禾元⧄　二一九二

⧄斛五斗胄畢𠬝嘉禾元年十一月□⧄　二一九三

入桑鄉税米二斛⧄　二一九四

入桑鄉税米三斛胄⧄　二一九五

入□鄉税米二斛二斗⧄　二一九五

⧄□丘謝大付三州倉吏谷漢受中　二一九六

【注】「中」爲朱筆迹。

⧄右入税米二百七十九斛七斗□□⧄　二一九七

⧄胄畢𠬝嘉禾元年十一月□　⧄　二一九八

　•右入税米一百□十一斛□斗□□⧄　二一九九

入模鄉元年布三匹三丈六尺六寸　⧄　二二〇〇

⧄□度事對□……田曹史□□白　二二〇一

入小武陵鄉税米一斛八斗胄米畢𠬝嘉禾元年十一月一日中落丘□⧄　二二〇二

⧄□畢𠬝嘉禾元年十一月六日□諸田丘大男黄□付⧄　二二〇三

⧄□□大屯事　十一月十日中賊曹史鄧邁白　二二〇四

【注】前二字或爲「送詣」之殘筆。

⧄□斗付三州倉吏谷漢受　二二〇五

入□鄉佃吏限米八斛胄畢𠬝嘉禾元年十一月⧄　二二〇六

⧄□胄米畢𠬝嘉禾⧄　二二〇七

入小武陵鄉税米三斛四斗胄畢𠬝⧄　二二〇八

入東鄉税米八斛六斗胄畢𠬝⧄　二二〇九

⧄斛胄畢𠬝嘉禾元年十一月田日□⧄　二二一〇

⧄月旦承餘新□□一千七百廿三□⧄　二二一一

入桑鄉税米四斛胄畢𠬝嘉禾元年十一⧄　二二一二

⧄米畢𠬝嘉禾元年十一月二日夏□丘⧄　二二一三

入桑鄉税米二斛胄米畢𠬝嘉禾⧄　二二一四

　•右入税米一百卅一斛七斗□⧄　二二一五

入桑鄉税米一斛胄畢𠬝嘉禾元年十一月廿一⧄　二二一六

⧄□幸丘鄭喜付三州倉吏谷漢受　二二一七

入小武陵鄉税米□斛二斗胄畢𠬝嘉⧄　二二一八

⧄畢𠬝嘉禾元年十一月卅日⧄　二二一九

☒□斛二斗㕁嘉禾元年十一月廿日☒ 二二二二〇

☒ 其□百□一斛四斗☒ 二二二二一

☒廿五日右田曹史烝堂白 二二二二二

入廣成鄉故吏區凱子弟米九斛四斗胄畢☒ 二二二二三

☒□布四百廿三匹事對□☒ 二二二二四

☒□□年十一月七日史郭邁白 二二二二五

☒ 其 三人男 二人女 二二二二六

☒□月十五日部曲田曹史彭政白 二二二二七

☒年十一月十五日伻丘男子□□□□☒ 二二二二八

☒畢㕁嘉禾元年十一月四日☒ 二二二二九

入桑鄉税米三斛七丑☒ 二二二三〇

☒拖丘男子朱米付三☒ 二二二三一

☒□米十二斛二斗胄畢☒ 二二二三二

入桑鄉税米十九斛☒ 二二二三三

☒□胄畢㕁嘉☒ 二二二三四

☒谷漢受 二二二三五

☒新吏限米十四斛胄畢☒ 二二二三六

入模鄉元年布卅□□☒ 二二二三七

入□鄉税米□斛☒ 二二二三八

入桑鄉税米□☒ 二二二三九

☒吏谷漢受 二二二四〇

入桑鄉税米十☒ 二二二四一

☒丘吏鄧回团☒ 二二二四二

☒元年十一月二日□☒ 二二二四三

入桑鄉税米三☒ 二二二四四

☒□米五斛四斗九升☒ 二二二四五

☒斛胄畢㕁嘉禾元年☒ 二二二四六

入東鄉税米十二斛胄畢☒ 二二二四七

☒㕁嘉禾元年十一月□□日□☒ 二二二四八

☒□杣丘番車付三州倉吏谷漢受中 二二二四九

【注】「中」爲朱筆迹。

☒訾 一 百 二二二五〇

入桑鄉税米卅一斛二斗一升☒ 二二二五一

□發詣□軍屯☒ 二二二五二

☒ ……年卅 元（？）小妻大女立年廿七 二二二五三

入東鄉税米廿四斛五斗☒ 二二二五四

入平鄉税米十一斛一斗五☒ 二二二五五

☒吏限米二斛胄畢☒ 二二二五六

☒□□㕁嘉禾元年十一☒ 二二二五七

入東鄉税米☒ 二二二五八

☒胄畢☒ 二二二五九

☒谷漢受 二二二六〇

☒承餘□□☒ 二二二六一

☒ ·右入税米九十九斛九斗九升 二二二六二

【注】簡二二六二至二四五一出土時原爲一坨，揭剥順序參見《揭剥位置示意圖》圖九。

☒□金丘吳張付三州倉吏谷漢受中 二二二六三

【注】「中」爲朱筆迹。

☒税米一斛胄米畢㕁嘉禾元年十一月廿九日成丘鄧絮付三州倉吏谷漢受中 二二二六四

【注】「中」爲朱筆迹。

☒□十斛胄畢㕁嘉禾元年十一月廿八日象（？）丘男子潭淩付三州倉吏谷漢受 中 二二二六五

【注】「中」爲朱筆迹。

入小武陵鄉税米十斛三斗胄米畢㕁嘉禾元年十一月廿七日中象丘

彭成付三州倉吏谷漢受　中　二二六六

【注】「中」爲朱筆迹。

☒　右入税米一百一斛九斗九升　二二六七

入西鄉税米廿六斛五斗四升胄畢旲嘉禾元年十一月十二日斛渡丘
黄□付三州倉吏谷漢受　中　二二六八

【注】「中」爲朱筆迹。

入西鄉税米七斛　胄畢旲嘉禾元年十一月十一日斛渡丘烝萇付三
州倉吏谷漢受中　二二六九

【注】「中」爲朱筆迹。

・右入税米六十五斛八升　二二七〇

入小武陵鄉税米一斛二斗旲嘉禾元年十一月廿七日杸下丘區著付
三州倉吏谷漢受中　二二七一

【注】「中」爲朱筆迹。

☒米十斛七斗胄畢旲嘉禾元年十一月三日南彊丘李塼付三州倉吏
谷漢受　中　二二七二

【注】「中」爲朱筆迹。

入西鄉税米五斛八斗胄畢旲嘉禾元年十一月廿三日茹丘大男黄□
付三州倉吏谷漢受中　二二七三

【注】「中」爲朱筆迹。

入西鄉税米一斛胄畢旲嘉禾元年十一月廿三日南彊丘大男區歆付
三州倉吏谷漢受中　二二七四

【注】「中」爲朱筆迹。

入西鄉税米二斛胄畢旲嘉禾元年十一月十一日苦竹丘雷石付三州
倉吏谷漢受　中　二二七五

【注】「中」爲朱筆迹。

入小武陵鄉税米九斗五升胄畢旲嘉禾元年十一月十日露（？）丘
□□付三州倉吏谷漢受中　二二七六

【注】「中」爲朱筆迹。

☒鄉税米三斛胄米畢旲嘉禾元年十一月一日⿱艹口穴丘石奄付三州倉
吏谷漢受中　二二七七

【注】「中」爲朱筆迹。

入平鄉税米十一斛三斗胄畢旲嘉禾元年十一月一日栗丘谷□付三
州倉吏谷漢受　二二七八

入平鄉税米九斛胄畢旲嘉禾元年十一月一日函丘吏黄復付三州倉
吏谷漢受　中　二二七九

【注】「中」爲朱筆迹。

入西鄉税米一斛一斗胄畢旲嘉禾元年十一月廿三日□丘區得付三
州倉吏谷漢受　二二八〇

入小武陵鄉税米九斛胄米畢旲嘉禾元年十一月十日中象丘彭卿付
三州倉吏谷漢受　中　二二八一

【注】「中」爲朱筆迹。

入平鄉税米一斛三斗胄畢旲嘉禾元年十一月四日栗丘烝山付三州
倉吏谷漢受　二二八二

入桑鄉税米一斛胄畢旲嘉禾元年十一月四日上和丘謝旱付三州倉
吏谷漢受　中　二二八三

【注】「中」爲朱筆迹。

入平鄉税米十二斛六斗胄畢旲嘉禾元年十一月十日於上丘番牒付
三州倉吏谷漢受　中　二二八四

【注】「中」爲朱筆迹。

入□鄉税米二斛三升胄畢旲嘉禾元年十一月十日□丘男子盧（？）
□付三州倉吏谷漢受中　二二八五

【注】「中」爲朱筆迹。

入桑鄉税米十七斛　胄畢旲嘉禾元年十一月十八日巾竹丘男子烝
謏付三州倉吏谷漢受中　二二八六

【注】「中」爲朱筆迹。

入桑鄉税米二斛四斗胄畢旲嘉禾元年十一月十日聕萇丘宗樂（？）
付三州倉吏谷漢受　二二八七

入平鄉税米二斛三斗胄畢旲嘉禾元年十一月廿六日泊丘吴張付三

州倉吏谷漢受　二二八八

入平鄉稅米十一斛八斗冑畢⿰三㐅嘉禾元年十一月廿六日石文丘潘末
付三州倉吏谷漢受　中　二二八九
【注】「中」爲朱筆迹。

入桑鄉稅米卅七斛七斗冑畢⿰三㐅嘉禾元年十一月四日敷丘男子潘丁
付三州倉吏谷漢受　二二九〇

入東鄉稅米卌斛就畢⿰三㐅嘉禾元年十一月二日劉里丘大男劉□付三
州倉吏谷漢受　二二九一

入桑鄉稅米二斛冑畢⿰三㐅嘉禾元年十一月十四日扶與丘黄若付三州
倉吏谷漢受　中　二二九二
【注】「中」爲朱筆迹。

入桑鄉稅米五十八斛冑米畢⿰三㐅嘉禾元年十一月十四日夫與丘黄岑
（？）付三州倉吏谷漢受　二二九三

入平鄉稅米廿六斛七斗冑畢⿰三㐅嘉禾元年十一月十七日胡萇丘男子
陽屯付三州倉吏谷漢▨　二二九四

入平鄉稅米二斛二斗冑畢⿰三㐅嘉禾元年十一月廿六日□沂丘文平付
三州倉吏谷漢受　二二九五

入桑鄉稅米十一斛冑畢⿰三㐅嘉禾元年十一月四日何丘男子由宊付三
州倉吏谷漢受　中　二二九六
【注】「中」爲朱筆迹。

入□鄉稅米十四斛三斗冑米畢⿰三㐅嘉禾元年十一月十日杷丘大男烝
欽付三州倉吏谷漢受　二二九七

入平鄉稅米十一斛一斗冑畢⿰三㐅嘉禾元年十一月四日平蘗丘大男鄧
張付三州倉吏谷漢受　二二九八

入平鄉稅米一斛冑畢⿰三㐅嘉禾元年十一月一日縣吏番賈（？）付三
州倉吏谷漢受　二二九九
【注】簡面有朱筆迹。

入……冑畢⿰三㐅嘉禾元年十一月廿二日高□丘男子逢囷付三州倉吏
谷漢受中　二三〇〇
【注】「中」爲朱筆迹。

入西鄉稅米十三斛三斗冑畢⿰三㐅嘉禾元年十一月十一日上俗丘張幾
付三州倉吏谷漢受中　二三〇一
【注】「中」爲朱筆迹。

入小武陵鄉稅米十四斛冑畢⿰三㐅嘉禾元年十一月廿六日□□丘吏
□□付三州倉吏谷漢受中　二三〇二
【注】「中」爲朱筆迹。

入□鄉稅米十二斛二斗冑畢⿰三㐅嘉禾元年十一月二日劉里丘殷□付
三州倉吏谷漢受　二三〇三

入桑鄉稅米二斛冑畢⿰三㐅嘉禾元年十一月四日沱丘男子陳甬付三州
倉吏谷漢受　二三〇四

入桑鄉稅米三斛　冑畢⿰三㐅嘉禾元年十一月四日巾竹丘烝蒙付三州
倉吏谷漢受中　二三〇五
【注】「中」爲朱筆迹。

入小武陵鄉稅米十二斛冑畢⿰三㐅嘉禾元年十一月廿六日平支丘朱佃
付三州倉吏谷漢受　中　二三〇六
【注】「中」爲朱筆迹。

・右入稅米二百七（？）十四斛一斗二升　二三〇七

入平鄉稅米十四斛冑畢⿰三㐅嘉禾元年十一月廿五日盡丘謝□付三州
倉吏谷漢受中　二三〇八
【注】「中」爲朱筆迹。

入平鄉稅米一斛冑畢⿰三㐅嘉禾元年十一月十六日杷丘石業付三州倉
吏谷漢受　二三〇九

入平鄉屯田稅米二斛五斗冑畢⿰三㐅嘉禾元年十一月十七日盡丘王歆
付三州倉吏谷漢受中　二三一〇
【注】「中」爲朱筆迹。

入平鄉稅米四斛一斗五升⿰三㐅嘉禾元年十一月十日杷丘文黑付三州

倉吏谷漢受　中　二三三一一

【注】「中」爲朱筆迹。

入平鄉税米十九斛胄畢𦰏嘉禾元年十一月四日盡丘巨馬付三州倉吏谷漢受　二三三一二

入桑鄉税米……▨　二三三一三

入西鄉税米一斛胄畢𦰏嘉禾元年十一月廿一日下汝丘謝▢漁付三州倉吏谷漢受　中　二三三一四

【注】「中」爲朱筆迹。

入西鄉税米十六斛九斗　胄畢𦰏嘉禾元年十一月十一日旱丘烝龍付三州倉吏谷漢受　中　二三三一五

【注】「中」爲朱筆迹。

入東鄉税米二斛二斗五升胄畢𦰏嘉禾元年十一月一日湛丘大男烝銀▨　二三三一六

出東鄉税米十一斛五斗胄畢𦰏嘉禾元年十一月一日音溲丘何▨　二三三一七

入西鄉税米一斛胄米畢𦰏嘉禾元年十一月十一日南疆丘□□付三州倉吏谷漢受　中　二三三一八

【注】「中」爲朱筆迹。

入小武陵鄉税米十斛一斗胄畢𦰏嘉禾元年十一月廿六日石下丘烝樂付三州倉吏谷漢受　二三三一九

入西鄉税米一斛胄畢𦰏嘉禾元年十一月十一日復睾丘胡同付三州倉吏谷漢受　二三三二〇

・右入税米十六斛五斗　二三三二一

入西鄉税米二斛九斗胄畢𦰏嘉禾元年十一月廿日上俗丘□碩付三州倉吏谷▨　二三三二二

入平鄉税米廿四斛四斗五升胄米畢𦰏嘉禾元年十一月四日杷丘石象付三州倉吏谷漢受▨　二三三二三

入平鄉税米四斛𦰏嘉禾元年十一月一日□丘潘定（？）付三州倉吏谷▨　二三三二四

入桑鄉税米十五斛胄畢𦰏嘉禾元年十一月十三日阿丘谷元（？）付三州倉吏▨　二三三二五

入平鄉税米六斛八斗胄畢𦰏嘉禾元年十一月十六日石文丘番才付三州倉▨　二三三二六

【注】「番才」二字可能還有左偏旁。

入桑鄉税米四斛胄米畢𦰏嘉禾元年十一月十日平（？）陵（？）丘大男□圭付三州倉吏谷▨　二三三二七

入平鄉税米二斛七斗五升就畢𦰏嘉禾元年十一月十日監沱丘恣首付三州倉吏谷漢受　二三三二八

入平鄉税米一斛七斗就畢𦰏嘉禾元年十一月四日函丘男子□□付三▨　二三三二九

入平鄉税米八斛二斗胄米畢𦰏嘉禾元年十一月一日上和丘▨　二三三三〇

入西鄉税米六斛二斗胄畢𦰏嘉禾元年十一月十一日萇□丘□平付三州倉吏谷漢▨　二三三三一

入平鄉税米四斛五斗胄畢𦰏嘉禾元年十一月十一日温丘胡材付三州倉▨　二三三三二

　右入税米一百七十六斛八斗　▨　二三三三三

入西鄉税米三斛一斗胄畢𦰏嘉禾元年十一月廿日黄闐（？）丘蔡胡付三州倉吏▨　二三三三四

入西鄉税米九斛六斗胄畢𦰏嘉禾元年十一月十一日上俗丘何楊付三州倉吏谷漢▨　二三三三五

入小武陵鄉税米一斛胄米畢𦰏嘉禾元年十一月廿六日石下丘烝開付三州倉吏谷漢▨　二三三三六

入小武陵鄉税米一斛七斗胄畢𦰏嘉禾元年十一月廿日暹丘縣吏黄確付三州▨　二三三三七

入小武陵鄉税米六斛一斗胄畢𦰏嘉禾元年十一月十九日平支丘劉急付三州▨　二三三三八

入小武陵鄉税米三斛胄畢旲嘉禾元年十一月廿五日白丘梅盖付三☑　二三三九

入小武陵鄉税米九斛八斗胄畢旲嘉禾元年十一月廿五日平支丘劉
文（?）付三州倉☑　二三四〇

入□鄉税米四斛七斗胄畢旲嘉禾元年十一月廿日落（?）丘張☑　二三四一

入平鄉税米十二斛七斗胄畢旲嘉禾元年十一月廿日林丘……☑　二三四二

入桑鄉税米五斛五斗胄畢旲嘉禾元年十一月☑　二三四三

入桑鄉税米十七斛胄畢旲嘉禾元年十一月四日苦竹丘男子殷囊付
三☑　二三四四

入西鄉税米十斛胄米畢旲嘉禾元年十一月一日偷溲丘何獲付三州
倉吏谷☑　二三四五

入平鄉税米二斛胄畢旲嘉禾元年十一月廿四日洽丘男子張□☑　二三四六

入平鄉税米二斛胄畢旲嘉禾元年十一月廿日監沱丘☑　二三四七

入桑鄉税米卌斛胄畢旲嘉禾元年十一月十三日阿丘黄□付……☑　二三四八

入西鄉税米四斛胄畢旲嘉禾元年十一月☑　二三四九

入桑鄉税米一斛九斗五升胄畢旲嘉禾元十一月三日區丘陳何付三
州倉吏☑　二三五〇

【注】「元」下脱「年」字。

入平鄉税米十八斛五斗胄畢旲嘉禾元年十一月四日伍社丘□☑　二三五一

入平鄉税米七斛六斗胄米畢旲嘉禾元年十一月十六日僕丘大男☑　二三五二

入桑鄉税米四斛八斗胄畢旲嘉禾元年十一月廿日軍吏謝貴付三州
倉吏谷☑　二三五三

·右入税米一百廿四斛七斗　☑　二三五四

入平（?）鄉税米三斛二斗就米畢旲嘉禾元年十一月九日平陽丘
劉龍☑　二三五五

入西鄉税米廿斛就米畢旲嘉禾元年十一月☑　二三五六

入桑鄉□米四斛□斗胄畢旲嘉禾元年十一☑　二三五七

入桑鄉税米四斛五斗胄米畢旲嘉禾元年十一月十三日☑　二三五八

入桑鄉税米卌二斛八斗胄米畢旲嘉禾元年十一月一日□丘□□☑　二三五九

入平鄉税米五斛四斗胄畢旲嘉禾元年十一月九日上丘烝龍付☑　二三六〇

入桑鄉税米二斛一斗五升胄畢旲嘉禾元年十一月十三日石人（?）
丘黄□☑　二三六一

入平鄉税米十五斛六斗胄畢旲嘉禾元年十一月四日僕丘☑　二三六二

入平鄉税米八十斛二斗胄畢旲嘉禾元年☑　二三六三

入平鄉税米三斛胄畢旲嘉禾元年十一月廿四日盡丘男子監買付三
州倉吏谷☑　二三六四

入□鄉税米……旲嘉禾……☑　二三六五

入平鄉税米一斛五斗胄畢旲嘉禾元年十一月十五日☑　二三六六

入桑鄉税米一斛一斗胄畢旲嘉禾元年十一月十五日□□丘☑　二三六七

入桑鄉税米一斛　胄米畢旲嘉禾元年十一月三日阿丘□☑　二三六八

入平鄉税米三斛三斗旲嘉禾元年十一月五日洽丘張□付☑　二三六九

入平鄉税米十八斛二斗胄畢旲嘉禾元年十一月十五日盡丘巨新付
三州倉☑　二三七〇

入平鄉税米二斛胄畢旲嘉禾元年十一月廿四日監沱丘男子☑　二三七一

入平鄉税米三斛六斗胄畢旲嘉禾元年十一月八日栗丘周犢付三州
倉吏☑　二三七二

入平鄉税米三斛五斗胄畢旲嘉禾元年十一月十六日□□丘☑　二三七三

入平鄉税米一斛二斗胄畢旲嘉禾元年十一月□□□丘□☑　二三七四

入平鄉稅米三斛七斗胄畢𡚁嘉禾元年十一月九日函丘烝□▨ 二三七五
入平鄉稅米六斛五斗胄畢𡚁嘉禾元年十一月九日岑下丘男子黃□▨ 二三七六
入平鄉稅米十二斛胄畢𡚁嘉禾元年十一月九日函▨ 二三七七
入平鄉稅米廿六斛三斗九升胄畢𡚁嘉禾元年十一月……▨ 二三七八
·右入稅米八十三斛五斗 ▨ 二三七九
入平鄉稅米十一斛四斗 胄畢𡚁嘉禾元年十一月一日杷丘文黑付三州倉▨ 二三八〇
入平鄉稅米十七斛四斗一升胄畢𡚁嘉禾元年十一月廿四日函丘鄭▨ 二三八一
入平鄉稅米四斛胄畢𡚁嘉禾元年十一月廿三日▨ 二三八二
入平鄉稅米三斛胄畢𡚁嘉禾元年十一月廿三日溫（?）丘□▨ 二三八三
入東鄉稅米四斛五斗胄米畢𡚁嘉禾元年十一月一日領下丘□▨ 二三八四
入東鄉稅米八斛五斗胄畢𡚁嘉禾元年十一月一日上利丘□▨ 二三八五
入桑鄉稅米十斛胄畢𡚁嘉禾元年十一月二日阿丘□▨ 二三八六
入桑鄉稅米十八斛胄畢𡚁嘉禾元年十一月三日上□▨ 二三八七甲
·右入稅米一百廿一斛六斗三升 ▨ 二三八七乙
入桑鄉稅米五斛胄畢𡚁嘉禾元年十一月三日堵丘大男▨ 二三八八
入平鄉稅米二斛五斗胄畢𡚁嘉禾元年十一月廿三日僕丘□▨ 二三八九
入平鄉稅米五斛一斗三升胄畢𡚁嘉禾元年十一月廿三日□丘男子▨ 二三九〇
入東鄉稅米二斛四斗胄米畢𡚁嘉禾元年十一月六日伹（?）丘▨ 二三九一
入東鄉稅米四斛六斗胄畢𡚁嘉禾元年十一月卅日奇丘男子▨ 二三九二
入桑鄉稅米三斛四斗胄畢𡚁嘉禾元年十一月十三日阿丘殷▨ 二三九三
入東鄉稅米八斛九斗胄畢𡚁嘉禾元年十一月一日石唐▨ 二三九四
入桑鄉稅米五斛七斗胄畢𡚁嘉禾元年十一月十二日露丘烝□▨ 二三九五
入桑鄉稅米卅九斛三斗胄畢𡚁嘉禾元年十一月三日區丘陳河付三州倉吏谷▨ 二三九六
入□鄉稅米二斛 胄畢𡚁嘉……▨ 二三九七
入西鄉稅米廿二斛四斗胄畢𡚁嘉禾元年十一月十二日復（?）睪丘殷▨ 二三九八
入東鄉稅米三斛三斗胄畢𡚁嘉禾元年十一月十二日□丘▨ 二三九九
入東鄉稅米十斛胄畢𡚁嘉禾元年十一月十二日湛丘男子黃蜀付▨ 二四〇〇
入東鄉稅米十八斛三斗胄畢𡚁嘉禾元年十一月……▨ 二四〇一
入東鄉稅米十斛胄畢𡚁嘉禾元年十一月六日石下丘□▨ 二四〇二
入東鄉稅米十五斛二斗胄畢𡚁嘉禾元年十一月一日石下丘□▨ 二四〇三
入桑鄉稅米□斛□斗胄畢𡚁嘉禾元年十一月▨ 二四〇四
入桑鄉稅米十五斛三斗胄畢𡚁嘉禾元年十一月十二日□▨ 二四〇五
入桑鄉稅米卅五斛六斗八升𡚁胄畢嘉禾元年十一月廿九日□▨ 二四〇六
入□鄉稅米□斛三斗胄畢𡚁嘉禾元年十一月卅日新城丘陳□▨ 二四〇七
入東鄉稅米廿三斛七斗胄畢𡚁嘉禾元年十一月十一日蔶▨ 二四〇八
入東鄉稅米五斛胄畢𡚁嘉禾元年十一月□▨ 二四〇九
入東鄉稅米六斛八斗五升胄畢𡚁嘉禾元年十一月五日資丘男▨ 二四一〇
入東鄉稅米七斛五斗胄畢𡚁嘉禾元年十一月十二日東田丘▨ 二四一一
·右入稅米一百一十八斛二升▨ 二四一二
入東鄉稅米三斛二斗胄畢𡚁嘉禾元年十一月十九日上辛丘黃▨ 二四一三

入桑鄉税米六斛四斗胄畢𣂼嘉禾元年十一月十九日利下丘☒　二四一四
☒□鄉税米一斛五斗胄畢𣂼嘉禾……☒　二四一五
☒……嘉禾元年☒　二四一六
入東鄉税米十二斛一斗胄畢𣂼嘉禾元年十一月十八日監□☒　二四一七
·右入税米九十三斛七斗五升☒　二四一八
入東鄉税米三斗二升胄畢𣂼嘉禾元年十一月五☒　二四一九
入……斛□畢𣂼嘉……☒　二四二〇
入□鄉税米一斛……胄畢𣂼嘉禾元年十一月廿八日三□☒　二四二一
入東鄉税米五斛二斗胄畢𣂼嘉禾元年十一月十九日廉（？）丘黄☒　二四二二
入樂鄉子弟限米六斛胄畢𣂼嘉禾元年十一月☒　二四二三
入東鄉税米二斛一斗胄畢𣂼嘉禾元年十一月廿七日大田丘烝這付☒　二四二四
入廣成鄉子弟限米二斛胄畢𣂼嘉禾元年十一月廿六日上薄丘☒　二四二五
入廣成鄉子弟限米廿斛七斗□畢𣂼嘉禾元年十一月廿七日☒　二四二六
入樂鄉子弟限米十四斛四斗五升胄畢𣂼嘉禾☒　二四二七
入桑鄉私學限米二斛胄畢𣂼嘉禾元年十一月十日何丘黄剣☒　二四二八
入樂鄉子弟米七斛三斗胄米畢𣂼嘉禾元年十一月七日下象丘□☒　二四二九
入樂鄉子弟限米七斛胄畢𣂼嘉禾元年十一月八日下象丘吏□餞☒　二四三〇
入東鄉税米八斛三斗胄畢𣂼嘉禾元年十一月廿八日☒　二四三一
入東鄉税米四斛二斗五升胄畢𣂼嘉禾元年十☒　二四三二
☒一斛三斗胄畢𣂼嘉禾元年十二月……☒　二四三三
入桑鄉税米八斛胄畢𣂼嘉禾元年十一月五日□☒　二四三四
入桑鄉貸□□□米廿三斛胄畢𣂼嘉禾元年十一月五日敷丘婁折☒　二四三五

入□鄉新吏限米三斛胄畢𣂼嘉禾元年十一月十日☒　二四三六
☒□陵鄉子弟限米七斛一斗□𣂼嘉禾元年十一月☒　二四三七
入桑鄉税米六斛九斗三升胄畢𣂼嘉禾元年十一月廿☒　二四三八
☒一斛三斗胄畢𣂼嘉禾元年十一月十一日伯丘☒　二四三九
入樂鄉新吏米六斛八斗胄米畢𣂼嘉禾元年十一月☒　二四四〇
入樂鄉新吏限米七斛二斗胄米畢𣂼嘉禾元年十一月八日☒　二四四一
入樂鄉子弟限米七斛六斗胄畢𣂼嘉禾元年十一月六日柚丘□☒　二四四二
入桑鄉析學米一斛　胄畢𣂼嘉禾☒　二四四三
【注】「析」或爲「私」之誤。
·右入税米一百四斛一□☒　二四四四
入□鄉税米一斛二斗胄畢𣂼嘉禾元年十一月十一日□☒　二四四五
☒□□胄畢𣂼嘉禾元年十一月十一日泊丘男子☒　二四四六
入平鄉叛士限米五斛胄畢𣂼嘉禾☒　二四四七
☒胄畢𣂼嘉禾元年十一月十日上□丘……☒　二四四八
入樂鄉新吏限米十五斛胄畢𣂼☒　二四四九
入平鄉叛士限米三斛　胄畢𣂼嘉禾元☒　二四五〇
入東鄉税米十斛五斗胄畢𣂼嘉禾元年☒　二四五一
金（？）子公乘谷年十九　□子女早年廿　二四五二
【注】簡二四五二至二六一五出土時原爲一坨，揭剥順序參見《揭剥位置示意圖》圖十。
嘉禾四年廣成里户人公乘□□年七十五　二四五三
☒中　訾　一　百　二四五四
長（？）妻大女生廿二□　長（？）子仕伍□年三歲　二四五五
【注】「生」下脱「年」字。
右長家口食三人　訾　五　十　二四五六
嘉禾四年廣成里户人公乘□重年五十八　二四五七
……☒　二四五八

【注】字迹已磨滅。

二四五九 ……年☐七……☐

二四六〇 ☐☐☐口食五人　訾　五　十

二四六一 ☐子仕伍誂（？）年八歲

二四六二 嘉禾四年廣成里户人公乘周☐年卌一盲右目

二四六三 ☐　☐☐著年卅八☐

二四六四 右☐口食九人　訾　☐

【注】「口」上脱「家」字。

二四六五 ☐家口食六人　訾　五　十

二四六六 ☐妻大女忌年廿四筭一　☐子仕伍堅年☐歲

二四六七 各女弟勉年七歲

二四六八 ☐……　……佳年五歲

二四六九 ☐曠妻大女☐年卌一　☐子女……

二四七〇 ☐　訾　五　十

二四七一 ☐……

【注】字迹已磨滅。

二四七二 右訢（？）家口食五人　訾　五　☐

二四七三 寃子仕伍縣年七歲　☐子男公乘七年☐

二四七四 止妻大女妣年廿踵兩足　☐

二四七五 訢妻大女汝年七十　訢子公乘仨年☐

二四七六 宣（？）男弟☐年五歲

二四七七 右隽家口食二人　訾　五　十

二四七八 ☐從兄強年廿　☐妻大女☐年卌三☐

二四七九 嘉禾四年☐里户人公乘楊（？）百年卌七給郡卒

二四八〇 石☐☐食三人

二四八一 嘉禾四年漂（？）里户人公乘潘當年九十二

二四八二 中☐

二四八三 ……☐

【注】字迹已磨滅。

二四八四 ☐　客妻☐年卅三　客子女西年十

二四八五 ☐☐☐歲

二四八六 ☐　☐妻大女如年七十六　☐弟公乘☐年……

二四八七 級弟仕伍凤年三歲

二四八八 ☐弟仕伍☐年☐　☐弟……☐

二四八九 ☐子公乘次年十六刑右☐

二四九〇 ・右做家口食九人　☐

二四九一 ☐　根妻大女表年卅　根子仕伍練年八歲

二四九二 力弟仕伍客年七歲　☐

二四九三 嘉禾四年平樂里户人公乘李（？）銀年卅踵右足　☐

二四九四 ☐　宿妻大女得年七十八　宿子公乘賢年廿五給縣吏

二四九五 嘉禾四年平樂里户人公乘李客年卅三筭一

二四九六 ☐　子男侯年五歲

二四九七 ☐　中　訾　五　十

【注】「中」爲朱筆迹。

二四九八 ☐　☐妻大女☐年七十一　仲弟公乘謂☐

二四九九 ☐慎妻大女專年卅三　專子仕伍野年八歲

二五〇〇 ☐☐女☐☐年七歲

二五〇一 右客口食四人　☐

【注】「客」下脱「家」字。

二五〇二 ・右祝家口食七人

二五〇三 ☐……公乘☐年七十　☐☐☐年五歲

二五〇四 ☐年五十一　☐子女思（？）年八歲

二五〇五 ☐家口食四人　中　訾　☐

【注】「中」爲朱筆迹。

二五〇六 ☐　㣛妻大女難年卅二筭一　㣛弟公乘☐年卅一給郡吏

二五〇七 ☐　☐弟公乘☐年廿五筭一　☐母大女婢年☐二

右生家口食五人　中　☐　二五〇八
【注】「中」爲朱筆迹。
☐□□女弟□年十九　……　二五〇九
☐　虎弟公乘絢（？）年五十九腹心病　虎□□汝年卅二　二五一〇
•右□家口食□人　中　訾　五　十　二五一一
【注】「中」爲朱筆迹。
☐　中　訾　五　田　二五一二
【注】「中」爲朱筆迹。
☐　訾　五　十　二五一三
☐　□弟公乘百年廿給郡吏　二五一四
☐　訾　五　十　二五一五
☐……年□歲　……　二五一六
☐　□子仕伍絅年□給縣卒　……☐　二五一七
☐□□給石……付吏李金黃☐　二五一八
☐困妻大女是年七十二　困子函年卅二　二五一九
☐□姪子女姣年十九　……年八歲　二五二〇
魌（？）妻大女煩年卅　魌（？）弟仕伍□年六歲　二五二一
☐診子女陽年七歲　……年五歲　二五二二
☐　中　訾　五　十　二五二三
【注】「中」爲朱筆迹。
☐　元子仕伍□年五歲　元□□年□☐　二五二四
☐家口食三人　中　訾　五　十　二五二五
【注】「中」爲朱筆迹。
•右屯家口食三人　男二女一　☐　二五二六
☐其三人男 二人女　二五二七
……任□　☐
……　二五二八
☐　中　二五二九

□□□……　☐　二五三〇
☐□子男里年十三　弱從兄仲年八十五　二五三一
☐年卅三給縣卒　二五三二
☐　……函年□　二五三三
☐□給縣卒　二五三四
☐……七給□□　二五三五
☐　宣妻大女卑年廿二　宣子仕伍羊年四歲　二五三六
☐　憲（？）妻大女如年十七　憲（？）女弟□年十　二五三七
☐　□女弟□年七歲　□弟仕伍庄年三歲　二五三八
☐□弟公乘楊□年五歲　……年八歲　二五三九
☐　應女弟使年十五　使弟仕伍得年十歲　二五四〇
☐　員弟書年廿五給習射病（？）雍　書妻大女□年廿一　二五四一
☐……筭一　……嫂大女……　二五四二
☐　吕妻大女粱年五十□　吕子公乘□年卌一給縣卒　二五四三
☐大女如年廿二筭一　□弟□年六歲　☐　二五四四
☐□男弟□年四歲　□男弟早年二歲　二五四五
☐妻大女姑年廿八筭一　子男拴年廿二筭一腫兩足　二五四六
入小武陵鄉税米八斛四斗胄畢冥嘉禾元年十一月十三日石下丘烝
政付三州倉吏谷漢受　中　二五四七
【注】「中」爲朱筆迹。
☐……☐　二五四八
【注】字迹已磨滅。
☐　右邪家口食四人　訾　五　十　二五四九
……十……☐　二五五〇
☐子女□年□　禮弟公乘□年廿三給軍吏　二五五一
☐……☐　二五五二
【注】簡面變黑，字迹已不能辨識。
□□□□□☐　二五五三

【注】字迹磨滅，僅剩極淡殘筆迹。

入桑鄉税米二斛胄畢𠬝嘉禾元年十一月十二日平□丘謝郎☑ 二五五四

☑掐妻大女香年十五筭一 掐男弟斗年九歲 二五五五

☑妻大女姑年廿四筭一 子男早年五歲 二五五六

☑……年□歲 □男弟被年廿六筭一 二五五七

☑ □弟仕伍狗年二歲 二五五八

……里户人公乘唐懸年卅□ 給縣卒 二五五九

☑胄畢𠬝嘉禾元年十一月廿一日劉里丘□□付三州倉吏谷漢受 二五六〇

☑ □男弟困年四歲 □男弟廣年二歲 二五六一

☑□□ 二五六二

☑……筭一 □寡嫂大女□年六十六□ 二五六三

【注】字迹漫漶，僅剩極淡墨迹。

□女弟□年二歲 二五六四

☑三户限佃民 其一户中品 二户下 二五六五

【注】「下」下脱「品」字。

☑右如家口食七人 其五人男 二人女 二五六六

☑ 𥡴弟仕伍𡚱年六歲 𡚱弟仕伍迷年四歲 二五六七

·右入税米一百一十三斛四斗五升 ☑ 二五六八

入東鄉税米三斛胄畢𠬝嘉禾元年十一月七日礼丘毛羊付倉吏谷漢受 中 二五六九

【注】「中」爲朱筆迹。

入桑鄉税米十斛六斗僦米畢𠬝嘉禾元年十一月十四日園丘大男樊山付三州倉吏☑ 二五七〇

☑𠬝嘉禾元年十一月十三日劉里丘婁充付三州倉吏谷漢受 中 二五七一

【注】「中」爲朱筆迹。

入東鄉税米□斛□斗胄畢𠬝嘉禾元年十一月七日石唐☑ 二五七二

……□畢𠬝嘉禾元年十一月七日領下丘黄生付三州倉…… 二五七三

☑十一月八日上和丘吏謝盛付三州倉吏谷漢受中 二五七四

【注】「中」爲朱筆迹。

☑田一月七日湛龍丘縣吏□□付三州倉吏谷漢受 中 二五七五

【注】「中」爲朱筆迹。

☑□□米百卌八斛三斗五升 二五七六

入小武陵鄉税米二斛胄畢𠬝嘉禾元年十一月十四日平（？）攴丘州吏烝謂付三州倉吏谷漢受中 二五七七

【注】「中」爲朱筆迹。

☑入小武陵鄉税米十五斛二斗就畢𠬝嘉禾元年十一月十日□□丘男子□賚（？）付三州倉吏谷漢受 中 二五七八

【注】「中」爲朱筆迹。

☑户人公乘彭賢年□六盲右目 二五七九

☑□□年□□ □故 二五八〇

☑口食四人 □□□ 二五八一

☑□潘足年七十一踵兩足 二五八二

☑足家口食六人 呰 五 十 二五八三

入東鄉税米五斛胄畢𠬝嘉禾元年十一月二日新成丘男子烝齋付三☑ 二五八四

☑𠬝嘉禾元年十一月十四日沱丘男子監宣（？）付三州倉吏谷漢受中 二五八五

【注】「中」爲朱筆迹。

☑年十一月二日下和丘烝棨付三州倉吏谷漢受 中 二五八六

【注】「中」爲朱筆迹。

入小武陵鄉税米一斛胄畢𠬝嘉禾元年十一月十四日下象丘烝斗付三州倉吏谷漢受 中 二五八七

【注】「中」爲朱筆迹。

入小武陵鄉税米五斛二斗胄米畢𠬝嘉禾元十一月十日丈丘謝動付

三州倉吏谷漢受　中　二五八八

【注】「元」下脱「年」字。「中」爲朱筆迹。

鼠妻大女汝年卅筭一　鼠子仕伍强年九歲　▨　二五八九

▨　連妻大女初年廿五　連弟仕伍走年七歲　二五九〇

▨□年……　二五九一

▨……　二五九二

【注】字迹已磨滅。

▨□妻□年十八　二五九三

入平鄉税米十五斛胄畢⿱三乂嘉禾元年十一月十六日七丘大▨　二五九四

▨弟勉年五十二　二五九五

▨□弟遺年六歲　二五九六

▨⿱三乂嘉禾元年十一月□日下俗丘烝□付三州倉吏谷漢受　二五九七

▨　□子男文年五歲　▨　二五九八

▨　□妻大女□年卅一□□　……　二五九九

▨　訾　一　▨　二六〇〇

▨　筭　三　事　四　二六〇一

▨斛四斗胄畢⿱三乂嘉禾元年十一月十四日龍（？）丘吴▨　二六〇二

▨　訾　五　十　二六〇三

▨　筭二事□　二六〇四

▨　倡（？）女弟邑年十五　□▨　二六〇五

▨　□妻大女草年廿二筭一　子男難年四歲　二六〇六

▨　筭二事一　二六〇七

▨斛胄畢⿱三乂嘉禾元年十一月卅日上幸丘烝▨　二六〇八

□……　二六〇九

【注】字迹磨滅，今僅見首字左旁殘筆。

▨嘉禾四……　黄……　二六一〇

▨⿱三乂嘉禾元年十一月二日何丘由茌付三州倉▨　二六一一

▨　客妻兒年卅三　▨　二六一二

▨斛胄畢⿱三乂嘉禾元年十一月廿日栗渡丘吴□付三州倉▨　二六一三

▨　□□　訾　五　十　二六一四

▨□食五人　▨　二六一五

▨□年六十　二六一六

【注】簡二六一六至二七二四出土時原爲一坨，揭剥順序參見《揭剥位置示意圖》圖十一。

▨平妻大女□年六十八　平男弟……年□十二　二六一七

▨　……弟□年四歲　▨　二六一八

▨□□腹心病　二六一九

▨　訾　五　十　二六二〇

▨□妻大女彊年卅二聾耳　□□子公乘德年十七給郡吏　二六二一

▨……年十三　二六二二

▨年十歲　二六二三

……▨　二六二四

【注】字迹已磨滅。

▨□弟公乘平年廿八給養□　平妻大女姑年廿一筭一　二六二五

▨年卅二刑面刑左手　二六二六

▨　□弟仕伍伯年八歲　二六二七

▨　怙母大女問年八十四　怙……年七十二　二六二八

▨　室（？）妻大女昭年卅九　室弟仕伍得六歲　二六二九

【注】「得」下脱「年」字。

入東鄉税米廿八斛五斗四升胄畢⿱三乂嘉禾元年十一月十二日劉里丘
劉▨　二六三〇

▨　□妻大女□年卅六□□□　□□弟汝年卅一　二六三一

▨廣成里户人公乘蔡□年廿六給鹽兵　二六三二

▨廣成里户人公乘周從年廿三給亭復人　二六三三

▨……如年十▨　中　訾　五　十　二六三四

【注】「中訾五十」當屬於另一簡。「中」爲朱筆迹。

⍁米廿二斛冑畢𡿨嘉禾元年十一月廿九⍁ 二六三五

⍁右平家口食四人　中　訾　五　十 二六三六

【注】「中」爲朱筆迹。

⍁　□子公乘問年八歲 二六三七

⍁　□弟公乘喬年廿盲左目 二六三八

⍁石□家口食二人　訾　五　十 二六三九

⍁　騎妻大女客年五十二筭一　騎子仕伍思年十歲 二六四〇

⍁　右石家口食三人　中　訾　五　十 二六四一

【注】「中」爲朱筆迹。

⍁　□弟公乘□年□九　□□□□年田五□□□ 二六四二

從母大女妾年七十一踵兩足　從女弟汝年六歲 二六四三

⍁　右卿家口食五人　中　訾　五　十 二六四四

【注】「中」爲朱筆迹。

⍁　寃妻大女□年卌□筭一 二六四五

⍁妻□年五十九 二六四六

⍁　特（？）妻大女問年卌二筭一　　特（？）子女堙年十二 二六四七

⍁口食四人　中　訾　五　十 二六四八

【注】「中」爲朱筆迹。

⍁　□孫仕伍起年六歲　務中妻大女煩年卌二盲左目 二六四九

右周家口食六人　訾　五　十 二六五〇

⍁　級（？）子公乘國年卌四給縣吏　威妻大女姑年卌一筭□ 二六五一

⍁　鳴女弟□年二歲 二六五二

⍁……𡿨嘉禾元年十一月六日□⍁ 二六五三

入東鄉税米二斛　冑畢𡿨嘉禾元年十一月一日□□⍁ 二六五四

⍁食□人　訾　五　十 二六五五

右柳家口食五人　中　訾　五　十 二六五六

【注】「中」爲朱筆迹。

右旁家口食四人　訾　五　十 二六五七

知姪子仕伍□年七歲 二六五八

右它家口食三人　中　訾　五　十 二六五九

【注】「中」爲朱筆迹。

⍁　嘉禾四年廣成里户人公乘黄□年五十八腹心病 二六六〇

⍁　萌弟仕伍連年四歲　萌寡嫂大女婢卌七 二六六一

⍁　……年卌　□弟公乘養年十二歲 二六六二

⍁　平子公乘□年六十三腹心病　平妻大女威年五十四□復 二六六三

⍁　□妻大女□年□□　□子□年六歲 二六六四

嘉禾四年廣成里户人公乘謝尤年…… 二六六五

⍁□年卌三給郡醫 二六六六

⍁　□妻大女益年五十七　司子公乘兑（？）年十八筭 二六六七

右思家口食五人　中　訾　五　十 二六六八

【注】「中」爲朱筆迹。

嘉禾四年廣成里户人公乘蔡䍐年卌五 二六六九

毛姪⍁ 二六七〇

⍁四人　訾　五　十 二六七一

⍁五人　中　訾　五　十 二六七二

【注】「中」爲朱筆迹。

⍁　得女弟□年八歲　□女弟長年六歲 二六七三

⍁公乘鄧沂年…… 二六七四

嘉禾四年廣成里户人公乘周□年五十給縣吏 二六七五

嘉禾四年廣成里户人公乘朱兵年五十九踵兩足 二六七六

右客家口食五人　中　訾　五　十 二六七七

【注】「中」爲朱筆迹。

…… 二六七八

【注】字迹已磨滅。

□女弟□年六歲 二六七九

中 禿母大女□侄□□□ □妻大女姑年卌八筭一 二六八〇

【注】「中」爲朱筆迹。

大寡嫂大女□年七十二 二六八一

流男弟□年五十踵□足 二六八二

·右平家口食七人 訾 一 百 □□大女姻年卌七 二六八三

嘉禾四年廣成里户人公乘黄張年五十二踵佐足 二六八四

【注】「佐」通「左」。

嘉禾四年廣成里户人因女□□年七十一 二六八五

☑ □妻大女□年五十三 ……年廿一 二六八六

☑ □妻大女汝年卌六 二六八七

至妻大女□年九十九 二六八八

嘉禾四年廣成里户人公乘周□年□□ 二六八九

☑家口食八人 訾 一 百 二六九〇

□子仕伍□年□□ 二六九一

巴女弟思年九歲 司□□□年七十 二六九二

☑ □弟仕伍薪年五歲 薪弟仕伍□年三歲 二六九三

☑家口食四人 訾 五 十 二六九四

□弟仕伍欽年七歲 □□仕伍道年五歲 二六九五

韋子公乘頤年卌四給州卒 頤妻大女姑年卌二 二六九六

碩子仕□□年三歲 碩子仕伍狗年八歲 二六九七

□□□口食五人 中 訾 五 十 二六九八

【注】「中」爲朱筆迹。

右文家口食三人 中 訾 五 十 二六九九

【注】「中」爲朱筆迹。

☑□一 理子仕伍□年六歲 ☑ 二七〇〇甲

☑ 中 訾 五 十 二七〇〇乙

【注】「中」爲朱筆迹。

右妲家口食四人 中 訾 五 十 二七〇一

【注】「中」爲朱筆迹。

☑ □女弟□年四歲 二七〇二

☑ 罒妻大女雲（？）年五十二 罒子公乘唯年十…… 二七〇三

☑ □弟仕伍苫年六歲 □□□年□二 二七〇四

☑ □弟公乘□年廿一給郡吏 □弟仕伍□年□歲□□病 二七〇五

☑家口食□人 中 訾 五 十 二七〇六

【注】「中」爲朱筆迹。

☑三人 中 訾 一 百 二七〇七

【注】「中」爲朱筆迹。

☑食三人 □ □ □ 二七〇八

☑ □妻大女□年五十二 石（？）子女單年八歲 二七〇九

☑妻大女□年卅二 □□□ 二七一〇

☑ 右明家口食三人 ☑ 二七一一甲

☑侄廿三 □母大女侍年七十三 二七一一乙

☑公乘□物年卅七 ☑ 二七一二

☑ 庫妻大女思年卅七 庫弟公乘□年十二 二七一三

☑追弟仕伍使年七歲 追母大女足年七十三 二七一四

☑年六十五聾耳 二七一五

☑廿二 ……年七歲 二七一六

☑ 訾 五 十 二七一七

☑□金年三歲盲右目 實（？）母大女□年八十三 二七一八

□弟公乘□年廿二 二七一九

嘉禾四年平樂里户人公乘谷兒年九十二 ☑ 二七二〇

兒妻大女□年八十三盲佐目 ☑ 二七二一

【注】「佐」通「左」。

嘉禾四年平樂里户人公乘監□年□□三踵□□ ☑ 二七二二

☑…… 二七二三

【注】字迹漫漶不可識。

☒　□妻香年廿二筭一　☒　二七二四

☒□弟姓年六歲　二七二五

【注】簡二七二五至二八四二出土時原爲一坨，揭剥順序參見《揭剥位置示意圖》圖十二。

困男弟尾年六歲　二七二六

領男弟夫年五歲　☒　二七二七

□妻妻（？）年六十五盲□□　二七二八

☒□弟□年十三　二七二九

☒　□妻汝年廿三□□　二七三〇

☒□妻大女惰年廿八筭　☒　二七三一

☒年七十三　二七三二

☒……筭一　二七三三

☒　督男弟猍年十五筭一　二七三四

☒睪姪子女思年八歲　☒　二七三五

☒　情男弟㦧年三歲　☒　二七三六

入平鄉租米一斛五斗五升㕣嘉禾元年十一月十八日函丘郡吏番圭
付三州倉吏谷☒　二七三七

入小武陵鄉租米二斛胄畢㕣嘉禾元年十一月十二日伻丘鄭約付三
州倉吏谷漢受　☒　二七三八

鐵男黠年十歲　二七三九

令妻思年十四　二七四〇

入平鄉租米七斛二斗胄畢㕣嘉禾元年十一月十八日栗丘烝山付三
州倉吏㕣☒　二七四一

□女弟盡年十歲　二七四二

☒□母妾年六田□　☒　二七四三

□男弻……　二七四四

嘉禾五年緒中里户人公乘雷（？）□年卅四筭一腹心病　二七四五

子男帑年三歲　二七四六

壆男姪利年四歲　二七四七

右小武陵鄉□□□斛　二七四八

□子男㽙年□五□□□　二七四九

☒□□七歲　二七五〇

右　口食四人　二七五一

有妻大女□年□□　☒　二七五二

☒□一　二七五三

右□家口食五人　二七五四

安男姪懸年七歲　二七五五

入廣成鄉租米一斛胄畢㕣嘉禾元年十一月一日日世唐義付三州倉
吏谷漢受☒　二七五六

【注】「世」下或脱「丘」字。

•右西鄉入租米□一斛六斗二升　二七五七

入廣成鄉租米六斛六斗胄畢㕣嘉禾元年十一月六☒　二七五八

……　二七五九

【注】此簡字迹已磨滅。

……　二七六〇

【注】此簡字迹已磨滅。

☒　訾　五　田　二七六一

□□□匥□　二七六二

□□姪□年七歲　二七六三

妻□年十四　二七六四

入廣成鄉租米十二斛八斗二升　嘉禾元年十一月三日大男黄□付
三州倉吏谷漢受☒　二七六五

【注】此簡未見「同」字符及丘名。

入廣成鄉租米一斛八斗九升胄畢㕣嘉禾元年十一月六日世丘……☒　二七六六

入廣成鄉租米十一斛胄米畢𡒫嘉禾元年十一月十五日楊丘郡吏雷
贊付三州倉吏谷漢受　二七六七
☑□卌　二七六八
☑□□年卌　二七六九
□子男□年五歲□　二七七〇
□女弟䪻年三歲　二七七一
□妻香年廿九筭一　二七七二
子男止年十三　二七七三
小赤里户人公乘吕促年□筭一踵足　二七七四
・右平口食四人　二七七五
【注】「平」下或脱「家」字。
……年□　二七七六
入廣成鄉租米□五斛胄畢𡒫嘉禾元年十一月十二日下□丘大女
□□付三州倉吏谷漢受　二七七七
入平鄉租米八斛六斗胄米畢𡒫嘉禾元年十一月二日監沱丘廖□付
三州倉吏谷漢☑　二七七八
石（？）妻□年卌　二七七九
入桑鄉租廿斛五斗二升胄畢𡒫嘉禾元年十一月十日烝紹付三州☑　二七八〇
【注】「租」下或脱「米」字。
小赤里户人公乘五曷年廿七　二七八一
……匡□　二七八二
入平鄉租米七斛　胄米畢𡒫嘉禾元年十一月六日上和丘男子謝志
付三州倉吏谷漢受　二七八三
□□男□年六歲　二七八四
入平鄉租米十一斛三斗𡒫嘉禾元年十一月十八日葴竹丘郡吏石欣
付三州倉吏谷漢受中　二七八五
【注】「中」爲朱筆迹。

□妻□年五十　二七八六
妻進年卌一筭一　☑　二七八七
入西鄉租米九斛　胄畢𡒫嘉禾元年十一月十二日龍穴丘縣吏謝福
付三州倉吏谷漢受　中　二七八八
【注】「中」爲朱筆迹。
□□□年□歲　二七八九
妻癸（？）年卌六筭一　二七九〇
曼溲里户人陳匿年六十荆右足　二七九一
……年□歲　二七九二
□男弟□匡□□右□　二七九三
妻□年廿九筭一　☑　二七九四
……　二七九五
【注】僅剩一行文字之右側殘筆。
……三……☑　二七九六
妻□年十四𥫗□　☑　二七九七
入廣成鄉租米十五斛胄畢𡒫嘉禾元年十一月六日榜丘男子陳異付
三州倉吏谷漢受　二七九八
・右□家口食六人　二七九九
羽子男䪻年□　二八〇〇
□妻□年□一　二八〇一
……年五十　二八〇二
小赤里户人公乘黄石年八十一　二八〇三
・右□家口食□人　訾　五　十　二八〇四
入平鄉税米六斛胄畢𡒫嘉禾元年十一月廿六日蘇（？）下丘石祁
付三州倉吏谷☑　二八〇五
入平鄉租米七斛八斗胄畢𡒫嘉禾元年十一月廿六日泊丘吴房付三
州倉吏☑　二八〇六
……　二八〇七

【注】字迹已磨滅。

文（?）子男□年十四　二八〇八

强從男弟文（?）年六十三　長病　二八〇九

□□□年六十一□□□　二八一〇

□□思年卅四筭一　二八一一

入桑鄉租米十一斛四升冑畢𦯀嘉禾元年十一月五日郡吏謝騎付三州▨　二八一二

入桑鄉租米九斛二斗六升冑畢𦯀嘉禾元年十一月十一日平樂丘郡吏謝威付三州倉吏谷漢受　▨　二八一三

□□□主　二八一四

□領役民廿六户　二八一五

其六户□民　二八一六

□男弟□年五歲　▨　二八一七

凡文家口食六人　二八一八

凡鳴家口食四人　二八一九

曼溲里户人陳耶年卌八□　二八二〇

其一户佃帥　二八二一

□男弟武年五歲　二八二二

曼溲里户人□□年六十腹心病　二八二三

六妻困年五十三筭一　二八二四

小赤里户人公乘稚橋年卌　……　二八二五

□妻妾（?）年卌　二八二六

▨　凡平家口食四人　二八二七

□男弟逐（?）年八歲　二八二八

其一户私學　二八二九

……給□□腹□疾　二八三〇

▨乘張枺年六十五　踵兩足　二八三一

▨　右□家口食十五人　訾　五　十　二八三二

鳴姪子男章年四　二八三三

▨……年□　二八三四

▨　子男慈年三　二八三五

胡妻姑（?）年六十四　二八三六

……年卌九　▨　二八三七

□妻□年□　二八三八

□妻姑年廿五筭　二八三九

□妻□年卌二筭一　二八四〇

□妻□年卌五筭一　二八四一

小赤里户人公乘廖烝（?）年……　二八四二

▨……一腫兩足　二八四三

▨囯卅五筭一　二八四四

▨□年卅筭一　二八四五

▨　妾子男得年十刑左足　二八四六

▨　南妻大女思年十三　南女弟新（?）年八歲　二八四七

▨□男弟（?）廣年三歲　廣男弟戒年二歲　二八四八

▨嘉禾元年▨　二八四九

▨鄉私學限米▨　二八五〇

▨户人公乘殷□▨　二八五一

入廣成鄉佃□▨　二八五二

▨郘曲田曹史彭政白　二八五三

入廣成鄉私學限▨　二八五四

▨　右□家口食八人　其四人男 四人女　二八五五

□妻大女思年卌二筭一　▨　二八五六

□男弟伯年三歲　二八五七

▨　・右吴家口食十一人　其七人男 四人女　二八五八

▨　斗女弟媿年六歲　媿男弟客年五歲　二八五九

二八六〇 ☒□妻大女妙年□筭一　秋男弟山年十腫兩足

二八六一 ・右廣成鄉入□□限米卅九斛五斗☒

二八六二 ☒畢〓嘉☒

二八六三 ☒吏谷漢受☒

二八六四 ☒斛五斗冑米畢〓☒

二八六五 ☒已得十二枚皆爲□易
☒餘十一枚未得入

二八六六 ☒〓嘉禾元年十一月廿二☒

二八六七 ☒□斛二斗冑畢〓嘉禾元年十一☒

二八六八 ☒右佳家口食十人　其五人男 五人女

二八六九 ☒妻大女玑年廿五筭一　子男露年十三

二八七〇 ☒右公家口食八人　其三人男 五人女

二八七一 入小武陵鄉税米二斛五斗冑〓嘉禾元年十一月十三日□☒
【注】「畢」字或與同字符重合。

二八七二 ☒年廿三

二八七三 ☒　□妻嬗年卅三　☒

二八七四 ☒一判左足　☒

二八七五 其卅一☒

二八七六 ☒匧付三州倉吏鄭黑受

二八七七 入小武陵鄉新吏限米□☒

二八七八 入小武陵鄉佃吏限米☒

二八七九 ☒　右入税米一百□斛□☒

二八八〇 ☒吏謝趙付三州倉吏谷漢受

二八八一 ☒□弟公乘盖年十二苦腫病踵兩足

二八八二 六男弟圭年三歲☒

二八八三 ☒年七十五

二八八四 子男頃年☒

二八八五 入平鄉税米十斛　冑米畢〓☒

二八八六 ☒□女弟□年十五　☒

二八八七 ☒判右足
☒　封

二八八八 ☒　□月九日户曹史□金（？）白

二八八九 ☒　□子女□年六歲☒

二八九〇 ☒仕伍唯年七歲　唯□☒

二八九一 ☒　□子炟（？）年十一☒

二八九二 ☒筭一　☒

二八九三 ☒□付三州倉吏谷漢受

二八九四 ☒七歲

二八九五 ☒年七歲

二八九六 ☒即男弟復年十一聾兩耳　復女弟息（？）年七歲

二八九七 ☒右倉家口食五人　其二人男 三人女

二八九八 ☒十一斛七斗八升□十二月廿四日部曲田曹史彭政白

二八九九 ☒五百卅斛一斗五升□……□月廿七日倉曹史烝堂彭政白
【注】簡面有朱筆迹。

二九〇〇 ☒丹男弟然年十一　☒

二九〇一 ☒斗四升冑米畢〓嘉禾元年十一月十三日湛丘唐吕付三州☒

二九〇二 ☒〓嘉禾元年十一月十二日捞丘莫府吏烝□☒

二九〇三 ☒佃吏限米□斛六☒

二九〇四 入模鄉限米田斛一斗☒

二九〇五 ☒　市男弟懸年十四　☒

二九〇六 入小武陵鄉……限米□□☒

二九〇七 ☒□□詣行吴贇吕☒

二九〇八 入□鄉税米十四斛二斗冑畢〓☒

⧄聾兩耳　⧄　二九〇九
右□家口食□人　訾　五　十　二九一〇
・右入稅米百十九斛四斗五升　⧄　二九一一
⧄　妻大女故年廿五筭一　子男冠年六歲　⧄　二九一二
⧄　右□家口食四人　其 二人男 二人女　二九一三
⧄□母妄年五十四筭一　二九一四
入西鄉租米七斛九斗二升冑畢≡嘉禾元年十一月十一日莫丘□吏　二九一五
周𨻳付三⧄　二九一六
⧄家口食十四人　二九一七
⧄限米⧄　二九一八
⧄米八斛⧄　二九一九
⧄嘉禾二年還⧄　二九二〇
入平鄉子弟⧄　二九二一
⧄≡嘉禾元年十一月□□⧄　二九二二
⧄禾元年十一月十二日東平丘封□⧄　二九二三
⧄□伍年十八腹心病　二九二四
右俗家口食廿人　⧄　二九二五
右入稅米一百十四斛六斗五升　⧄　二九二六
入小武陵鄉租米十□斛就畢≡嘉禾元年十一月十一日唫丘⧄　二九二七
⧄妻□年五十筭一　子男廟年六歲　二九二八
入西鄉佃吏租米五斛七斗冑畢≡嘉禾元年十一月⧄　二九二九
⧄　十一月廿六日右田曹⧄　二九三〇
⧄□年五歲　⧄　二九三一
入平鄉佃卒限米⧄　二九三二
⧄禾元年十一月六⧄　二九三三
入廣成鄉米卅七斛五⧄　二九三四
入西鄉帥子弟限米三⧄　二九三五
入小武陵鄉稅米⧄　二九三六
⧄日上䒳丘鄭□付三⧄　二九三七
⧄米四斛五斗冑畢≡嘉⧄　二九三八
⧄筭一腫兩足　子男播年十一　二九三九
⧄　□男弟揚年五歲　二九四〇
□□鄉稅米十三斛一斗冑畢≡嘉⧄　二九四一
⧄　宣妻大女如年廿□　⧄　二九四二
入平鄉稅米卅二斛二斗冑米畢≡⧄　二九四三
⧄　中　訾　⧄　二九四四
入平鄉郡卒限米十斛⧄　二九四五
出倉吏黃諱潘慮……⧄　二九四六
⧄興（?）付三州倉吏谷漢受中　二九四七
【注】「中」爲朱筆迹。
入東鄉稅米十□斛□□⧄　二九四八
入東鄉稅米十六斛四□⧄　二九四九
⧄□付三州倉吏谷漢受　二九五〇
⧄户人公乘仨□年⧄　二九五一
⧄□□限米十八斛≡⧄　二九五二
入樂鄉元年……⧄　二九五三
入廣成鄉私學米三斛冑畢≡嘉禾元年十⧄　二九五四
⧄□斗冑畢≡嘉禾元年十一月十日□丘□⧄　二九五五
⧄　□男弟省年九歲　二九五六
入西鄉吏米卅二斛三斗五升冑畢≡嘉禾元年⧄　二九五七
⧄　規男弟億年七歲　億⧄　二九五八
⧄□米卅六斛一斗□升　⧄　二九五九
⧄日主庫吏殷連白　二九六〇
富貴里户人公乘□□⧄　二九六一
右普（?）家口食⧄

☐男五女三　☐　二九六二
入☐鄉税米三斛一斗胄畢㕦嘉禾元☐　二九六三
入平鄉税米廿七斛五斗胄畢☐　二九六四
入☐鄉子弟限米六斛　胄畢㕦嘉☐　二九六五
☐☐男弟伯年三歲　二九六六
☐……足　子女思年十三　二九六七
☐　☐弟☐年五歲　二九六八
☐　右趙家口食三人　其☐　二九六九
☐……胄畢㕦嘉禾元年十一月☐☐☐　二九七〇
☐　訾　五　十　二九七一
入東鄉税米☐斛六斗　㕦嘉禾元年十一月☐☐日☐　二九七二
右謙家口食☐　二九七三
入平鄉佃吏限米十斛☐　二九七四
☐　胄畢㕦嘉禾元年十☐　二九七五
入廣成私學米十斛七斗胄☐　二九七六
【注】「廣成」下脱「鄉」字。
☐月十二日專丘吏鄧回付三州☐　二九七七
☐戸入公乘番☐年五十四☐　二九七八
☐☐㕦嘉禾元年十一月十日下☐丘☐　二九七九
☐　妻妾年五十筭一　二九八〇
☐　子男棨年五歲　棨男弟正年二歲　二九八一
☐年十八苦風病　二九八二
☐妻生年卅九　二九八三
・右諸鄉入私學限米六百八斛☐☐☐　二九八四
入廣成鄉私學限米五斛九斗胄畢㕦嘉禾☐　二九八五
入廣成鄉子弟限米十斛胄米畢㕦嘉☐　二九八六
☐　☐妻妾囷☐　二九八七
☐限米三斛三斗四升☐　二九八八
入小武陵鄉税米一斛胄☐　二九八九
☐　齊（？）小妻大女姑年廿踵左足　二九九〇
入廣成鄉租米一斛胄畢㕦嘉☐　二九九一
☐兵曹史黄☐白　二九九二
入東鄉税米五斛一斗胄畢㕦嘉☐　二九九三
☐　中　☐　二九九四
【注】「中」爲朱筆迹。
益男弟☐　二九九五
入廣成鄉佃吏限米二斛☐　二九九六
☐　訾　五　十　二九九七
入東鄉税米☐斛胄畢㕦嘉禾元年☐　二九九八
☐到書事　十一月四日中賊曹史郭邁白　二九九九
☐☐付三州倉吏谷漢受　三〇〇〇
☐圍董基付三州倉吏鄭黑受　三〇〇一
入☐鄉税米五斛五斗二升胄畢☐　三〇〇二
富貴里户人公乘文和年☐☐　三〇〇三
☐病　賓弟公乘次年九歲聾☐☐　三〇〇四
☐元年十一月十七日彈溲丘鄧動付☐　三〇〇五
☐米九斛胄畢㕦嘉禾元年十一月八日肥豨☐　三〇〇六
☐米三斛胄畢㕦嘉禾元年十一月廿八日上☐　三〇〇七
妻大女如年十☐　☐☐大女☐年廿　三〇〇八
能妻大女☐年☐　能弟仕伍常（？）年十刑右足　三〇〇九
☐　建女弟忽年卅筭一　三〇一〇
☐六斗胄米畢㕦嘉禾元年十一月十四日下巾丘朱屏付三州倉吏谷
漢受中　三〇一一
【注】「中」爲朱筆迹。
☐　妻大女虫年卅二筭一　惦男弟亭年十五刑☐足　三〇一二
☐　☐女弟進年四歲　進男弟白年三歲　三〇一三

☒𦈡嘉禾元年十一月廿一日上□丘大男□□付三州倉吏谷漢受中　三〇一四
【注】「中」爲朱筆迹。
☒……九匹九尺五寸　三〇一五
☒拓年十六　三〇一六
☒應年五歲　三〇一七
☒弟姐年十三　☒　三〇一八
☒五十筭一　三〇一九
☒　・右舊家☒　三〇二〇
☒元年十一月四日東丘☒　三〇二一
☒弟仕伍□年七歲☒　三〇二二
☒□胄畢𦈡嘉☒　三〇二三
入桑鄉郡卒限米四☒　三〇二四
☒□偉□石☒　三〇二五
☒□雜米五千一百卅　三〇二六
☒斛　胄畢𦈡嘉禾元年十一月五日下□☒　三〇二七
☒　中　三〇二八
入小武陵鄉稅米三斛三斗胄畢𦈡嘉禾元年十一月……☒　三〇二九
☒吏師……　三〇三〇
☒九日區丘男子□□關邸閣董基付三州倉吏鄭黑受☒　三〇三一
☒……關邸閣董基付三州倉吏鄭黑受　三〇三二
☒　胄　畢𦈡嘉禾元年十一月八日中□☒　三〇三三
☒□付三州倉吏谷漢受　三〇三四
☒萌子公乘□年廿三送□　三〇三五
出小武陵鄉☒　三〇三六
☒漢受☒　三〇三七
☒斛胄米畢☒　三〇三八
☒胄畢𦈡嘉禾☒　三〇三九
☒　虎女弟葨年二□☒　三〇四〇
入南鄉稅米三斛五斗胄畢𦈡☒　三〇四一
☒稅米六斛六斗胄畢𦈡嘉禾元☒　三〇四二
☒十一斛胄☒　三〇四三
☒□鄉……☒　三〇四四
☒　筭一　☒　三〇四五
☒弟賫年八歲☒　三〇四六
入□鄉子弟限☒　三〇四七
☒年十一月十八☒　三〇四八
☒武陵鄉稅米廿斛☒　三〇四九
☒□付三州☒　三〇五〇
入桑鄉□☒　三〇五一
入桑鄉佃吏☒　三〇五二
入廣成鄉私學☒　三〇五三
☒筭一　☒　三〇五四
☒□□仕伍仁年……☒　三〇五五
民男子許實年☒　三〇五六
☒吏谷漢☒　三〇五七
☒年七歲聾耳☒　三〇五八
入小武陵鄉稅米☒　三〇五九
・右奴家口☒　三〇六〇
☒囊年七十一刑□☒　三〇六一
☒畢𦈡嘉禾元年十一月十日☒　三〇六二
☒年卌七　☒　三〇六三
☒□年廿一　三〇六四
☒十四（？）　三〇六五
☒……庫吏……☒　三〇六六
☒筭一　三〇六七

入桑鄉稅米一斛五升胄畢𡗗嘉禾元☐　三〇六八
入東鄉稅米二斛胄畢𡗗嘉禾元年☐　三〇六九
入廣成鄉私學限米廿五斛就畢𡗗嘉☐　三〇七〇
入平鄉佃吏☐　三〇七一
☐限米三斛胄☐　三〇七二
☐鄉子弟限米五斛☐　三〇七三
☐　力妻大女□☐　三〇七四
☐　一百　三〇七五
☐筭一　☐　三〇七六
☐佃吏限米九十五斛　☐　三〇七七
☐男弟當年七歲　☐　三〇七八
·集凡新造里魁黃如領吏民五□□☐　三〇七九
☐□年田踵兩足　三〇八〇
☐□付三州倉吏谷漢受　三〇八一
☐武陵鄉租米二斛五升胄畢𡗗嘉禾☐　三〇八二
☐三州倉吏谷漢受　三〇八三
☐……仕伍□年七歲☐　三〇八四
☐□縣吏米若付☐　三〇八五
☐年十一月九日☐　三〇八六
☐年七歲　三〇八七
☐嘉禾元年十一月廿日漂☐　三〇八八
入廣成鄉私學限米五斛三□☐　三〇八九
☐弟仕伍□年四歲雀右手　三〇九〇
☐□□年六十七　苦腹心病　☐　三〇九一
☐　蓋子女音（？）年六歲　三〇九二
☐　婢（？）弟公乘條年卌二給郡吏　☐　三〇九三
☐嘉禾元年□☐　三〇九四
☐橋（？）子仕伍禮年十三腹心病　三〇九五
☐鄉元年布六匹三☐　三〇九六
☐閣董基☐　三〇九七
☐日領山丘□☐　三〇九八
☐谷漢受　中　三〇九九

【注】「中」爲朱筆迹。

☐□丘鬉兒付☐　三一〇〇
入桑鄉子弟米☐　三一〇一
☐□妻思年六□☐　三一〇二
入廣成鄉☐　三一〇三
☐嘉禾元年☐　三一〇四
☐三州倉☐　三一〇五
☐租米十三斛五斗𡗗嘉禾元年十一月十二日☐　三一〇六
☐　右尌家口食五人　☐　三一〇七
☐　日弟仕伍□年歲☐　三一〇八
嘉禾四年廣成里户人公乘☐　三一〇九
☐日夫與丘黃☐　三一一〇
☐准一十三斛一☐　三一一一
☐一日專丘☐　三一一二甲
☐小武陵鄉☐　三一一二乙
☐稅米一☐　三一一三
入廣成鄉☐　三一一四
入東鄉稅米☐　三一一五
入平鄉叛士限☐　三一一六
☐□年四歲☐　三一一七
·右□家口食☐　三一一八
☐□年布卅四匹　☐　三一一九
入□□鄉稅米□斛二斗□畢𡗗……☐　三一二〇

【注】簡三一二〇至三一九三出土時原爲一坨，揭剥順序參見《揭剥位置示意圖》

圖十三。

☒⿱三乂嘉禾元年十一月□一日……付三州倉吏谷漢受　三一二一

入桑鄉租米三斛六斗胄畢⿱三乂嘉禾元年十一月廿日沱丘縣吏殷連付
三州倉吏谷漢受　三一二二

☒斛三斗　胄畢⿱三乂嘉禾元年十一月□□日……黄付三州倉吏谷漢
受　三一二三

☒⿱三乂嘉禾元年十一月廿六日周丘郡吏劉文付三州倉吏谷漢受☒
　右入税米五十二斛□升　三一二四

入□鄉税米八斛六斗胄畢⿱三乂嘉禾元年十一月十二日上俗丘張□付　三一二五
三州倉吏谷漢受　三一二六

☒嘉禾元年十一月廿一日函丘番圭付三州倉吏谷漢受　中　三一二七

【注】「中」爲朱筆迹。

☒四斗五升胄米畢⿱三乂嘉禾元年十一月十三日□丘朱倉付三州倉吏
谷漢受中　三一二八

【注】「中」爲朱筆迹。

入□鄉税米……斗胄畢⿱三乂嘉禾元年十一月□日□丘男子□頂付三
州倉吏谷漢受☒　三一二九

入平鄉税米三斛□□⿱三乂嘉禾元年十一月五日□丘男子□謝付三州
倉吏谷漢受　三一三〇

入平鄉税米四斛三斗⿱三乂嘉和元年十一月十八日筋竹丘州吏石誌付
三州倉吏谷漢受　中　三一三一

【注】「和」通「禾」。「中」爲朱筆迹。

入平鄉租米二斛五斗胄畢⿱三乂嘉禾元年十一月八日東丘男子潘□付
三州倉吏谷漢受☒　三一三二

入東鄉縣吏鄭湯租米一斛胄畢⿱三乂嘉禾元年十一月九日蒝丘鄭熊付
三州倉吏谷漢受　三一三三

入平鄉米七斛八斗胄米畢⿱三乂嘉禾元年十一月十四日伍社丘男子石
□付三州倉吏谷漢受　三一三四

【注】「米」上或脱字。

入平鄉税米四斛九斗胄畢⿱三乂嘉禾元年十一月五日枯于丘誦（？）
牛付三州倉吏谷漢受　三一三五

☒鄉税米五斛六斗胄畢⿱三乂嘉禾元年十一月十三日阿丘黄□付三州
倉吏谷漢受　三一三六

入東鄉租米一斛二斗胄畢⿱三乂嘉禾元年十一月一日劉里丘大男劉□
付三州倉吏谷漢受中　三一三七

【注】「中」爲朱筆迹。

☒⿱三乂嘉禾元年十一月十一日變（？）丘郡吏□健付三州倉吏谷漢
受☒　三一三八

入平鄉税米二斛胄畢⿱三乂嘉禾元年十一月十二日伯丘石希付三州倉
吏谷漢受　三一三九

入平鄉税米八斛六斗胄畢⿱三乂嘉禾元年十一月一日僕丘男子𡈼非付
三州倉吏谷漢受　三一四〇

☒租米二斛五斗胄畢⿱三乂嘉禾元年十一月三日湛丘大男趙如付三州
倉吏谷漢受　中　三一四一

【注】「中」爲朱筆迹。

☒鄉租米二斛一斗胄畢⿱三乂嘉禾元年十一月廿五日蒝丘妻茎付三州
倉吏谷漢受　中　三一四二

【注】「中」爲朱筆迹。

入東鄉□吏黄陽限米六斛胄畢⿱三乂嘉禾元年十一月廿五日黄文付三
州倉吏谷漢受　中　三一四三

【注】「廿五日」下脱丘名。「中」爲朱筆迹。

入平鄉税米七斛胄畢⿱三乂嘉禾元年十一月廿日監沱丘大男𢘥□頂付三
州倉吏谷漢受　三一四四

☒嘉禾元年十一月二日□□丘郡吏□□付三州倉吏谷漢受　三一四五

☒小武陵鄉税米二斛胄米畢⿱三乂嘉禾元年十一月四日下象（？）丘

趙宜付三州倉吏谷漢受　中　三一四六

【注】「中」爲朱筆迹。

入小武陵鄉税米三斛二斗冑米畢𡘋嘉禾元年十一月一日戲丘謝妾付三州倉吏谷漢受中　三一四七

【注】「中」爲朱筆迹。

☑小武陵鄉税米十四斛六斗冑米畢𡘋嘉禾元年十一月一日上戲丘謝難付三州倉吏谷漢受　中　三一四八

【注】「中」爲朱筆迹。

☑……　三一四九

【注】僅剩極殘筆，無法辨識。

入平鄉租米四斛四斗冑米畢𡘋嘉禾元年十一月十二函丘朱（？）常付三州倉吏谷漢受　三一五〇

【注】「十二」下脱「日」字。

入桑鄉税米十八斛　冑畢𡘋嘉禾元年十一月一日夫與丘郭溥付三州倉吏谷漢受　三一五一

入桑鄉税米五斛五斗九升冑米畢𡘋嘉禾元年十一月八日平樂丘男子李念付三州倉吏谷漢受　三一五二

入東鄉租米七斛二斗冑畢𡘋嘉禾元年十一月七日帝丘趙□付三州倉吏谷漢受　三一五三

入平鄉租米三斛六斗冑畢𡘋嘉禾元年十一月三日專丘謝仨付三州倉吏谷漢受　三一五四

☑□鄉税米十一斛冑畢𡘋嘉禾元年十一月八日夫與丘黄若付三州倉吏谷漢受　三一五五

☑十一月十八日阿丘李□付三州倉吏谷漢受　三一五六

☑入小武陵鄉税米廿八斛冑米畢𡘋嘉禾元年十一月二日平支丘劉錢付三州倉吏谷漢受☑　三一五七

入東鄉租米二斛五斗𡘋嘉禾元年十一月卅日𫊸丘鄧著付三州吏谷漢受　☑　三一五八

【注】「州」下脱「倉」字。

入小武陵鄉税米二斛四斗冑畢𡘋嘉禾元年十一月二日吴丘鄧長付三州倉吏谷漢受　三一五九

入小武陵鄉税米十斛二斗冑畢𡘋嘉禾元年十一月廿二日平支丘朱驚付三州倉☑　三一六〇

【注】右側尚見「……支丘朱驚付三州倉吏」左側殘筆。

入小武陵鄉税米三斛冑畢𡘋嘉禾元年十一月五日余元丘烝焉付三州倉吏谷漢受　三一六一

入小武陵鄉税米七斛五斗冑畢𡘋嘉禾元年十一月十一日中落丘吴事付三州倉吏谷漢受☑　三一六二

入小武陵鄉税米一斛三斗五升𡘋嘉禾元年十一月五日相丘謝□付三州倉吏谷漢受　三一六三

入小武陵鄉税米□斛五斗冑畢𡘋嘉禾元年十一月……☑　三一六四

☑……付三州倉吏谷漢受　三一六五

・右入租米一百八十斛九斗七升八合　三一六六

入小武陵鄉税米十七斛八斗就米畢𡘋嘉禾元年十一月五日畱□丘烝貴付三州倉吏谷漢受　三一六七

入小武陵鄉税米五斛八斗就畢𡘋嘉禾元年十一月八日平支丘大男劉倉付三州倉吏谷漢中受　三一六八

【注】「中」字朱筆壓在「漢受」二字之上。

入桑鄉租米一斛冑畢𡘋嘉禾元年十一月十二日東平丘縣吏五訓付三州倉吏谷漢受　中　三一六九

【注】「中」爲朱筆迹。

☑……付三州倉吏谷漢受　三一七〇

☑陵鄉税米三斛四升就畢𡘋嘉禾元年十一月十一日戲丘大女謝妾付三州倉吏谷漢受　三一七一

入小武陵鄉税米四斛冑畢𡘋嘉禾元年十一月□日中落丘□□付三州倉吏谷漢受　三一七二

入小武陵鄉稅米一斛□斗胄畢𦤎嘉禾元年十一月十二日□丘大女□□付三州倉吏谷漢受☐　三一七三
入小武陵鄉稅米一斛胄畢𦤎嘉禾元年十一月二日蒲空丘陳胡付三州倉吏谷漢受　中　三一七四
【注】「中」爲朱筆迹。
☐陵鄉稅米七斛三斗胄畢𦤎嘉禾元年十一月三日□丘廖□付三州倉吏谷漢受　三一七五
入平鄉租米三斛七升八合胄畢𦤎嘉禾元年十一月廿三日栗丘男子烝山付三州倉吏谷漢受☐　三一七六
☐二斗胄畢𦤎嘉禾元年十一月□日□丘□□付三州倉吏谷漢受　三一七七
入小武陵鄉稅米七斛胄畢𦤎嘉禾元年十一月十一日岑（？）丘男子陳金付三州倉吏谷漢受　三一七八
入小武陵鄉稅米八斛三斗胄畢𦤎嘉禾元年十一月十六日松杭丘大男謝買付三州倉吏俗漢受　三一七九
【注】「俗」通「谷」。
☐陵鄉稅米六斛胄畢𦤎嘉禾元年十一月十一日□□丘石□付三州倉吏谷漢受　三一八〇
☐□陵鄉稅米十三斛九斗胄畢𦤎嘉禾元十一月五日領下丘州吏吳宣付三州倉吏谷漢受中　三一八一
【注】「元」下脫「年」字。「中」爲朱筆迹。
入小武陵鄉稅米五斛五斗胄米畢𦤎嘉禾元年十一月五日余元丘烝焉付三州倉吏谷漢受　中　三一八二
【注】「中」爲朱筆迹。
☐陵鄉稅米四斛五斗胄畢𦤎嘉禾元年十一月十一日下象丘李民付三州倉吏谷漢受　中　三一八三
【注】「中」爲朱筆迹。
☐鄉稅米六斛胄畢𦤎嘉禾元年十一月十五日下象丘烝斗付三州倉吏谷漢受　三一八四
☐……𦤎嘉禾元年十一月□日□□丘□□付三州倉吏谷漢受　中　三一八五
【注】「中」爲朱筆迹。
・右入租米卌九斛　☐　三一八六
入□□鄉……元年十一月廿六日□□丘黃□□☐吏谷漢受☐　三一八七
入東鄉租米二斛五斗胄畢𦤎嘉禾元年十一月九日大田丘州吏烝□付三倉吏谷漢☐　三一八八
【注】「三」下脫「州」字。
入桑鄉租米五斛　胄畢𦤎嘉禾元年十一月三日下無（？）丘劉平付三州倉吏谷漢☐　三一八九
☐𦤎嘉禾元年十一月十七日區丘男子石怙付三州倉吏谷漢受　三一九〇
☐𦤎嘉禾元年十一月十二日□丘□金付三州倉吏谷漢受　三一九一
☐嘉禾元年十一月九日上䢴丘鄭南付三州倉吏谷漢受　三一九二
入東鄉吏烝贇租米十一斛胄畢𦤎嘉禾元年十一月廿七日谷□丘連□☐　三一九三
☐斛胄畢𦤎嘉禾二年十月廿七日造（？）丘黃得關邸閣董基付倉吏☐　三一九四
☐斗胄畢𦤎嘉禾元年十一月廿日高樓丘烝凌付三州倉吏谷漢受　三一九五
出米五斛雇男子沅香布賈　三一九六
☐胄畢𦤎嘉禾元年十一月廿三日下□丘番省付三州倉吏谷漢受中　三一九七
【注】「中」爲朱筆迹。
☐……董南□民入連年和……☐　三一九八
入東鄉稅米十八斛三斗胄米畢𦤎嘉禾元年十一月三日上利丘男子烝凌☐　三一九九
☐□年□十九　三二〇〇

☒□和基領㳄米□斛欲塞言訖今　三二〇一
☒年十一月廿八日□□丘□胡付三州倉吏谷漢受☒　三二〇二
☒禾元年十一月十一日□□丘□□付三州倉吏谷☒　三二〇三
☒冑畢〼嘉禾元年十一☒　三二〇四
入□鄉子弟限☒　三二〇五
☒□貸食嘉禾元年税米一☒　三二〇六
☒禾元年十一月九日區丘☒　三二〇七
入桑鄉租米一斛畢〼☒　三二〇八
【注】「畢」前當脱「冑」或「就」字。
☒税米十六斛冑畢〼嘉禾元年十一月☒　三二〇九
入東租米七斛冑畢〼嘉禾☒　三二一〇
【注】「東」下脱「鄉」字。
·其三斛吏信外備黄武五☒　三二一一
入廣成鄉租米十七斛九斗就畢〼嘉禾元年十一月十二日☒　三二一二
☒……□秼糧　三二一三
入東鄉税米卅五斛六斗冑畢〼嘉禾元年十一月十九日☒　三二一四
入廣成鄉租米四斛冑米畢〼嘉禾元年十一月四☒　三二一五
入東鄉税米廿二斛五斗　〼嘉禾元年十一月☒　三二一六
☒縣吏長沙□□年卌八　☒　三二一七
☒漢受☒　三二一八
入小武陵鄉□☒　三二一九
☒基付倉吏鄭☒　三二二〇
☒日□丘谷杋付三州☒　三二二一
入小武陵鄉税米七斛☒　三二二二
☒冑畢〼嘉禾二年十二月……丘縣吏……☒　三二二三
☒儀關邸閣董基付三州倉吏鄭黑受☒　三二二四
☒□　□嘉禾元年吏子弟限米卅斛□斗五升　三二二五
☒……米六斛冑畢〼嘉禾元年十一月廿☒　三二二六

入□鄉州吏黄楊租米五斛五斗冑米畢〼嘉禾元☒　三二二七
【注】可與三二二八簡綴合，居上。
☒年十一月十日領下丘大男烝貴（？）付三州倉吏谷漢☒　三二二八
【注】可與三二二七簡綴合，居下。
☒□謡集所□將吏士　三二二九
☒米七斛冑米畢〼嘉禾元年十一月☒　三二三〇
入平鄉租米四斛一斗冑畢〼☒　三二三一
入小武陵鄉税米☒　三二三二
☒月一日上和丘男子☒　三二三三
入桑鄉備私學限米☒　三二三四
☒米五斛七斗三升冑☒　三二三五
入西鄉税米七斛一☒　三二三六
☒畢〼嘉禾元年十一月卅日☒　三二三七
入□鄉租米十四□一斗□畢〼嘉禾☒　三二三八
☒斛五斗冑畢〼嘉禾二年十月廿五日租下丘大男黄□關邸閣董基付三州倉吏鄭黑受　三二三九
☒□斛冑畢〼嘉禾元年十一月廿一日𨛍丘大男黄敢付三州倉吏谷漢受　中　三二四〇
【注】「中」爲朱筆迹。
其卅八斤直四千　☒　三二四一
☒米二百六十七斛雇監丁虘布價　三二四二
其六斛司馬黄升黄龍□☒　三二四三
☒□五斗付倉吏李金黄諱鄭黑等☒　三二四四
☒□斛冑畢〼嘉禾元年十一月五日……☒　三二四五
☒三州倉吏谷☒　三二四六
☒禾元年十☒　三二四七
入平鄉税米☒　三二四八
☒税米七斛□☒　三二四九

⧄……十一月廿五日□⧄　三二五〇
⧄付三州倉吏谷漢⧄　三二五一
⧄□入民所貸嘉禾元年……⧄　三二五二
右廣成鄉入民所貸嘉禾元年稅米五十一斛⧄　三二五三
⧄□事　五月十日録事書佐呂承封　三二五四
⧄鄉入民所貸嘉禾元年稅米卌三斛五斗　三二五五
⧄三州倉起嘉禾三年八月一日訖卅日受嘉禾二年民所貸⧄　三二五六
⧄□付三州倉起□月一日訖卅日受嘉禾二年⧄　三二五七
入□鄉嘉禾元……民所貸嘉禾元年稅米一斛𠄡嘉禾二年十二⧄　三二五八
⧄月一日寇丘鄧動□⧄　三二五九甲
⧄嘉禾元年　……𠄡嘉⧄　三二五九乙
入東鄉租米⧄　三二六〇
⧄地耕種米⧄　三二六一
入桑鄉叛士限⧄　三二六二
⧄𠄡嘉禾元年⧄　三二六三
⧄稅米一斛二斗胄畢⧄　三二六四
入樂鄉新吏限米⧄　三二六五
⧄付三州倉吏谷漢受　三二六六
⧄嘉禾元年吏帥客米□十四斛　三二六七
⧄東□丘雷遠關邸閣董基付倉吏谷漢受　三二六八
入東鄉稅米十四斛二斗胄畢𠄡嘉⧄　三二六九
⧄十一月十日奇渡丘大女何倩付三州倉⧄　三二七〇
⧄關邸閣董基付三州倉吏谷⧄　三二七一
入□鄉□米六斛五斗𠄡嘉禾⧄　三二七二
入東鄉稅米十五斛胄畢𠄡⧄　三二七三
⧄六斛胄畢𠄡嘉禾二年⧄　三二七四
⧄□公乘陳（？）□年□⧄　三二七五
⧄付三州倉吏谷漢受中　三二七六
【注】「中」爲朱筆迹。
⧄元年十一月廿一日石唐丘男子李⧄　三二七七
⧄以户下奴自代如故　三二七八
入東鄉稅米卌斛二斗胄⧄　三二七九
⧄□丘蔡勇付三州倉吏谷⧄　三二八〇
入桑鄉稅米……𠄡嘉禾元年十一⧄　三二八一
⧄董基付三州倉吏鄭黑受　三二八二
⧄年十一月廿一日渚丘虞叻付三州倉⧄　三二八三
・右西鄉入民所貸⧄　三二八四
⧄關邸閣董基付倉吏谷漢受　三二八五
⧄□租應請連傳本　三二八六
⧄嘉禾二年租稅雜米一萬一□⧄　三二八七
⧄餘二千七百　三二八八
⧄□年田□荆右手　⧄　三二八九
⧄受嘉禾二年民所貸嘉⧄　三二九〇
⧄基付三州倉吏鄭黑受　三二九一
⧄……𠄡嘉禾二年十月廿八日石下丘□□⧄　三二九二
入東鄉稅米三斛七斗胄畢𠄡⧄　三二九三
⧄禾二年十月廿六日柚丘吳曼關邸閣董基⧄　三二九四
入平鄉叛士限⧄　三二九五
入樂鄉子弟限米三斛⧄　三二九六
⧄三州倉吏谷漢受⧄　三二九七
入□鄉稅米十一斛□⧄　三二九八
⧄青米畢𠄡嘉禾元年⧄　三二九九
入平鄉吏謝威子弟⧄　三三〇〇
入小武陵鄉稅米十七⧄　三三〇一
入　西鄉稅米三斛胄畢⧄　三三〇二

☑基付三州倉吏鄭黑受 三三〇三
☑斗胄畢𠄡嘉禾元☑ 三三〇四
☑禾元年□鄉租米□☑ 三三〇五
☑二日高樓丘壬□☑ 三三〇六
☑日盡丘番□☑ 三三〇七
☑二斛四斗胄畢𠄡嘉禾☑ 三三〇八
入桑鄉元☑ 三三〇九
☑限米三斛☑ 三三一〇
☑三州倉吏谷☑ 三三一一
☑□米□三斛胄畢☑ 三三一二
☑鄉稅米七斛胄☑ 三三一三
□請布訖□☑ 三三一四
入平鄉稅米廿一斛七斗□□☑ 三三一五
☑年十一月十二日☑ 三三一六
☑倉吏谷漢☑ 三三一七
入小武陵鄉☑ 三三一八
☑倉吏谷漢☑ 三三一九
☑𠄡嘉禾二年☑ 三三二〇
☑吏烝牛租米二斛☑ 三三二一
入小武陵鄉稅米☑ 三三二二
☑米三□☑ 三三二三
☑乘慎年卅 ☑ 三三二四
☑米十一☑ 三三二五
☑十四斛☑ 三三二六
☑更黃☑ 三三二七
☑州倉吏☑ 三三二八
☑付三州倉吏谷漢受 三三二九
☑斛民還二年所貸□□ ☑ 三三三〇

☑關邸閣董基付倉吏鄭黑受 三三三一
☑鄉稅米三斛□畢𠄡嘉☑ 三三三二
入東鄉稅米二斛四斗□□☑ 三三三三
☑百爲入威☑ 三三三四
入東鄉州☑ 三三三五
男子□□☑ 三三三六
☑□吏范□☑ 三三三七
入樂鄉子弟限米☑ 三三三八
入□鄉稅米三斛胄☑ 三三三九
☑□具言 ☑ 三三四〇
☑齊（？）旨文□黃龍元年……七萬□□☑ 三三四一

【注】簡三三四一至三四一七出土時原爲一坨，揭剥順序參見《揭剥位置示意圖》圖十四。

☑…… 三三四二

【注】字迹已磨滅。

☑畢𠄡嘉禾二年十二月廿五日吴丘烝困關邸閣董基付三州倉吏鄭黑受 三三四三
☑□關邸閣董基付倉吏鄭黑受 三三四四
……☑ 三三四五

【注】字迹已磨滅。

☑禾二年民所貸嘉禾…… 三三四六
☑月十三日窟丘大男雷𨛬關邸閣董基付三州倉吏鄭黑受 三三四七
☑斛六斗胄畢𠄡嘉禾二年十二月六日區丘鄭管關邸閣董基付三州倉吏鄭黑受 三三四八
☑𠄡嘉禾二年十一月廿二日劉里丘劉莘（？）關邸閣董基付三州倉吏鄭黑受 三三四九
☑𠄡嘉禾二年十月卅日旁丘烝佺關邸閣董基付倉吏鄭黑受 三三五〇
☑□畢𠄡嘉禾二年十一月廿三日□丘黃郅關邸閣董基付倉吏鄭黑

受　三三五一

☐𠄠嘉禾二年十一月廿六日□丘□□關邸閣董基付倉吏鄭黑受　三三五二

☐𠄠嘉禾二年十一月十六日楊溲丘郭生（？）關邸閣董基付三州
倉吏鄭黑受　三三五三

☐禾二年十一月十六日□倿丘□恖關邸閣董基付三州倉吏鄭黑受　三三五四

☐……事（？）　三三五五

【注】有多字殘筆，未能確認。

☐……基□倉吏□□受　三三五六

☐閣董基付三州倉吏鄭黑受　三三五七

☐閣董基付三州倉吏鄭黑受　三三五八

☐□限米□百一斛二斗　三三五九

☐□月十七日惕丘烝咄關邸閣董基付三州倉吏鄭黑受　三三六〇

☐𠄠嘉禾二年十月廿九日中落丘謝□關邸閣董基付三州倉吏鄭
黑受　三三六一

☐鄉□還米三斛六斗冑畢𠄠嘉禾二年十月十七日筋竹丘石誌關邸
閣董基付三州倉吏鄭黑受　三三六二

☐冑畢𠄠嘉禾二年十月十八日風丘鄧溜關邸閣董基付三州倉吏鄭
黑受　三三六三

☐謝德關邸閣董基付三州倉吏鄭黑受　三三六四

☐八日東丘烝炭關邸閣董基付三州倉吏鄭黑受　三三六五

☐關邸閣董基付倉吏鄭黑受　三三六六

☐丑冑畢𠄠嘉禾二年十一月廿三日困丘……閣董基付三州倉吏鄭
黑受　三三六七

☐民還雜米一百八十五斛九斗一升五合　三三六八

☐五升冑畢𠄠嘉禾二年十一月廿九日劉里丘烝近關邸閣董基付倉
吏鄭黑受　三三六九

☐民所貸嘉禾元年私學限米廿三斛　三三七〇

☐……斛一斗冑畢𠄠嘉禾二年十月廿三日平樂丘男子……基付
……受　三三七一

☐男郭作關邸閣董基付倉吏谷漢受　三三七二

☐□□關邸閣董　三三七三

☐董基付倉吏鄭黑受　三三七四

☐十月八日監沱丘菍□關邸閣董基付三州倉吏谷漢受　三三七五

☐……冑畢𠄠嘉禾二年……☐　三三七六

☐冑畢𠄠嘉禾二年十月三日石下丘大男盧□關邸閣董基付三州倉
吏鄭☐　三三七七

☐米二斛冑畢𠄠嘉禾二年十一月廿八日空……須關邸閣董基付倉
吏谷漢受　三三七八

☐□□所貸嘉禾元年稅米五十斛　三三七九

☐關邸閣董基付三州倉吏谷漢受　三三八〇

☐……　三三八一

【注】簡面烏黑，字迹已漫漶不清。

☐貸嘉禾元年稅米□□斛……☐　三三八二

☐日丈丘烝得關邸閣董基付三州倉吏鄭黑受　三三八三

【注】「鄭黑受」筆畫多重疊。

☐□關邸閣董基付三州倉吏谷漢受　三三八四

☐入民所貸嘉禾元年稅米卅八斛三斗五升　三三八五

☐□六斛八升　三三八六

☐□關邸閣董基付倉吏谷漢受☐　三三八七

☐米十二斛冑畢𠄠嘉禾二年九月廿八日澤丘大男番稟關邸閣董基
付倉吏谷漢受　三三八八

☐□還米卅斛冑畢𠄠嘉禾二年□月十日……☐　三三八九

☐冑畢𠄠嘉禾二年十月十七日劉里丘大男李麦關邸閣董基付三州
倉吏鄭黑受　三三九〇

☒□胄畢≡×嘉禾二年□□月一日□丘大男□□關邸閣董基付三州倉吏谷漢受 三三九一

☒□斛胄畢≡×嘉禾二年九月廿八日東平丘大男□□關邸閣董基付倉吏☒ 三三九二

☒限米一斛就畢≡×嘉禾二年十一月一日辰（？）丘郡☒ 三三九三

【注】「畢」字被壓在合同符筆迹之下。

☒≡×嘉禾二年十月七日□□丘黃養關邸閣董基付三州倉吏谷漢受 三三九四

☒米四斛胄畢≡×嘉禾二年九月廿八日□丘大男毛表關邸閣董基付倉吏谷漢受 三三九五

☒元年和米四斛胄畢≡×嘉禾二年十月十五日亮（？）丘男子□□關邸閣董基付三州倉吏鄭黑受 三三九六

☒　米七斛二斗 三三九七

☒□斛 三三九八

☒禾元年米十一斛…… 三三九九

☒善關□□董基付三州倉吏鄭黑受 三四〇〇

☒……所貸嘉禾元年租米□斛 三四〇一

☒善關邸閣董基付三州倉吏鄭黑受 三四〇二

☒……胄畢≡×嘉禾……男子□軍（？）關邸閣董基付三州倉吏鄭黑受 三四〇三

☒…… 三四〇四

【注】此簡僅剩一行字之右側殘筆，末字或爲「斛」字殘筆迹。

☒基付倉吏鄭黑受 三四〇五

☒……墨……倉吏鄭黑受 三四〇六

☒斛五斗 三四〇七

☒米□斛胄畢≡×嘉禾二年十月廿八日毛丘佃吏☒ 三四〇八

☒閣董基付三州倉吏鄭黑受 三四〇九

☒丘大男李（？）平關邸閣董基付倉吏鄭黑受 三四一〇

☒墨付三州倉吏鄭黑受 三四一一

☒丘謝羊關邸閣董基付倉吏谷漢受 三四一二

☒邸閣董基付三州倉吏鄭黑受 三四一三

☒閣董基付三州倉吏鄭黑受 三四一四

☒謝□關邸閣董基付三州倉吏鄭黑受 三四一五

☒……董基付三州倉吏鄭黑受 三四一六

☒□邸閣董基付倉吏鄭黑受 三四一七

入□鄉租米□斛一斗胄畢≡×嘉禾□年……谷漢受 三四一八

☒元年稅米六斛胄畢≡×嘉禾二年十月廿八日旁丘謝志關邸閣董基付倉吏鄭黑受 三四一九

☒五斛　胄米畢≡×嘉禾元年十一月三日帝丘黃吳付三州倉吏谷漢受 三四二〇

☒米卌一斛□升五合胄畢≡×嘉禾二年十月三日□下丘謝年關邸閣董基付三州倉吏谷漢受 三四二一

·其十二斛五斗……限☒ 三四二二

黃母德年卅八 三四二三

其十一斛三斗民轉折入所□三年吏帥客限僦米 三四二四

□□十一月卅日無所覺□無食乃出於舍後日中卧□便者□□ 三四二五

☒　男子謝洊五斛　男子謝成六斛 三四二六

·右廣成鄉入吏新還……　☒ 三四二七

☒畢≡×嘉禾元年十一月卅日蒖丘□□付三州倉吏谷漢受 三四二八

☒米三斛胄米畢≡×嘉禾二年九月廿八日平溲丘婁忠關邸閣董基付倉吏鄭黑受 三四二九

入平鄉稅米三斛八斗胄畢≡×嘉禾元年十一月廿日栗丘周佃付三州倉吏谷漢受 三四三〇

入小武陵鄉稅米三斛胄畢≡×嘉禾元年十一月三日下象丘拥机付三州倉吏谷漢受 三四三一

入桑鄉稅米九斛胄畢≡×嘉禾元年十一月五日苦竹丘郡吏谷由付三 三四三二

州倉吏谷漢受　三四三二
入平鄉租米一斛胄畢𡗗嘉禾元年十一月……付三州倉吏谷漢受　三四三三
入平鄉租米一斛　胄米畢𡗗嘉禾元年十一月一日杷丘石員付三州
倉吏谷漢受　三四三四
☐□畢𡗗嘉禾元年十一月十四日余元丘朱□付三州倉吏谷漢受中　三四三五
【注】「中」爲朱筆迹。
☐米二斛三斗六升胄畢𡗗嘉禾元年十一月六日區丘婁生付三州倉
吏谷漢☐　三四三六
入桑鄉租米三斛五斗胄畢𡗗嘉禾元年十一月二日沱丘縣吏殷延付
三州倉吏谷漢受　中　三四三七
【注】「中」爲朱筆迹。
出米八斛一斗雇男子程□布賈　三四三八
☐東鄉税米七斛八斗七升胄畢𡗗嘉禾元年十一月三日辜丘鄭南付
三州倉吏谷漢受　中　三四三九
【注】「中」爲朱筆迹。
•右入税米百九斛一斗三升　☐　三四四〇
☐斛五斗胄畢𡗗嘉禾元年十一月十六日暹丘郡吏殷□付三州倉吏
谷漢受　中　三四四一
【注】「中」爲朱筆迹。
☐税米廿斛四斗胄畢𡗗嘉禾元年十一月十六日石□丘□□付三州
倉吏谷漢受中　三四四二
【注】「中」爲朱筆迹。
☐九斗六升五合胄畢𡗗嘉禾元年十一月三日苦丘男子婁金付三州
倉吏谷漢受　三四四三
【注】《走馬樓三國吴簡·竹簡》〔壹〕三五三七簡見「苦竹丘婁金」，此簡或脱「竹」字。
入桑鄉税米十一斛胄畢𡗗嘉禾元年十一月十六日□丘黄濮（？）
付三州倉吏谷漢受　三四四四
入桑鄉租米二斛胄畢𡗗嘉禾元年十一月十七日唐下丘……　三四四五
入平鄉租米四斛一斗𡗗嘉禾元年十一月廿二日專丘謝易付三州倉
吏谷漢受中　三四四六
【注】「中」爲朱筆迹。
入東鄉税米二斛　胄米畢𡗗嘉禾元年十一月九日上利丘男子烝黄
（？）付三州倉吏谷漢受　中　三四四七
【注】「中」爲朱筆迹。
入小武陵鄉税米五斛胄米畢𡗗嘉禾元年十一月二日唅丘大男吴張
付三州倉吏谷☐　三四四八
入平鄉税米二斛五斗五升胄畢𡗗嘉禾元年十一月廿九日監沱丘……　三四四九
☐𡗗嘉禾二年九月三日東平丘男子董根關邸閣董基付三州倉吏谷
漢受　三四五〇
•右入租米六十一斛七斗　三四五一
☐二斗胄畢𡗗嘉禾元年十一月廿七（？）日下頃丘番九付三州倉
吏谷漢受　中　三四五二
【注】「中」爲朱筆迹。
☐胄畢𡗗嘉禾元年十一月十四日新成丘陳承付三州倉吏谷漢受　三四五三
☐年税米□三斛胄畢𡗗嘉禾二年十一月……☐　三四五四
☐動關邸閣董基付吏鄭黑受　三四五五
☐入東鄉税米一斛八斗胄畢𡗗☐　三四五六
☐□種□禾種　☐　三四五七
☐連受☐　三四五八
☐□有關邸閣董☐　三四五九
☐禾元年十一月十九日上利丘男子烝尚付☐　三四六〇
•其十四斛☐　三四六一

三四六二 ☐畢㕣嘉禾元年十一月二日彈溲丘大男☐

三四六三 ☐十三斛胄畢㕣嘉禾元年十一月八日窟丘大男□☐

三四六四 ・右入郡吏弟□☐

三四六五 ☐斛胄畢㕣嘉禾元年十一月六日敷丘男子婁元付三州☐

三四六六 ・其七斗五升子弟……☐

三四六七 ☐所貸嘉禾元年税米十四斛

三四六八 ☐民所貸嘉禾元年租米六斛五斗

三四六九 ☐□吏帥客限米一百八十三斛六斗　☐

三四七〇 ……年廿三　生（？）男弟☐

三四七一 ☐□關邸閣董基付倉吏鄭黑受

三四七二 其三户縣卒　下品

三四七三 出米卅三斛三斗雇魁□陵布賈

三四七四 ☐　出米卅三斛雇魁吴鹿布賈

三四七五 ☐頭歯四歲五月日左角長一尺七寸市卿乘任耕民蔡李☐

三四七六 ☐斛胄畢㕣嘉禾元年十一月廿七日大田丘烝匠付三州倉吏谷漢受

三四七七 十月中被郡移州□勑□□詣州作召□☐

三四七八 其廿三户郡縣吏　其二户　☐

三四七九 入桑鄉租米卅二斛六斗胄米畢㕣嘉禾元年十一月十四日州吏陳曲（？）付三州倉吏谷漢受

三四八〇 ☐厲成鄉□米五斛八斗胄米畢㕣嘉禾元年十一月十二日□□丘大男朱□付三州倉吏谷漢受中

【注】「中」爲朱筆迹。

三四八一 ☐畢㕣嘉禾元年十一月七日廉丘男子陳朔付三州倉吏谷漢受

三四八二 ☐户下品過年佃種遇旱三分收一　㞢貸户三斛先給種一斛

三四八三 ☐　一夫取禾一斛

三四八四 ☐　其廿一斛佃種禾

三四八五 ☐　一夫取禾一斛

三四八六 入東鄉租米六斛□斗胄畢㕣嘉禾元年十一月六日湛丘大男□□付三州倉吏谷漢受　中

【注】「中」爲朱筆迹。

三四八七 ……詎……

【注】字迹已漫漶不清。

三四八八 大男謝熹　一夫取禾一斛

三四八九 ☐□一斛四斗胄畢㕣嘉禾元年十一月五日上□丘男子謝陵付三州倉吏谷漢受

三四九〇 入小武陵鄉税米三斛胄畢㕣嘉禾元年十一月一日淦丘男子周☐

三四九一 ☐嘉禾元年十一月十四日楊丘□□付三州倉吏谷漢受　中

【注】「中」爲朱筆迹。

三四九二 ☐畢㕣嘉禾元年十一月十九日旁丘男子□動付三州倉吏谷漢受

三四九三 ☐畢㕣嘉禾元年十一月二日上□丘楊得付三州倉吏谷漢受中

【注】「中」爲朱筆迹。

三四九四 ☐畢㕣嘉禾元年十一月十一日石唐丘□民付三州倉吏谷漢受中

【注】「中」爲朱筆迹。

三四九五 ☐粻米二斛通合五十九斛

三四九六 ☐胄畢㕣嘉禾元年十一月十八日區丘谷首付三州倉吏谷漢受

三四九七 ☐□嘉禾元年私學限米廿二斛胄畢㕣嘉禾二年十月廿三日上和丘谷嘉關邸閣董基付倉吏鄭黑受

三四九八 ☐□□雜出過時……不得出依公文書應

三四九九 入桑鄉租米三斛三斗胄畢㕣嘉禾元年十一月廿五日利下丘黃賀付三州倉吏谷漢受☐

三五〇〇 ☐嘉禾元年十一月十四日蕒丘陳補付三州倉吏谷漢受

・其四斛四斗民還二年所貸□□☐　三五〇一
☐六斗冑畢𡘋嘉禾元年十一月十二日中象丘謝囷付三州倉☐　三五〇二
☐嘉禾元年十一月卅日上莘丘鄭喜付三州倉吏谷☐　三五〇三
☐禾元年十一月十九日侵丘婁金付三州倉吏谷漢☐　三五〇四
☐下象丘李彭付三州倉吏谷漢受中　三五〇五
【注】「中」爲朱筆迹。
領吏帥客限米七百一十斛　☐　三五〇六
入小武陵鄉税米七斛二斗冑畢𡘋☐　三五〇七
☐𡘋嘉禾元年十一月十二日蒖丘□☐　三五〇八
☐入樂鄉新吏限米十四斛三斗六升冑☐　三五〇九
☐□匆付三州倉吏谷漢受　中　三五一〇
【注】「中」爲朱筆迹。
☐月十三日上莘丘郭喜付三州倉吏谷漢受　三五一一
☐倉丘男子謝龍付三州倉吏谷漢受　中　三五一二
【注】「中」爲朱筆迹。
☐畢𡘋嘉禾元年十一月十四日力田郭厚吴銀付三州倉吏☐　三五一三
☐温作（？）付三州倉吏谷漢受中　三五一四
【注】「中」爲朱筆迹。
☐元年十一月三日上俗丘男☐　三五一五
☐斛八斗九升☐　三五一六
☐米五斛冑畢𡘋☐　三五一七
☐漂丘烝□付三州倉吏谷☐　三五一八
☐年十一月十四日苲丘監陽付三州倉☐　三五一九
☐谷漢受　三五二〇
☐入税米九十三☐　三五二一
入桑鄉私學限☐　三五二二
☐米七斛　冑☐　三五二三
☐三州倉吏谷☐　三五二四
☐倉吏谷漢受　☐　三五二五
☐武陵鄉税米□斛☐　三五二六
☐冑畢𡘋嘉禾元年☐　三五二七
☐𡘋嘉禾元年十一月□日□丘☐　三五二八
☐禾元年十一月七日縣吏鄧☐　三五二九
☐盧岑付三州倉☐　三五三〇
☐四斛一斗冑畢☐　三五三一
☐月十五日泊丘男☐　三五三二
☐禾元年十一月十四日旁丘黄龘付三州倉吏谷漢受　三五三三
・其一千一百卅人男　☐　三五三四
入小武陵鄉税米一斛二斗冑畢𡘋嘉禾元年十一☐　三五三五
☐董基付三州倉吏鄭黑受　三五三六
☐弟烏年卅五　三五三七
入桑鄉税米一斛☐　三五三八
臨湘模鄉五年八億錢☐　三五三九
☐瑋付三州倉吏谷漢受　三五四〇
☐月十二日資丘男子謝韶付☐　三五四一
☐米一斛　☐　三五四二
☐畢𡘋嘉禾元年十二月十二日□□☐　三五四三
其冊一户☐　三五四四
☐𡘋嘉禾元年十一月廿一日把丘吏石益付三州倉吏谷漢受　中　三五四五
【注】「中」爲朱筆迹。
☐□□黄武六年過客限米廿三斛　三五四六
☐畢𡘋嘉禾元年十一月十四日平支丘鄧兔付三州倉吏漢受　中　三五四七
【注】「吏」下脱「谷」字。「中」爲朱筆迹。
爲故倉吏……黄龍元年和……☐　三五四八

入小武陵鄉税米二斛九斗胄米畢𦤎嘉禾元年☑ 三五四九
其廿斛州佃吏邵□☑ 三五五〇
入平鄉税米十五斛七斗胄畢𦤎嘉禾元年☑ 三五五一
☑□付三州倉吏谷漢受 三五五二
入西鄉税米六斛☑ 三五五三
☑𦤎嘉禾元年十一月十四日𨙸丘𨗯□☑ 三五五四
入平鄉税米六斛胄畢𦤎嘉禾元年十一月☑ 三五五五
☑元年十一月十三日寇丘男子□□付三州倉吏谷漢受中 三五五六
入平鄉税米十三斛一斗胄畢𦤎嘉禾元年十一月一日函丘郡吏番圭 三五五七
付三州倉吏谷漢受中

【注】「中」爲朱筆迹。

入西鄉税米卅三斛四斗　胄畢𦤎嘉禾元年十一月十二日麗穴丘毛 三五五八
客付三州倉吏谷漢受
入桑鄉租米四斛一斗胄畢𦤎嘉禾元年十一月一日捿□丘縣吏谷馬 三五五九
付三州倉吏谷漢受中

【注】「中」爲朱筆迹。

入平鄉租米四斛胄畢𦤎嘉禾元年十一月十日上和丘男子謝遠付三 三五六〇
州倉吏谷漢受中

【注】「中」爲朱筆迹。

其卅二斤直三千三百七十五錢 三五六一
大男盧戰　一夫取禾一斛 三五六二
入小武陵鄉税米二斛一斗胄畢𦤎嘉禾元年十一月二日平攴丘吴□
付三州倉☑ 三五六三
言大守丞掾前遣士謝糧價賣官鹽得米二百餘斛在臨湘 三五六四
☑□事　嘉禾元年三月十四日……白 三五六五
□□□錢六千七百時鄉吏谷漢爲縣所雇□□還□□ 三五六六
言邵□□見督軍都尉下□米□行不見不割用猿見頃□ 三五六七
嘉禾四年八月丁未朔　曰臨湘侯相君丞敢言之 三五六八
☑□五十不堪相君敢言……不能□□□ 三五六九

【注】「敢言」之下文字似爲另一種筆迹。

入桑鄉租米八斛七斗一升　胄畢𦤎嘉禾元年十一月十四日□丘大 三五七〇
男谷初付三州倉吏谷漢☑
入桑鄉税米八斛胄畢𦤎嘉禾元年十一月八日阿丘大男殷遲付三州 三五七一
倉吏谷漢受　中

【注】「中」爲朱筆迹。

☑鄉租米五斛胄畢𦤎嘉禾元年十一月五日沮丘男子劉韋付三州倉 三五七二
吏谷漢受　中

【注】「中」爲朱筆迹。

☑税米五斛八斗五升胄畢𦤎嘉禾元年十一月一日余元丘烝馬付三 三五七三
州倉吏谷漢受中

【注】「中」爲朱筆迹。

・右武陵鄉入税米一千四百一十四斛六斗一升 三五七四

【注】「右」下似有「小」字，但筆迹已磨滅。

☑鄉租米三斛三斗胄畢𦤎嘉禾元年十一月廿五日音浭丘州吏陳惪 三五七五
付三州倉吏谷漢受中

【注】「中」爲朱筆迹。

☑・右入税米九十四斛五斗 三五七六
付在所書帶下縣移三州邸閣董基倉吏鄭黑□受 三五七七
其二百卌二斛四斗民受取米去☑ 三五七八
・右税米九十四斛九斗六升　☑ 三五七九
☑慁二歲六月日左角長九寸五分變𩞃色　民蔡劉養 三五八〇
☑□　□　頭寛廣全□家□☑ 三五八一
☑米畢𦤎嘉禾元年十一月一日石丘男子朱頸（?）付三州倉吏谷
漢受 三五八二
☑□　閏月六日都典掾烝□白 三五八三
右□人佃奴各一人合七人 三五八四
官告兼中部勸農督郵書掾王偉𨙸□ 三五八五

⧄□兄子操年□□　……乘胶年廿五　三五八六

⧄□䘵妻公民□辞炣今月□合卒得頭□□　三五八七

⧄年十一月一日苦竹丘大男張况付三州倉吏谷漢受　三五八八

⧄府書科令　⧄　三五八九

縣吏□喜　兄渠年卌一　□入□吏……　三五九〇

⧄……〓嘉禾元年十一月廿□日上□丘谷□付三州倉吏谷漢受　三五九一

鄉勸農掾錢銧應備入　⧄　三五九二

□當以□入死罪受罪實當所從記到衛促縣攝宛等　三五九三

黄牯牛一頭齒四歲　月日左角長一尺變烝栗色任耕民謝張養　三五九四

……已佃種下種已訖小見威佃已訖今更奏辞求還　三五九五

大男烝衆　一夫取禾一斛　三五九六

⧄年入民所貸嘉禾元年税米卌一斛九斗三升五合　三五九七

⧄月十一日𧄼丘子弟黄孫付三州倉吏谷漢受　中　三五九八

【注】「中」爲朱筆迹。

入西鄉税米五斛……嘉禾元年十一月……⧄　三五九九

⧄還所貸食嘉禾元年租米一斛冑畢〓嘉禾二年十月廿六日上囷丘
石狗關⧄　三六〇〇

⧄……付三州倉吏谷漢受　中　三六〇一

【注】「中」爲朱筆迹。

⧄七斛三斗冑畢〓嘉禾元年十一月九日……⧄　三六〇二

入吏……吏粻米卅一斛　三六〇三

⧄元年十一月五日僕丘苗謝付三州⧄　三六〇四

⧄　冑米畢〓嘉禾元年十一月廿三日□丘□⧄　三六〇五

⧄日岑丘□□付三州倉吏谷漢受⧄　三六〇六

⧄坑丘陳與付三州倉吏谷漢受　三六〇七

⧄一斗五升就畢〓嘉禾元年十一月十六日⧄　三六〇八

⧄□丘謝襄付三州倉吏谷漢受中　三六〇九

【注】「中」爲朱筆迹。

入□鄉税米廿斛五斗冑畢〓嘉禾⧄　三六一〇

・右廣成鄉入租米百廿斛三斗五升　三六一一

臨湘丞掾寫移書到𨘗促□綦領吏米⧄　三六一二

⧄　一夫取禾一斛　三六一三

⧄□冑畢〓嘉禾元年十一月□日下□丘烝□付三州倉吏谷⧄　三六一四

⧄□日□溲丘大男□□付三州倉吏谷漢受中　三六一五

【注】「中」爲朱筆迹。

⧄十一月十九日上𠂇丘謝□付三州倉吏谷漢受　三六一六

⧄六寸左尉乘任耕　民　不見　吕尾養　三六一七

【注】「不見」書於「民」字右下側。

⧄嘉禾元⧄　三六一八

入樂鄉子弟米⧄　三六一九

⧄倉吏谷漢受中　三六二〇

【注】「中」爲朱筆迹。

⧄倉吏谷漢受　三六二一

⧄邸閣董基付⧄　三六二二

⧄基付倉吏鄭黑受　三六二三

⧄邸閣董基付倉吏鄭黑受　三六二四

⧄□日巾竹丘謝吳付三州倉吏谷漢受　三六二五

⧄七日下俗丘五旻付三州倉吏谷漢受中　三六二六

【注】「中」爲朱筆迹。

⧄嘉禾元年十一月十四日平支丘男子劉烏付三州倉吏谷漢受中　三六二七

【注】「中」爲朱筆迹。

⧄元年十一月廿日下巾丘縣吏朱謝付三州倉吏谷漢⧄　三六二八

都尉嘉禾三年正月廿一日癸丑書付兼庫吏□□⧄　三六二九

⧄日監沱丘苾邯付三州倉吏谷漢受　⧄　三六三〇

大男侯園　一夫取禾一斛　☑　三六三一

☑倉吏鄭☑　三六三二

入桑鄉稅米☑　三六三三

明府正□☑　三六三四

出二年新吏僦米□☑　三六三五

☑□米一百七十四斛五升☑　三六三六

☑丘烝咄闟邸閣董基付☑　三六三七

入平鄉稅米十斛七斗胄畢旲嘉☑　三六三八

……還新□所乘　三六三九

右三月入米一千二百廿三斛二斗一升　☑　三六四〇

入嘉禾二年貧民貸食米一千四百五十三斛六☑　三六四一

☑禾元年十一月十四日余元丘謝從付三州倉吏谷漢受　中　三六四二

【注】「中」爲朱筆迹。

・右雜米一千五百廿八斛二斗五升　☑　三六四三

入平鄉稅米二斛胄畢旲嘉禾元年十一月廿七日☑　三六四四

入西鄉稅米六斛一斗就畢旲嘉禾元年十一月☑　三六四五

☑禾二年盈米　三六四六

☑吏谷漢受　中　三六四七

【注】「中」爲朱筆迹。

☑三州倉吏谷漢受　三六四八

入平鄉稅米四斛胄米畢旲嘉禾□☑　三六四九

☑文□付三州倉吏谷漢受　中　三六五〇

【注】「中」爲朱筆迹。

入平鄉稅米廿三斛六斗胄畢旲嘉禾元年十一月二日平樂丘□□付三州倉吏谷漢受　三六五一

入平鄉稅米一斛胄畢旲嘉禾元年十一月廿日伯丘吴文付三州倉吏谷漢受　三六五二

☑稅米一斛胄畢旲嘉禾元年十一月廿五日苦竹丘潘石付三州倉吏谷漢受　三六五三

□月廿九日從掾□☑　三六五四

☑斛八斗胄米畢旲嘉禾元年十一月五日余元丘□□付三州倉吏谷漢受中　三六五五

【注】「中」爲朱筆迹。

☑民所貸嘉禾元年稅米十一斛□斗　三六五六

☑□省理愚民求袁□袁　三六五七

☑鄉租米四斛胄畢旲嘉禾元年十一月廿五日□丘□□付三州倉吏谷漢受　中　三六五八

【注】「中」爲朱筆迹。

入起五月一日訖十五日擿米十四斛□斗七升　三六五九

☑禾元年十一月廿日余元丘烝庶付三州倉吏谷漢受　中　三六六〇

【注】「中」爲朱筆迹。

☑□□民□所貸嘉禾元年□米六斛　三六六一

☑……未□陳曠今□　三六六二

☑□□日上□丘張僑付三州倉吏谷漢受　中　三六六三

【注】「中」爲朱筆迹。

入吏黄欣備永新故尉陳崇加藏米廿四☑　三六六四

☑□日胡萇丘廖由付三州倉吏谷漢受　三六六五

入小武陵鄉稅米十八斛胄畢旲嘉禾元年十一月七日大女吴妾（？）付三州倉吏谷漢受　中　三六六六

【注】「中」爲朱筆迹。

卒本□卒廉張□義君前曰□□言□□七……　三六六七

☑日反（？）還□□二者□□□□□粻米居□□□□　三六六八

☑□稅米一百廿一斛六斗八升　三六六九

☑旲嘉禾元年十一月十二日旱丘謝狴持米付三州倉吏谷漢受　三六七〇

☑……卌五斛雜米　三六七一

☑一月十九日下象丘番囊付三州倉吏谷漢受中　三六七二

【注】「中」爲朱筆迹。

大男烝廉　二夫取禾一斛　☑　三六七三

☑……　民張偵養　三六七四

☑　弟伯年卌　☑　三六七五

☑□月承餘新入民還□米四千七百卌八斛☑　三六七六

其卌九斛☑　三六七七

☑月十一日傳（？）丘番椎付三州倉吏谷漢受中　三六七八

【注】「中」爲朱筆迹。

☑……倉吏谷漢受　三六七九

☑㢆嘉禾元年十一月廿二日胡萇丘男子何戎付三州倉吏谷漢受　三六八〇

☑　一夫取禾一斛　三六八一

☑……　十一月廿五日倉曹吏谷漢受　三六八二

・右入税米一百□五斛一斗　☑　三六八三

☑禾二年十月十七日泊丘吴帛關邸閣董基付倉吏鄭黑受　三六八四

・其一百六十四斛二斗嘉☑　三六八五

☑年十一月廿二日窟丘□任付三州倉吏谷漢受　中　三六八六

【注】「中」爲朱筆迹。

男子□姪八十六斛七斗　男子利合廿三斛一斗　男子凌虵十七斛　三六八七

入平鄉税米四斛胄畢㢆嘉禾元年十一月十一日……付三☑　三六八八

☑□今還米一斛五斗胄畢㢆嘉禾二年九月廿八日窟丘雷𨷑關邸閣
董基付倉吏谷漢受　三六八九

☑入税米九十三斛二斗　三六九〇

☑□□米□□斛就畢㢆嘉禾二年□月□六日佀元丘謝□關邸閣董
基付三州倉吏鄭黑受　三六九一

鄉佃田掾烝若謹列所出禾人名如牒　☑　三六九二

☑嘉禾元年十一月五日上落丘張圠付三州倉吏谷漢受　三六九三

入平鄉税米二斛二斗胄畢㢆嘉禾元年十一月廿日□□丘鄧㝢付三
州倉吏谷漢受　三六九四

嘉禾六年正月詔□月□九日□粻三州故倉溢基移　三六九五

得據科治罪自以州言本府……如詔書科令　三六九六

等本模鄉渚田丘人必還依故所長（？）寒□□□收宮而　三六九七

明□氏所（？）領謹澄清□□人袁〻　☑　三六九八

☑・右東鄉入租米一百七十二斛□斗八升　三六九九

□集凡出貸貧民種粻米……☑　三七〇〇

□□蔡就　一夫取禾一斛　三七〇一

公叛走罪憂無狀當爲戒示移深堆部吏雖□□逐使　三七〇二

臨湘丞掾□谷□□界棠妻注今月十八日兼何杔將叛走寒　三七〇三

入桑鄉税米□斛五斗胄米畢㢆嘉禾元年十一月一日何丘谷□付三
州倉吏谷漢受　三七〇四

☑　一夫取禾一斛　三七〇五

・右入税米八十三斛一斗　三七〇六

右三□□□佃種遇旱□合☑　三七〇七

☑漢受中　三七〇八

☑九斗胄畢㢆嘉禾☑　三七〇九

入小武陵鄉税米卌☑　三七一〇

☑九百一十九斛九斗付州中倉吏李金　三七一一

入桑鄉□□嘉禾元年郵卒限米七十四斛□斗胄畢㢆嘉禾二年十一
月三日□丘□吏☑　三七一二

入嘉禾元年租税雜米四百卌六斛七斗五升付州中倉李金☑　三七一三

入桑鄉貸食嘉禾元年□米四斛胄畢㢆嘉禾二年十一月十二日□吏☑　三七一四

☑所貸嘉禾元年税米一十二斛三斗六升　三七一五

☑二年十月廿一日租下丘谷直關邸閣董基付三州倉吏鄭黑受　三七一六

☑……付三州倉吏谷漢受　中　三七一七

【注】「中」爲朱筆迹。

入西鄉⧄　三七一八

⧄倉吏鄭黑受⧄　三七一九

⧄□□丘吴穿付三州吏⧄　三七二〇

⧄丘烝葨關邸閣董基⧄　三七二一

入平鄉税米四斛胄畢⧄　三七二二

⧄嘉禾五年十二月十八日模鄉典田掾烝若白　三七二三

⧄嘉禾五年十二月十八日模鄉典田掾烝若白　三七二四

入平鄉租米六斛　胄畢𡬶嘉禾元年十一月廿日函丘潘澍付三州倉
吏谷漢受　三七二五

入□鄉税米……胄畢𡬶嘉禾元年十一月五日蔡（？）□付三州倉
吏谷漢受　三七二六

入平鄉税米十八斛胄畢𡬶嘉禾元年十一月廿日杖丘大男陳張付三
州倉吏谷漢受中　三七二七

【注】「中」爲朱筆迹。今圖版下端稍殘損。

出米五十九斛四斗雇監吴句布賈　三七二八

·右中倉後（？）入集領米合一千三百六十二斛二斗一升⧄　三七二九

□□屯田吏戴章弟卒一□卅八　⧄　三七三〇

⧄鄉嘉禾元年税米卌三斛四斗　三七三一

⧄税米十五斛八斗胄畢𡬶嘉禾元年十一月十二日胡萇丘男子李强
付三州倉吏谷漢受　三七三二

入小武陵鄉税米十六斛胄畢𡬶嘉禾元年十一月九日平支丘謝䰟付
三州倉吏谷漢受中　三七三三

【注】「中」爲朱筆迹。

入□鄉租米九斛六斗胄畢𡬶嘉禾元年十一月度郡吏陳□付三州倉
吏谷漢受　三七三四

【注】「度」下脱「丘」字。

入西鄉税米六斛胄畢𡬶嘉禾元年十一月十二日茹丘大男黄如付三
州倉吏谷漢受　三七三五

大男烝㖠　一夫取禾一斛　三七三六

入小武陵鄉税米十七斛五斗胄畢𡬶嘉禾元年十一月三日□丘□⧄　三七三七

入小武陵鄉税米□二斛𡬶嘉禾元年十一月廿日白石丘鄧殷付三州
倉吏谷漢受⧄　三七三八

入小武陵鄉税米七斗胄米畢𡬶嘉禾元年十一月廿二日木𠃌丘吴頭
付三州倉吏谷漢受中　三七三九

【注】「中」爲朱筆迹。

□扣知入領以吏許傳來代於輒傳既□如（？）書□當□歲簿新　三七四〇

入平鄉税米十三斛四斗胄畢𡬶嘉禾元年十一月二日僕丘謝溺付三
州倉吏谷漢受　三七四一

入小武陵鄉税米三斛五斗胄米畢𡬶嘉禾元年十一月六日松杭丘松
周付三⧄　三七四二

⧄胄畢𡬶嘉禾元年十一月廿五日彈溲丘陳□付三州倉吏谷漢受
中⧄　三七四三

【注】「中」爲朱筆迹。

入樂鄉租米七斛胄畢𡬶嘉禾元年十一月八日郡吏謝□⧄　三七四四

⧄盡丘潘伯付三州倉吏谷漢受　中　三七四五

【注】「中」爲朱筆迹。

⧄鄉税米八斗胄畢𡬶嘉禾元年十一月一日武龍丘男子五猷（？）
付三州倉吏谷漢受　中　三七四六

【注】「中」爲朱筆迹。

入東鄉租米六斛胄畢𡬶嘉禾元十一月四日旁丘黄楊付三州倉漢受
中　三七四七

【注】「元」下脱「年」字。「倉」下脱「吏谷」二字。「中」爲朱筆迹。

三七四八　入樂鄉租米二斛二斗八升𡿨嘉禾元年十一月十一日尋丘郡吏誦騎付倉吏谷漢☐

三七四九　入桑鄉租米十八斛七斗二升胄畢𡿨嘉禾元年十一月十一日□丘郿吏𨛚文付三州倉☐

三七五〇　入東鄉縣吏烝偖租米八斛胄畢𡿨嘉禾元年十一月十六日旁丘大男黄☐

三七五一　入小武陵鄉税米一斛胄畢𡿨嘉禾元年十一月一日□丘……☐

三七五二　入小武陵鄉税米七斛五斗胄畢𡿨嘉禾元年十一月九日……☐

三七五三　入樂鄉租米六斗六升𡿨嘉禾元年十一月十四日渚田丘謝馮付三州倉吏谷漢受

三七五四　入小武陵鄉税米十四斛胄米畢𡿨嘉禾元年十一月四日石下丘烝旱付三州倉吏谷漢受　中

【注】「中」爲朱筆迹。

三七五五　入小武陵鄉税米二斛胄畢𡿨嘉禾元年十一月七日木𠂇丘蔡𨑨付三州倉吏谷漢受中

【注】「中」爲朱筆迹。

三七五六　入桑鄉租米四斛胄米畢𡿨嘉禾元年十一月十四日州吏□鄧□付三州倉吏谷漢受　中

【注】「中」爲朱筆迹。

三七五七　入東鄉租米八斛五斗三升胄畢𡿨嘉禾元年十一月廿日夫丘縣吏鄧□付三州倉吏谷漢受　中

【注】「中」爲朱筆迹。

三七五八　入小武陵鄉和米十三斛胄畢𡿨嘉禾元年十一月一日余元丘謝倷付三州倉吏谷漢受中

【注】「中」爲朱筆迹。

三七五九　•右入租米七十九斛一斗九升

三七六〇　入小武陵鄉税米六斛就畢𡿨嘉禾元年十一月四日從丘潘逐付三州倉吏谷漢受中

【注】「中」爲朱筆迹。

三七六一　•右樂鄉入租米廿九斛六斗八升

三七六二　•右入税米五十五斛四斗

三七六三　入東鄉州吏烝牛租米三斛胄畢𡿨嘉禾元年十一月廿日𨛚丘烝（？）當付三州倉吏谷漢受中

【注】「中」爲朱筆迹。

三七六四　入小武陵鄉税米一斛𡿨嘉禾元年十一月三日訁□丘男子文軍付三州倉吏谷漢受中

【注】「中」爲朱筆迹。

三七六五　入小武陵鄉税米十二斛五斗胄畢𡿨嘉禾元年十一月一日□丘張氵□付三州倉吏谷漢受

三七六六　入小武陵鄉税米七斛五斗胄米畢𡿨嘉禾元年十一月三日下巾丘烝猬付三州倉吏☐

三七六七　入平鄉税米一斛五斗胄畢𡿨嘉禾元☐

三七六八　其五斛三斗□□訁米去

三七六九　•右九人真身送

三七七〇　入平鄉租米二斛二斗胄畢𡿨嘉禾元年十一月十三日筋竹州吏石䨲付三州倉吏谷漢受

【注】「竹」下疑脱「丘」字。

三七七一　☐　□叓父兄有名及已給官（？）者吏名

三七七二　入小武陵鄉税米七斛胄米畢𡿨嘉禾元年十一月十一日松杭丘男子利駕付三州倉吏谷漢受　☐

三七七三　棠共倉日上□□□棠五十乘地邪自佃其餘二百五十乘☐

三七七四　☐斛二斗胄畢𡿨嘉禾元年十一月七日莨丘□妥付三州倉吏谷漢受中

【注】「中」爲朱筆迹。

三七七五　☐……潘琬等考實賣鹽吏許迪敢言付

三七七六　☐畢𡿨嘉禾元年十一月十日象下丘謝完付三州倉吏谷漢受　中

【注】「中」爲朱筆迹。

⊠斛六斗胄畢⿰嘉禾二年十二月六日周丘呂□關邸閣董基付三州倉吏鄭黑受　三七七七

入桑鄉嘉禾二年還所貸食……斛四斗六升⿰嘉禾二年□月廿九日⊠　三七七八

⊠十一月十八日橋丘許賓付三州倉吏谷漢受　三七七九

⊠月十一日夫丘□□付三州倉吏谷漢受　三七八〇

入小武陵鄉税米十一斛胄畢⿰嘉禾元年十一月六日平支丘朱驚付三州倉吏谷漢受中　三七八一

【注】「中」爲朱筆迹。

⊠粗米十二斛四斗胄畢⿰嘉禾元年十一月十五日湛丘烝欽付三州倉吏谷漢受中　三七八二

【注】「中」爲朱筆迹。

入東鄉租米二斛二斗就胄畢⿰嘉禾元年十一月廿日萴丘鄭經付三州倉吏谷漢受　中　三七八三

【注】疑「就胄畢」中衍「就」或「胄」字。「中」爲朱筆迹。

入平鄉租米一斛胄畢⿰嘉禾元年十一月十二日監沱丘谷□付倉吏谷漢受　三七八四

入東鄉縣吏黄香租米三斛胄畢⿰嘉禾元年十一月三日大田丘男子黄巢付三州倉吏谷漢受　中　三七八五

【注】「中」爲朱筆迹。

⊠米卅九斛胄畢⿰嘉禾元年十一月五日高樓丘□□付三州倉吏谷漢受中　三七八六

【注】「中」爲朱筆迹。

入……胄畢⿰嘉禾元年十一月十一日唫丘男子□□付三州倉吏谷漢受中　三七八七

【注】「中」爲朱筆迹。

入小武陵鄉税米四斛一斗胄米畢⿰嘉禾元年十一月十四日暹丘烝羊付三州倉吏谷漢受中　三七八八

【注】「中」爲朱筆迹。

入桑鄉租米十一斛二斗六升胄米畢⿰嘉禾元年十一月一日平樂丘郡吏謝威付三州倉吏谷漢受　三七八九

□□□儀七斛　三七九〇

□□時□見……任收者書起日當仲（？）　三七九一

⊠詣迪訟怨言見誣注□往事□審拄入長　三七九二

⊠區□□病事　十一月□□金曹史朱□白　三七九三

⊠□□斛□斗□□⿰嘉禾二年十一月□日□丘□□關邸閣董基付倉吏鄭黑受　三七九四

入小武陵鄉税米七斛五斗胄畢⿰嘉禾元年十一月十日□丘謝惦付三州倉吏谷漢受　三七九五

入東鄉州吏黄暉租米三斛胄畢⿰嘉禾元年十一月廿五日賀丘大男谷宜付三州倉吏谷漢受中　三七九六

【注】「中」爲朱筆迹。

入桑鄉租米十一斛胄畢⿰嘉禾元年十一月二日□丘谷□付三州倉吏谷漢受　三七九七

入小武陵鄉税米十斛四斗胄畢⿰嘉禾元年十一月七日白石丘大男謝仨付三州倉吏谷漢受中　三七九八

【注】「中」爲朱筆迹。

入小武陵鄉税米八斛四斗胄米畢⿰嘉禾元年十一月七日戲丘謝難付三州倉吏谷漢受中　三七九九

【注】「中」爲朱筆迹。

入小武陵鄉税米一斛二斗⿰嘉禾元年十一月卅日□度（？）丘張惕付三州倉吏谷漢受　三八〇〇

入小武陵鄉税米六斛⿰嘉禾元年十一月廿日廉丘虞善付三州倉吏谷漢受　三八〇一

入小武陵鄉税米一斛五斗胄米畢⿰嘉禾元年十一月一日暹丘番嬗付三州倉吏谷漢受　中　三八〇二

【注】「中」爲朱筆迹。

入桑鄉租米十四斛　胄米畢𠘳嘉禾元年十一月十一日露丘男子烝
前付三州倉吏谷漢受　三八〇三

入東鄉租米一斛　胄畢𠘳嘉禾元年十一月十九日□丘男子劉至付
三州倉吏谷　☑　三八〇四

入桑鄉租米四斛一斗四升胄米畢𠘳嘉禾元年十一月十四日夫與丘
郭邁付三州倉吏谷漢受　中　三八〇五

【注】「中」爲朱筆迹。

入桑鄉租米十五斛胄畢𠘳嘉禾元年十一月十四日力田郭厚付三州
倉吏谷漢受　三八〇六

入平鄉稅米七斛一斗胄畢𠘳嘉禾元年十一月十一日□丘郡吏監訓
付三州倉吏谷中　三八〇七

【注】「谷」下有脫字，「中」爲朱筆迹。

☑□三斛五斗胄畢𠘳嘉禾元年十一月廿七日上俗丘□□付三州倉
吏谷漢受中　三八〇八

【注】「中」爲朱筆迹。

　操奴富年廿七　三八〇九

☑齎錢詣縣輸入錢付庫吏潘珝受田即☑　三八一〇

☑嘉禾元年稅米一百斛八斗七升　三八一一

☑𠘳園禾二年十月四日平□丘董□關邸閣董基付三州倉吏鄭黑受　三八一二

☑嘉禾元年稅米廿三斛五斗　三八一三

☑斛胄畢𠘳嘉禾二年九月廿八日曼（？）丘大男毛爲關邸閣董基☑　三八一四

☑　嘉禾五年十二月十八日模鄉典田掾烝若白　三八一五

入西鄉稅米三斛一斗胄米畢𠘳嘉禾元年十一月二日上俗丘朱旻付
三州倉吏谷漢受中　三八一六

【注】「中」爲朱筆迹。

出平鄉嘉禾元年租米一百一十五斛八斗𠘳嘉禾二年十一月廿六日
書史謝□付三州倉吏谷漢受　三八一七

入小武陵鄉稅米七斛胄畢𠘳嘉禾元年十一月六日平支丘劉廆付三
州倉吏谷漢受中　三八一八

【注】「中」爲朱筆迹。

入樂鄉租米一斛胄畢𠘳嘉禾元年十一月卅日尋丘郵卒謝□付三州
倉吏谷漢受中　三八一九

【注】「中」爲朱筆迹。

☑□□劉儀租米一斛六斗胄畢𠘳嘉禾元年十一月四日劉里丘劉萇
付三州倉吏谷漢受中　三八二〇

【注】「中」爲朱筆迹。

入小武陵鄉稅米十五斛胄畢𠘳嘉禾元年十一月九日平支丘劉□付
三州倉吏谷漢受　三八二一

・右平鄉入租米三百一十二斛二斗二升八合　三八二二

☑□循……　三八二三

【注】「循」尚存淡墨迹。

☑……付三州倉吏谷漢受　三八二四

☑□月廿日左角長一民民張須養　三八二五

☑□李角付三州倉吏谷漢受　三八二六

☑□關邸閣董基付三州倉吏鄭黑受　三八二七

☑關邸閣董基付三州倉吏鄭黑受　三八二八

☑□□汝三斛　☑　三八二九

斗（？）核云何至☑　三八三〇

武卓可□□☑　三八三一

☑基付三州倉吏鄭黑受　三八三二

入桑鄉稅米廿七斛二斗胄畢𠘳嘉禾元年十一月五日金丘黃金付三
州倉吏谷漢受　三八三三

入平鄉租米六斛一斗五升胄畢𠘳嘉禾元年十一月九日專丘謝易付
三州倉吏谷漢受　三八三四

其□□吏李便□齎裴（？）已嘉禾四年五月十一日於建業宮入付
吏陳彊何玄便　三八三五
☑丁未朔十一日趙宣證史周尚證　三八三六
□□曹列言入五年雜限米起六年正月一日訖十六日合□千……斗
三升與前刺通合八千七百廿□斛……
……付州中倉吏張曼□□
嘉禾六年正月十九日從掾位烝循白　三八三七
□言府□斛……名所逋事　☑　三八三八
☑□□今吏爲小連平拄奪田息（？）唯　三八三九
嘉禾六年三月三日庚午部督軍行左義都尉規督□☑
長□□□臨湘侯相……☑　三八四〇
入小武陵鄉税米二斛六斗冑米畢旲嘉禾元年十一月六日平溲丘大
女滌（？）妾付三州☑　三八四一
☑旲嘉禾二年十一月廿一日□丘□□關邸閣董基付三州倉吏谷漢受　三八四二
大男蔡譁　二夫取禾一斛　☑　三八四三
大男謝羊　二夫取禾一斛　☑　三八四四
入小武陵鄉税米四斛七斗冑畢旲嘉禾元年十一月十五日石丘蔡□
付三州倉吏谷漢受中　三八四五
【注】「中」爲朱筆迹。簡三八四五至三八六三出土時原爲一坨，揭剥順序參見《揭剥位置示意圖》圖十五。
・右平鄉入税米千一百九十八斛四斗四升　三八四六
・右平鄉入税米□百一十五斛一斗　三八四七
入平鄉税米十三斛　冑畢旲嘉禾元年十一月八日栗丘蔡□付三州
倉吏谷漢受　三八四八
入平鄉税米十三斛二斗冑畢旲嘉禾元年十一月廿日伍社丘石苛付
三州倉吏谷漢受中　三八四九
【注】「中」爲朱筆迹。

入平鄉税米二斛冑畢旲嘉禾元年十一月十二日僑（？）丘男子李
□付三州倉吏谷漢受　三八五〇
☑……月十二日上俗丘□□付三州倉吏谷漢受　三八五一
入平鄉税米四斛冑畢旲嘉禾元年十一月五日□丘鄧（？）□付三
州倉吏谷漢受　三八五二
☑……付三州倉吏谷漢受中　三八五三
【注】「中」爲朱筆迹。
入囝鄉税米二斛冑畢旲嘉禾元年十一月十二日伍社丘番子（？）
付三州倉吏谷漢受　三八五四
入小武陵鄉税米六斛四斗冑畢旲嘉禾元年十一月二日廉丘陳湖付
三州倉吏谷漢受　中　三八五五
【注】「中」爲朱筆迹。
入西鄉税米四斛旲嘉禾元年十一月廿七日高樓丘逢囷付三州倉吏
谷漢受　三八五六
入平鄉税米九斛七升冑畢旲嘉禾元年十一月二日枯萇丘李租付三
州倉吏谷漢受　三八五七
入平鄉税米廿一斛五斗冑米畢旲嘉禾元年十一月五日□丘吴馮付
三州倉吏谷漢受　三八五八
入西鄉税米十斛冑畢旲嘉禾元年十一月廿七日上俗丘文州付三州
倉吏谷漢受　三八五九
入西鄉税米十斛冑畢旲嘉禾元年十一月十五日旱丘謝敢付三州倉
吏谷漢受　三八六〇
入西鄉税米一斛一斗冑畢旲嘉禾元年十一月十三日□音丘□□付
三州倉吏谷漢受　中　三八六一
【注】「中」爲朱筆迹。
☑□年税米十斛冑畢旲嘉禾二年十一月廿一日旁丘烝徐關邸閣董
基付三州倉吏鄭黑受　三八六二
入西鄉税米二斛五斗冑米畢旲嘉禾元年十一月二日□丘張倜付三

州倉吏谷漢受　三八六三
……三人……一人自代　一人……
七人□六……
三人□分□　三八六四
【注】簡三八六四至三八九三出土時原爲一坨，揭剥順序參見《揭剥位置示意圖》圖十六。
州吏……　三八六五
……在十五吏數中……人　三八六六
……　三八六七
【注】字迹已磨滅，僅剩極少殘筆迹。
因女（？）福年卅　三八六八
……匣卌二　三八六九
……匣□　三八七〇
【注】字迹漫漶磨滅。
右入雜米廿萬二千七百廿二斛五斗九升三合付倉吏李金黄諱鄭黑
□　三八七一
……胡圖卅　奴平年廿　三八七二
【注】「督」下或脱「年」字。
……廿一□　三八七三
黄□牛一頭齒□歲八月日左角長一尺變烝栗色……民張造養　三八七四
☑……　奴□年卅□　三八七五
碓奴□年卅一　三八七六
……宜……　三八七七
【注】字迹漫漶。
……操……　奴□年廿　三八七八
……　奴机年卅七　三八七九
□吏（？）謝進兄　年廿四　三八八〇
……米　三八八一
【注】字迹漫漶。
☑……年廿一　三八八二
……黄牸牛一頭二歲六月日左角長五寸變烝栗色　民區□𧹞☑　三八八三
……□佰廿三人　三八八四
□　右一人乞貸種粻禾合二百五十九斛一斗給爲藏粻帥廖鄱☑　三八八五
米斛數□應與□患疾□□□　三八八六
……十九斛　三八八七
……十七人給（？）……　三八八八
……給藏粮帥何□王　三八八九
其□斛……　三八九〇
郡吏蔡慎　弟領年廿二　三八九一
……税米廿斛五斗……　三八九二
……戚種粻禾合廿七斛五斗給爲佃粮帥章仲主　三八九三
☑男子誦成三斛　男子誦十五斛　三八九四
【注】「十五」前或脱人名。簡三八九四至三九〇四（一）出土時原爲一坨，揭剥順序參見《揭剥位置示意圖》圖十七。
•右十六人乞貸種粮禾二百七十六斛七斗帥劉租主　三八九五
男子□恒卌二斛　男子潭山六斛　男子潭觻十斛　三八九六
男子誦喜三斛五斗　男子王慮（？）□斛　□吏潭□十五斛　三八九七
男子區既九斛八斗　三八九八
•右六人郡縣吏兄弟□一人自代　三八九九
☑　……　三九〇〇
……粻米四斛□斗給爲藏粻……　三九〇一
【注】字迹漫漶磨滅。
……禾十二斛六斗給爲佃粮師□□　三九〇二
右出米合三百卌五斛六斗雇昌鄉民廿人□市布賈掾區能主　三九〇三

出米五斛雇男子李和布賈　三九〇四

從掾位劉欽叩頭死罪白　謹達所出二年税禾給貸（貸）民爲三年種粮
謹羅列
人名爲簿如牒請以付曹拘校欽惶怖叩頭死罪死罪
　　詣　金　曹
　　八月四日白　三九〇四（一）

右入税米五十一斛二斗六升　三九〇五

・右入租米百五十六斛七斗六升　三九〇六

入小武陵鄉税米六斛冑畢𡚸嘉禾元年十一月三日松坑丘松賁付三
州倉吏谷漢受　中　三九〇七

【注】「中」爲朱筆迹。

入廣成鄉租米六斛冑米畢𡚸嘉禾元年十一月十一日楊丘男子番惕
付三州倉吏谷漢受中　三九〇八

【注】「中」爲朱筆迹。

入小武陵鄉税米四斛冑畢𡚸嘉禾元年十一月五日淦丘男子盧生付
三州倉吏谷漢受中　三九〇九

【注】「中」爲朱筆迹。

〼陵鄉税米八斛四斗冑畢𡚸嘉禾元年十一月廿一日平支丘朱佃付
三州倉吏谷漢受　中　三九一〇

【注】「中」爲朱筆迹。

入小武陵鄉税米十一斛五升就畢𡚸嘉禾元年十一月十一日□□丘
□□付三州倉吏谷漢受　三九一一

入桑鄉税米六斛六斗五升冑米畢𡚸嘉禾元年十一月一日夫與丘黄
微付三州倉吏谷漢受　三九一二

入小武陵鄉税米三斛冑畢𡚸嘉禾元年十一月九日石下丘蔡數付三
州倉吏〼　三九一三

入東鄉租米十斛五斗冑畢𡚸嘉禾元年十一月廿九日……付三州倉
吏〼　三九一四

〼□就米畢𡚸嘉禾元年十一月五日石下丘蔡龍付三州倉吏俗〼　三九一五

【注】「俗」通「谷」。

……言割用□不割用□踵□□〼　三九一六

入小武陵鄉税米一斛五斗僦米畢𡚸嘉禾元年十一月十一日坪𡋳丘
劉〼　三九一七

〼□還米三斛七斗五升𡚸嘉禾二年十月十七日僑丘許貴關邸閣董
基付三州倉吏谷漢受　三九一八

〼税米四斛四斗　冑畢𡚸嘉禾元年十一月〼　三九一九

入小武陵鄉税米三斛四斗就畢𡚸嘉禾〼　三九二〇

入西鄉税米五斛二斗冑畢𡚸嘉禾元年十〼　三九二一

入小武陵鄉税米二斛五斗冑畢𡚸嘉禾元年十一月六日白石丘鄧□付
三州倉吏谷漢受　三九二二

〼米三斛冑畢𡚸嘉禾元年十一月六日湛丘趙別付三州倉吏谷漢受
中　三九二三

【注】「中」爲朱筆迹。

入平鄉租米六斛四斗冑畢𡚸嘉禾元年十一月二日上和丘男子陳復
付三州倉吏谷漢受　三九二四

入小武陵鄉税米一斛冑畢𡚸嘉禾元年十一月三日敢溲丘男子鄧蔡
付三州倉吏谷漢受　三九二五

□宋辞無錢輸入漢取□□□□□以縣□□錢　三九二六

〼……𡚸嘉禾元年十一月一日伻丘毛改付三州倉吏谷漢受　中　三九二七

【注】「中」爲朱筆迹。

入小武陵鄉税米一斛冑畢𡚸嘉禾元年十一月十三日金丘男子周□〼　三九二八

〼嘉禾元年十一月十五日濮丘烝蔡付三州倉吏谷漢受　三九二九

⧄嘉禾三年正月十八日丈丘謝春關邸閣董基付倉吏鄭黑受　三九三〇
入平鄉税米卅四斛冑畢旲嘉禾⧄　三九三一
入小武陵鄉税米四斛冑畢旲嘉禾元年⧄　三九三二
入平鄉租米八斛一斗冑米畢旲⧄　三九三三
⧄旲嘉禾元年十一月十一日尋丘⧄　三九三四
⧄禾元年十一月十一日露丘黄□⧄　三九三五
⧄書御頓拘校⧄　三九三六
⧄武陵鄉税米三斛⧄　三九三七
⧄□變年卅　⧄　三九三八
⧄□吏張□於……倉下□倉吏谷漢□　三九三九
⧄惠□千八百無入　⧄　三九四〇
⧄無入錢六萬二千三百　□卌斛　三九四一
⧄□□□斛□□兼……給鄉□⧄　三九四二
私學黄客　狀客本正户民　⧄　三九四三
勸農掾蔡忠付平陽丘比伍劉有守録若折⧄　三九四四
⧄□上草　嘉禾四（？）年□月十一日關邸閣□□付西庫掾□⧄　三九四五
⧄二斛六斗九升⧄　三九四六
其二斛九斗黄龍二年……租□　三九四七
收白米三百一十一斛九斗八升零陵倉吏劉仨白米□百一斛四
斗二升通合吳平斛⧄　三九四八
……黄□年卅八　狀□白衣居臨湘都鄉……石年廿九　三九四九
⧄自□中外舉則不能（？）累走爲相盡歎輩儕　三九五〇
嘉禾二年十一月丁亥朔日臨湘侯相君丞叩頭死罪敢言⧄　三九五一
□□□督軍蔡旬（？）□當舉吏一人以供時□教（？）學⧄　三九五二
⧄□人使頑還選舉　三九五三
……月十七日三州……　三九五四
會……失期過五日者□□□兵不□不□　三九五五
⧄長沙烝陽年卅　狀陽白衣居臨湘小武陵鄉墟坪丘　三九五六
□主□都尉……　三九五七
者會明年正月旦□□廢遣皆遣吏□□與遣書到　三九五八
【注】所見筆迹皆左側偏旁。
……須言□　詣　功　曹　三九五九
……列斛數言案文書輒□錢斛授付⧄　三九六〇
入小武陵鄉税米五斛五斗冑畢旲嘉禾元年十一月三日下巾丘朱□
付三州倉吏谷漢受中　三九六一
【注】「中」爲朱筆迹。
入平鄉税米六斛冑畢旲嘉禾元年十一月二日杷丘潘有付三州倉吏
谷漢受　三九六二
【注】「中」爲朱筆迹。
入小武陵鄉税米一斛冑畢旲嘉禾元年十一月九日下象丘烝斛付三
州倉吏谷漢受中　三九六三
【注】「中」爲朱筆迹。
入小武陵鄉税米四斛四斗五升冑畢旲嘉禾元年十一月十一日丈丘
謝棠付三州倉吏谷漢受　中　三九六四
【注】「中」爲朱筆迹。
入小武陵鄉税米一斛八斗冑米畢旲嘉禾元年十一月十三日中落丘
李肖付三州倉吏谷漢受⧄　三九六五
入小武陵鄉税米十九斛冑畢旲嘉禾元年十一月十七日平支丘□□
付三州倉吏谷⧄　三九六六
⧄年十一月□日平溲丘吳畝付三州倉吏谷漢受　中　三九六七
【注】「中」爲朱筆迹。
其三百八十五斛吏轉折入所負新兵米　三九六八
⧄成鄉税米十一斛冑米畢旲嘉禾元年十一月十三日宮溲（？）丘
烝貴付三州倉吏俗漢受　中　三九六九
【注】「中」爲朱筆迹。
•右入税米八十七斛九斗　三九七〇

入小武陵鄉税米七斛□斗冑畢☓嘉禾元年十一月九日石下丘鄧□
付三州倉吏谷〼 三九七一

〼斛九斗冑畢☓嘉禾元年十一月一日從丘唐㥯付三州倉吏谷漢受
中 三九七二

【注】「中」爲朱筆迹。

〼米□斛七斗一升就米畢☓嘉禾元年十一月五日……〼 三九七三

〼斛冑畢☓嘉禾元年十一月七日丈丘烝得付三州倉吏谷漢受中 三九七四

【注】「中」爲朱筆迹。

其一須兄□□卒唐張□職吴□□□區伉□躭等七 三九七五

私學黄星　星兄黄張□民昷□不上星□ 三九七六

……廿三人……三州倉〼 三九七七

長沙太守丞掾下□陵縣令長丞……倉…… 三九七八

〼長沙黄□年廿六　狀□白衣居臨湘都鄉吴溏丘帥龔傳
無有□ 三九七九

□吏相候委郵吏送勿失限會八□□□右選曹 三九八〇

□□□使從務□州郡□遠□□□動皆須□以□衆 三九八一

私學汝南陳苗年廿　狀苗白衣居長沙縣□〼 三九八二

·其十三斛三斗八升九合佃吏〼 三九八三

□使傳□□□折仍（？）復白□□〼 三九八四

〼鄉吏蔡忠付大男謝珠守録若折咸〼 三九八五

私學南陽□公年十七　狀□白衣居臨湘〼 三九八六

〼者各皆上之但當以名〼 三九八七

其〼

〼二百□□錢

其〼 三九八八

·定故（？）生田九十八頃五十〼 三九八九

□□吏石欣買嘉禾三年慶生口小男□〼 三九九〇

□□長沙李俗年廿　狀俗白衣居臨湘東鄉茗上丘帥鄭各主 三九九一

〼武陵梁□年十八　狀□白衣居臨湘…… 三九九二

【注】簡左側下端尚見少量字迹。

……嘉禾二年十一月八日縣（？）功曹𨻶蔡珠白言答王審書催促

……雜署吏潘駕（？）□□□□□私學草佴行吴貸 三九九三

基（？）臬校見名不得復重部吏將送計課道異其諸將所舉 三九九四

□□□無（？）吏户有粻絶加少勘任員□不充聽聞皆□□ 三九九五

其一頃廿八畝廿步旱　不可收　〼 三九九六

〼□□日餘米□□斛二斗☓嘉禾二年四月十七日掾蔡忠付盡丘〼 三九九七

〼掾潘到□□　十一月廿八日白 三九九八

等其一千五百八十九斛五斗九升九合給□〼 三九九九

入民還黄龍二年租米卅九斛 四〇〇〇

主……〼 四〇〇一

出平鄉元年雜米十二斛☓嘉禾二年〼 四〇〇二

〼三日主記史陳□〼 四〇〇三

〼九人一千八百九十三斛一斗四升…… 四〇〇四

出平鄉元年雜米十一斛☓嘉禾二年五月十九日勸農掾蔡□付□丘

大男石芮守録〼 四〇〇五

〼……☓嘉禾二年九月□□日鄉（？）吏蔡□□□□ 四〇〇六

……匠□二　𠀠□白衣居臨湘邑下……〼 四〇〇七

其二百□□張還民限（？）……〼 四〇〇八

私學長沙劉廣年卌七　狀廣白衣居臨湘桑鄉□〼 四〇〇九

〼□君唯代還宮丞丁□疢固不視事 四〇一〇

六月訖四年五月日合三斛三年十二月廿四日付書史韋碩從弟
黄文 四〇一一

【注】簡四〇一一至四〇七七出土時原爲一坨，揭剥順序參見《揭剥位置示意圖》圖十八。

出倉吏黄諱潘慮所領吴平斛米四千三百八十九斛九斗其一百六十
六斛黄龍元年☐　四〇一二
其五十九斛大男常碩轉□兵賈米　四〇一三
集凡承餘新入米一萬四千八十八斛二斗五合　□□九斛九斗　四〇一四
其五十八斛□升黄龍二年□月税米　四〇一五
入□□米□斛……　四〇一六
☐　其十四斛六斗湞口漬米　四〇一七
其十八斛六斗鄉吏雷□黄龍元年賣鹽賈米　四〇一八
入黄龍三年叛士限米十四斛五斗　四〇一九
入……　四〇二〇
其一百八斛一斗價人李綏米　四〇二一
入黄龍三年郵卒限米田八斛八斗五升　四〇二二
入黄龍三年租米四百九十五斛一斗三升　其十一斛四斗五升白米　四〇二三
其廿四斛吏文水備鍛師佐□□□作限米　四〇二四
其七斛五升監運掾延度漬米　四〇二五
入黄龍二年新吏限米十一斛五升　四〇二六
•今餘吴平斛米七百卌□斛三斗四升　四〇二七
其七十四斛九斗一升一合私學黄龍二年限米　四〇二八
斗民還黄龍二年税米十八斛民還黄龍二年租米□一斛吏帥客黄龍
二年限米　四〇二九
入□□黄龍二年税米□□□□□斛六斗五升……　四〇三〇
黄龍元年限米一斛六斗四升民還黄龍元年租禾准米一斛四斗
一升黄龍元年限米☐　四〇三一
出倉吏黄諱潘慮所領雜吴平斛米一千五百卌一斛八斗其五斗零陵
桂陽私學　四〇三二
右出吴平斛米一千九百八十斛九斗八升　四〇三三

其廿六斛吏文□備黄龍三年承（？）□米　四〇三四
其卌六斛四斗五升白米　四〇三五
其五斗零陵桂陽私學黄龍元年限米　四〇三六
其九十二斛永新故尉陳崇備黄龍二年税米　四〇三七
☐客限米三百卌八斛四斗　四〇三八
其四斛一斗九升黄武七年諸將佃禾准米　四〇三九
出□□□吴平斛米□斛五升黄龍三年九月六日□□因男毛主運
□□常　四〇四〇
其廿一斛六斗二升黄龍二年郵卒限米　四〇四一
其七十四斛二斗□□黄龍元年鹽米税米　四〇四二
其卅九斛九斗三升黄龍二年叛士限米　四〇四三
其十五斛二斗四升黄龍二年新吏限米　四〇四四
其一升監運掾魏樓漬米　四〇四五
其七十四斛九斗一升一合黄龍二年私學限米　四〇四六
其九十八斛佃吏黄龍三年限米　四〇四七
其七斛五升監運掾延度税米　四〇四八
詣集所三年十月一日付倉曹韋定書史周□杝師陳可　四〇四九
税米六十斛吏帥客黄龍元年限米八十六斛私學黄龍元年限米
一百廿三斛　四〇五〇
八千五百斛被督軍糧都尉三年八月卅日己巳書付後部樓船都
尉護□□　四〇五一
出倉吏黄諱潘慮所領黄龍三年租吴平斛米六十三斛三斗六升爲稟
斛米六十六斛九　四〇五二
•右雜米一千六百卅三斛□領　四〇五三
入黄龍二年租米十九斛　四〇五四
•右十月新入吴平斛米二千二百卅七斛三斗八升　四〇五五
其一斛四升司馬黄升黄龍二年屯田限米　四〇五六
其五十八斛四升黄龍□年□□□米　四〇五七

其一斛四升司馬黄升黄龍三年屯田限米　四〇五八

入民還黄龍二年税米二百七十三斛六斗七升　四〇五九

□黄龍二年盈湎米一千五百六斛　四〇六〇

其四斛□斗員口續米　四〇六一

入民還黄龍元年税米廿四斛　四〇六二

入丞新故尉陳崇所備黄龍三年税僦米九十二斛　☑　四〇六三

入監池司馬鄧邵黄龍三年限米卌五斛　四〇六四

其四斛一斗九升黄龍二年新吏限米　四〇六五

其六十一斛八斗五升黄龍四年租米　其卌二斛八斗五升白米　四〇六六

·其五百九十二斛黄龍二年□米　三百一十六斛三斗三升白米　四〇六七

·其一斛二斗四升民還黄龍元年租禾准米　四〇六八

·其五斗吏文水備黄龍元年零陵桂陽私學限米　四〇六九

·其一升黄龍二年吏帥客限米　四〇七〇

·其七升黄龍二年兵租限（？）米　四〇七一

囯五斛吏烝承漬米　四〇七二

出樂鄉税米一斛七斗付大男□□□所運本隲□□米四斛六升九合　四〇七三

入黄龍三年税米二千二百廿九斛三斗一升　其二百廿斛五斗二升白米　四〇七四

·其十三斛三斗八升九合黄龍二年佃吏限米　四〇七五

其三升黄龍二年佃吏限米　四〇七六

右雜米□□七斛八斗七升五合别領　四〇七七

私學長沙烝桌年卅　狀桌白衣居臨湘東鄉□丘帥烝□主

□送兵户　四〇七八

右□□附落□益伍者□所長□能得知□有如□□　四〇七九

·右雜租米合八十一斛　四〇八〇

盜史位□陽吴向　☑　四〇八一

入廣成鄉嘉禾元年……𦯀嘉禾□年……☑　四〇八二

一人應學私學一人　四〇八三

稱得見禾一百九十二斛一斗□□□貧民免□□鄉□□稱☑　四〇八四

☑□黄□等廿□□□限到宮□居叩頭叩　四〇八五

☑……主記史陳□付白石丘民文□☑　四〇八六

出小武陵鄉元年新吏限米六十三斛四斗𦯀嘉禾☑　四〇八七

☑□□□麦□□□　四〇八八

☑□□元年税米𦯀嘉☑　四〇八九

☑□得足給□☑　四〇九〇

☑狀見白☑　四〇九一

應馬廿一匹□☑　四〇九二

……宜以閏月　四〇九三

【注】字迹漫漶。簡四〇九三至四三一〇出土時原爲一坨，揭剥順序參見《揭剥位置示意圖》圖十九。

其一斛二斗四升黄龍二年税米　四〇九四

其七十八斛民還黄龍元年税米　四〇九五

出倉吏黄諱潘慮所領黄龍二年税吴平斛米一百三斛九斗三升爲稟

斛米一百□　四〇九六

付書史□應秘□文平等　四〇九七

斛三年十二月五日付書史楊操　四〇九八

都尉黄龍三年十二月□日己亥書給監池司馬趙斐李代等十人

三年十二月食人二　四〇九九

米一千五百六十斛醴陵倉吏謝仁米五十斛二斗通合吴平斛米

六千斛被督　四一〇〇

其三千一□□四斗八合雜□米　四一〇一

入□□漬米一斗五升　四一〇二

其五十一斛一斗五升黄龍二年税米　四一〇三

☑□□□廿斛□斗黄龍三年□溢米　四一〇四

斛被督軍糧都尉黄龍三年十二月一日己亥書給監運司馬訢□

士□□　四一〇五
其一百八十八斛八斗三升黃龍元年稅米　四一〇六
其一百一十六斛二斗五升郵卒黃龍三年限米　四一〇七
入黃龍三年新還民限米卌二斛六斗　四一〇八
其五十一斛五斗叛士黃龍二年限米　四一〇九
軍糧都尉黃龍三年十二月廿一日己酉書付監運掾楊遺運詣集三年
十二月廿六日　四一一〇
【注】「集」下或脱「所」字。
其囚□斛三斗七升黃龍二年新吏限米　四一一一
·其二百九十四斛三斗黃龍二年吏帥客限米　四一一二
其七斛民還黃武六年租米　四一一三
·右出吳平斛米二萬八百六十七斛二斗八升　四一一四
其五十一斛九斗粟　四一一五
其三百一十二斛六斗三升白米　四一一六
監沱丘業浚直米五十九斛大男常碩黃龍三年轉□兵賈米與劉
陽倉周□　四一一七
出倉吏黃諱潘慮所領黃龍二年稅吳平斛米十九斛二斗爲稟斛米廿
斛被督軍▨　四一一八
其□百六十二斛監池司馬鄧邵黃龍三年限米　四一一九
年正月直卒六人人二斛五斗三年十二月五日付書史楊操　四一二〇
入黃龍三年新吏限米一百廿五斛　四一二一
其二萬一千八百卌四斛四斗六升蒸米　四一二二
·其七百九十斛六斗吏帥客黃龍三年限米　四一二三
·其二百廿五斛六斗黃龍三年新還民限米　四一二四
入黃龍三年郵卒限米八十七斛四斗　四一二五
入黃龍三年吏帥客限米四百卌二斛二斗　四一二六
其一升監運掾魏櫃漬米　四一二七
入黃龍三年佃卒限米卌四斛　四一二八
其卌二斛六斗黃龍三年新還民限米　四一二九
集凡承餘新入吳平斛米二萬二千二百八斛九斗四升　四一三〇
其五十五斛黃龍三年新吏限米　四一三一
其六斛三斗吏潘慮備船師黃康□春折咸米　四一三二
其二百卅斛七斗郡掾利焉黃龍三年限米　四一三三
入黃龍三年私學限米三百一十五斛九斗七升　四一三四
其五十二斛私學黃龍二年限米　四一三五
出倉吏黃諱潘慮所領黃龍三年稅吳平斛米四斛八斗爲稟斛米五斛
被縣黃龍三▨　四一三六
年十月廿九日庚寅書給作坩船匠師朱哀朱□二人三年十月十
一月直其一人囲　四一三七
九日付書史利勝杝師彭长　四一三八
·其卌一斛私學黃龍元年限米　四一三九
·其一百卌二斛私學黃龍三年限米　四一四〇
入黃龍三年新還民限米□百六十三斛　四一四一
·其卌一斛私學黃龍元年限米　四一四二
其三斛五斗民還黃龍元年租米　四一四三
入監池司馬鄧邵黃龍三年限米十斛　四一四四
督軍糧都尉黃龍三年十一月廿七日乙未書付監運掾楊遺運詣
集所三年十一月▨　四一四五
▨……　四一四六
【注】字迹漫漶磨滅。
·其卅三斛五斗八升黃龍□年新吏限米　四一四七
其五斛吏烝承漬米　四一四八
十一斛永新故尉陳崇所備黃龍二年稅餅米七百八斛黃龍三年
稅米□　四一四九
其七百卌五斛一斗七升黃龍二年私學限米　四一五〇
出黃龍二年新吏限吳平斛米十六斛七斗九升黃龍三年□月六日付

大男□宜運　四一五一
其八斛四升監運掾姃度漬米　四一五二
其廿三斛九斗四升諸將七年佃禾准米　四一五三
入吏如騰備船師梅朋折咸米一斛　四一五四
其二斛九斗黃龍二年大□□　四一五五
入園罶三年限米五斗五升　四一五六
其二斛九斗黃龍二年大□□　四一五七
宜以其月廿六日關邸閣□□□□□□　□□　四一五八
•其一百五十七斛吏帥客黃龍元年限米　四一五九
•其卌五斛監池司馬鄧邵黃龍三年限米　四一六〇
入郡掾利焉屯田黃龍三年限米一百一斛　四一六一
中倉吏黃諱潘慮謹列二月旦簿　四一六二
都尉黃龍三年十一月二日庚辰書給都尉三年十一月奉三年十
一月三日付吏陳□▨　四一六三
其一百五十七斛吏帥客黃龍元年限米　四一六四
其卅四斛佃卒黃龍三年限米　四一六五
入黃龍二年郵卒限米一百卌斛四斗　四一六六
入黃龍二年新吏限米七田一斛　四一六七
其一斛四斗八升黃龍元年租米　四一六八
五月十七日中倉吏黃諱潘慮白　四一六九
出倉吏黃諱潘慮所領黃龍三年稅吳平斛米九斛六斗爲稟斛米十斛
被督軍糧　四一七〇
黃龍二年限米二升新吏黃龍元年限米十斛四斗二升郵卒黃龍
二年限米　四一七一
其一斛二斗四升民還黃龍元年租禾准米　四一七二
三升佃吏黃龍元年限米七斛三斗七升私學黃龍二年限米四斛
一斗九升新吏　四一七三
其五十四斛四斗一升吏帥客黃龍二年限米　四一七四

其一升監運掾魏樓漬米　四一七五
右九千八百八十七斛四斗懸□　四一七六
入新吏黃龍元年限米五十一斛　四一七七
其六百八十四斛八斗九升蓌米　四一七八
一千一百卌三枚弓（？）二枚□寠□其□三枚▨　四一七九
□□當山買□□山□中各迎□▨　四一八〇
入民還黃龍元年稅米十二斛　中　四一八一
【注】「中」爲朱筆迹。
▨十一所攸十二所劉陽廿三所吳昌五十二所行輩得擔樹□▨　四一八二
□□所醴陵言所□□泉山人合▨　四一八三
爲後比郡七今所行山長以尉□□當□□□□▨　四一八四
▨□□師當監運□廿□□各迎佐師別□□▨　四一八五
▨株劉陽三百廿株吳昌八百六十七株羅三百廿株□▨　四一八六
□□樹知一株益陽□□□□□移▨　四一八七
▨行樹知一株所寫第一□□千□□□□▨　四一八八
▨□此宜□不以故□□　宜重錢之促□所　四一八九
▨郡郵又醴陵攸建寧雖列山處所未列可□□▨　四一九〇
……醴陵……　四一九一
十二所劉陽廿三所吳昌五十二所行輩得□……▨　四一九二
……言私□舉□▨　四一九三
樹破難□師度……　四一九四
第一八百八十九枚□一□□二不知安成永新廣槩料□▨　四一九五
▨州倉吏鄭黑▨　四一九六甲
•右桑鄉嘉禾二年民還……▨　四一九六乙
月便當伐之得當集三□欲自料省又諸郵道……▨　四一九七
人運集郡又醴陵攸建寧雖列山處所未列可□城數臨▨　四一九八
攸謹將師度樹圓□者（？）得擔……▨　四一九九
▨□鄉嘉禾□年更限米五斗※嘉禾三年四月廿五日泊丘許實關邸

閣董基付三州倉吏鄭黑受　四二〇〇
……年……　四二〇一
□之故□衣須待□□□得□　四二〇二
□㖃啫不列之割翼朱都尉銜命切厲時材長□□⍁　四二〇三
⍁禾元年税米□斗僦畢𠬤嘉禾三年四月廿九日平樂丘李□關邸閣　四二〇四
董基付三州倉吏鄭黑受　四二〇四
隨杖所煁以□列之□狗□數杖好爲度……⍁　四二〇五
鄉吏師即斬丞尉收下品罪令長□□⍁　四二〇六
其廿三枚絶嘖二百一十一枚□弓一枚第一八百八十九枚弓一枚　四二〇七
□□⍁　四二〇八
□知安成永新廣□□行云何作□□□□□⍁　四二〇八
⍁嘉禾元年税米六斛胄米畢𠬤嘉禾三年四月十九日函丘男子潘成　四二〇九
關邸閣董基付三州倉吏鄭黑受　四二〇九
⍁嘉禾元年私學限米五斗僦畢𠬤嘉禾三年正月九日巾溲丘謝□關　四二一〇
邸閣董基付三州倉吏鄭黑受　四二一〇
□者宜明以賞如有所匿鄉吏帥即斬丞尉收　四二一一
慎勿有所匿今何使者及胡當别列寇□如有⍁　四二一二
……主記史梅綜　省　四二一三
□如往使後可勮以還鬼各曲保有□者□⍁　四二一四
大火數告于望白　四二一五
長與同宜孰思之何以使者當表之與君憂□⍁　四二一六
□□□□破覞圓度□類第一第二者□□□□⍁　四二一七
據曰望白被何中書注如此故寫示便促騰告丞⍁　四二一八
嘉禾三年七月十日兵曹掾□□⍁　四二一八
□□條□□草　四二一九
□樹數不刺凡有□□廉欲知之須□□長□□叩頭□⍁　四二二〇
□□□百七株吴昌一百六十七株羅三百株□得四百七十七　四二二一
□文書前部丞睾紀右尉□得□□□□□縣界……⍁　四二二二

録事掾潘　琬校　四二二三
⍁□威貸食嘉禾元年私學限米九斛八斗胄畢𠬤嘉禾三年十一月九
日區丘黄彊關邸閣董基付三州倉吏⍁　四二二四
其□斛五斗黄龍三年限米　四二二五
其□百卅一斛八斗五升黄龍元年税米　四二二六
其三百卅三斛四斗黄龍三年限米　四二二七
其卅八斛九斗九升九合雜擿米　四二二八
其四百二斛五斗黄龍三年私學限米　四二二九
入東鄉嘉禾二年還所貸食嘉禾元年税米□二斛胄畢𠬤嘉禾二年十
二月十八日區丘謝□關邸閣董基⍁　四二三〇
入東鄉嘉禾二年還所貸食嘉禾元年税米□□𠬤嘉禾二年十二月六
日新成丘□□關邸閣董基⍁　四二三一
右樂鄉入民所貸嘉禾三年私學限米五斗　四二三二
定領雜吴平斛米一萬二千卅斛三斗三□□□二斛九斗　四二三三
其十三斛八升黄龍二年税米　四二三四
其六十七斛九斗五升船師張盖黄龍二年折咸米　四二三五
其卅斛黄龍三年□□限米　四二三六
其二百卅五斛二斗七升黄龍□年私學限米　四二三七
其廿一斛一斗四升黄龍二年税米⍁　四二三八
其一千二百一斛一斗三升六合黄龍二年限米　四二三九
其十九斛四斗五升黄龍二年限米　四二四〇
其五十八斛四升黄龍二年税米　四二四一
其□□二斛□斗□升九□黄龍二年□縣湎（？）米　四二四二
其七百六十七斛七斗郡吏黄龍二年□米　四二四三
入東鄉嘉禾二年還所貸食嘉禾元年税米二□斛□□𠬤嘉禾二年十
二月廿二日劉里丘大男李麦關邸閣⍁　四二四四
其九十五斛一斗五升□□黄龍二年粢租米　四二四五
其……限米　四二四六

四二四七　其□斛……

四二四八　……百……

四二四九　……米

四二五〇　其廿三斛五斗□黄龍□年新吏限米

四二五一　……

【注】字迹漫漶。

四二五二　入□鄉……𡕒□□☑

四二五三　□黄龍二年税吴平斛米□五斛九斗黄龍三年二月五日付大男
□□□□

四二五四　出□鄉黄龍元年税吴平斛米五十四斛一斗五升黄龍三年十月五日
付大男□□運詣

四二五五　出東鄉黄龍元年限米十四斛□斗……

四二五六　其一千八百卌九斛黄龍□年限米

四二五七　其卌九斛一斗四升黄龍二年租米

四二五八　□□□斛……☑

四二五九　•右平鄉入民所貸嘉禾元年吏帥客限米十斛

四二六〇　其一百卌斛八斗二升四合雜就米

四二六一　其一百九十□斛三斗黄龍二年佃卒限米

四二六二　……肥和船□著□口□

【注】字迹僅剩左旁。

四二六三　其五斛六斗九升漬米

四二六四　入東鄉嘉禾二年還所貸食嘉禾元年税米二斛九斗五升胄畢𡕒嘉禾
二年十二月廿五日劉里丘蔡□關邸☑

四二六五　☑元年税米十二斛五斗𡕒嘉禾三年十一月二日園丘吕□關邸閣董
基付三州倉吏鄭黑受

四二六六　入平鄉嘉禾二年還所貸食嘉禾元年吏客限米七斛胄畢𡕒嘉禾三年
四月廿四日於上丘惹羡關邸閣董基付三州倉吏鄭黑受

四二六七　•右檐材實自堪□輩者多園實□☑

四二六八　……☑

【注】字迹已磨滅。

四二六九　•右出就擿米十斛八斗六升四合

四二七〇　•其五十一斛九斗粟

四二七一　入平鄉嘉禾二年還所貸食嘉禾元年吏客限米一斛胄畢𡕒嘉禾三年
四月十五日上和丘謝起關邸閣董基付倉吏鄭黑受

四二七二　入桑鄉嘉禾二年還貸食嘉禾元年税米□百□二斛三斗胄畢𡕒嘉禾
三年五月五日大浭丘谷勤關邸閣董基付倉吏☑

四二七三　入嘉禾二年還貸食嘉禾元年税米十七斛四斗二升胄畢𡕒嘉禾三年
五月十三日租丘烝開關邸閣董基付倉吏鄭黑受

四二七四　☑嘉禾元年税米四斛五斗胄畢𡕒嘉禾三年四月廿八日新丘陳耀關
邸閣董基付三州倉吏鄭黑受

四二七五　☑一也若任第一第二者吏自以實列不必☑

四二七六　☑□□□□書謹□遵承奉行如府書科令☑

四二七七　入嘉禾二年還所貸食嘉禾元年税米五斛七斗五升𡕒嘉禾三年四月
廿四日浸頃丘潘□關邸閣董基付三州倉吏鄭黑受

四二七八　☑六斛八斗胄畢𡕒嘉禾三年五月三日男子由□關邸閣董基付倉吏
鄭黑受

四二七九甲　入平鄉嘉禾二年☑

四二七九乙　☑貸食嘉禾元年吏□□□限米六斛胄畢𡕒嘉禾二年十一月廿四日
區丘□車關邸閣董基付倉吏鄭黑受

四二八〇　•右平鄉入民所貸嘉禾元年私學限米三斛一斗

四二八一　☑日露丘黄生關邸閣董基付倉吏鄭黑受

四二八二　入平鄉嘉禾二年還所貸食嘉禾元年吏客限米四斛𡕒嘉禾二年十一
月十五日□☑

四二八三　入桑鄉嘉禾二年貸食嘉禾元年□□限米七斛胄畢𡕒嘉禾二年十一
月十二日敷丘潘丁關邸閣董基付三州倉吏鄭黑受

四二八四　•右平鄉入民所貸嘉禾元年吏帥客限米九斛

入平鄉還所貸食嘉禾元年税米三斛五斗胄畢𫨻嘉禾三年十一月三日□□□□☒　四二八五

☒斗𫨻嘉禾二年五月一日寇丘周陳關邸閣董基付三州倉吏鄭黑受　四二八六

入桑鄉嘉禾二年□貸嘉禾元年税米十斛𫨻嘉禾□年……基付三州倉吏鄭黑受　四二八七

☒民還貸嘉禾元年□□限米十二斛□升就米畢𫨻嘉……☒　四二八八

……貸嘉禾元年私學限米一斛三斗　四二八九

入東鄉嘉禾二年還所貸嘉禾元年税米一斛胄畢𫨻嘉禾二年十二月廿五日石唐丘李息關邸閣董基付三州倉吏鄭☒　四二九〇

☒□税米六十斛就米畢𫨻嘉禾二年十一月……☒　四二九一

·右□鄉入民所貸嘉禾元年……　四二九二

·右□鄉入民所貸嘉禾元年□米□□斛□☒　四二九三

·右東鄉入民所貸嘉禾元年私學限米十二斛九斗　四二九四

☒嘉禾二年□貸食嘉禾元年税禾還米五斛胄畢𫨻嘉禾三年四月廿四日伍社丘李□關邸閣董基付三州倉吏鄭黑受　四二九五

入□鄉嘉禾二年所貸嘉禾元年税米二斛六斗五升胄畢𫨻嘉禾二年十一月十二日函丘番何關邸閣董基付三州倉吏鄭黑受　四二九六

入平鄉嘉禾二年還所貸食嘉禾元年税米二斛胄畢𫨻嘉禾二年十一月一日伍社丘男子潘谷關邸閣董基付三州倉　吏鄭黑受　四二九七

入東鄉嘉禾二年還所貸食嘉禾元年税禾准米二斛胄畢𫨻嘉禾二年十二月六日倉丘郡吏張衹關邸閣董基付三州倉吏鄭黑受　四二九八

☒嘉禾三年四月六日監沱丘□□關邸閣董基付三州倉吏鄭黑受　四二九九

☒貸食嘉禾元年税米□斛𫨻嘉禾三年四月卅八日……☒　四三〇〇

☒□𫨻嘉禾三年四月卅五日泊丘□□關邸閣董基付三州倉吏鄭黑受　四三〇一

□實列之□□□□□□如後□□□□□□☒　四三〇二

入桑鄉嘉禾二年還所貸嘉禾元年私學限米三斛五斗胄畢𫨻嘉禾二年十一月三日夫與丘朱善關邸閣□☒　四三〇三

☒□□斛二斗五升胄畢𫨻嘉禾三年四月廿八日□丘董碓關邸閣董基付三州倉吏鄭黑受　四三〇四

入平鄉嘉禾三年還貸食嘉禾元年故帥張斥子弟限禾還米四斛𫨻嘉禾三年正月六日伍社丘王敬關邸閣董基付三州倉吏鄭黑受　四三〇五

入平鄉嘉禾三年還貸食嘉禾元年故帥張斥子弟限禾還米六斛胄畢𫨻嘉禾三年正月六日伍社丘張斥關邸閣董基付三州倉吏鄭黑受　四三〇六

黄諱史陳嗣謹列前後所貸嘉禾米付授人名斛數簿　四三〇七

入小武陵鄉嘉禾元年子弟限米十二斛□□𫨻……☒　四三〇八

入東鄉嘉禾二年貸嘉禾元年税禾還米廿七斛五斗五升胄畢𫨻嘉禾三年五月二日劉里丘殷赿關邸閣董基付倉吏鄭黑受　四三〇九

入東鄉嘉禾二年還所貸食嘉禾元年私學限米十二斛九斗五升胄畢𫨻嘉禾二年十月廿日劉里丘劉棠關邸閣董基付三州倉吏鄭黑受　四三一〇

畀……☒　四三一一

【注】僅剩一行文字之左側殘筆。

入平鄉嘉禾二年還所貸嘉禾元年税米廿□□□𫨻嘉禾二年十一月□……☒　四三一二

其一千五百六斛黄龍二年縣湎米　四三一三

……龍二年限米十二斛八斗五升九合佃吏黄龍三年限米與郡倉吏□□□□☒　四三一四

☒……嘉禾□□十□月十三日鄉吏蔡忠付□□丘大男□□守錄若禾折咸□☒　四三一五

☒年限禾□斛准米六斛𫨻嘉禾二年四月十九日鄉吏蔡忠付大男巨□守錄☒　四三一六

入小武陵鄉……二斛准當米二斛一斗九升□□□彈付比伍□〼　四三一七
領石下丘……〼　四三一八
其二斛給坪丘民吳平等七人　四三一九
出平鄉元年雜米六十斛⿱三㐅嘉禾二年四月廿九日勸農掾蔡忠付周陵　丘大男苾茌區曲守録若折咸□〼　四三二〇
出平鄉……限米□斛⿱三㐅嘉禾二年四月十八日勸農掾蔡忠付□丘比伍　烝□守録若〼　四三二一
其三斛五斗民還黄龍元年租米　四三二二
·定見禾一百五斛　四三二三
□□□黄龍……〼　四三二四
出平鄉嘉禾□□□禾□□給貸常□丘民烝□等十八斛五斗□⿱三㐅嘉　禾二年四月廿一日□□□□□□〼　四三二五
〼□□嘉禾元年限米九斛⿱三㐅嘉禾二〼　四三二六
〼□□嘉禾元年限米八十六斛五斗⿱三㐅嘉禾二年四月六日鄉吏蔡　忠付寇丘月伍周〼　四三二七
〼……所貸食嘉禾元年限□□米二斛六斗⿱三㐅嘉禾二年四月廿九日　泊丘吳帛關邸閣董基付三州倉吏鄭黑受　四三二八
……限米三百八十三斛五斗四升　其□百一十二斛五斗三升　四三二九
傳載不□　右一人從史位樂學乞數在所發遣　四三三〇
出小武陵鄉嘉禾元年新吏限米十一斛一斗⿱三㐅嘉禾二年四月一日勸　農掾蔡忠付木丘歲伍□守録若□〼　四三三一
〼……私學限米九斛二斗⿱三㐅嘉禾三年正月六日夫與丘男子□□關　邸閣董基付倉吏鄭黑受　四三三二
〼嘉禾三年四月六日於上丘苾羕關邸閣董基付倉吏鄭黑受　四三三三
入平鄉領傳丘嘉禾元年限米□一斛七斗⿱三㐅嘉禾三年四月十五日鄉　吏蔡□□□□守録若〼　四三三四
其五十八斛四斗黄龍二年鹽賈米　四三三五
其八斛四斗監□折咸米　四三三六
其□斛四斗鄉吏雷□黄龍三年鹽賈米　四三三七
劉元□□周客等十人限田收米四百斛　四三三八
限吏星□序詣□□□吏及今□□人度限到宮時不〼　四三三九
〼□鄭旺等屯田匡盖□□尉武昌□□大守承書從事今□　四三四〇
〼……斛⿱三㐅嘉禾三年□月卅二日鄉吏蔡忠付大男□□守録若折咸　四三四一
□□〼　四三四二
〼不得□也□督促□□即功成□□□□宜勤₌以₌爲₌意₌　四三四三
□大小六頃直米九斛六斗當　四三四四
其十七斛郡吏區香黄龍二年鹽賈米　四三四五
〼四月十二日□□□　四三四六
〼斛⿱三㐅嘉禾二年四月廿三日平鄉勸農掾蔡忠付彈溲丘大男鄧□守　録〼　四三四七
主記史陳嗣謹列所稱得禾干腊豆及貸民食□所付授〼　四三四八
出平鄉元年雜禾十八斛四斗⿱三㐅嘉禾二年四月十八日勸農掾蔡忠付　舍田丘大男廖□守録　四三四九
出平鄉元年見禾米十七斛五斗其二斛米十五斛五斗禾⿱三㐅嘉禾二年四月　九日主簿郭宋付鄉老當陽大男潘桐運　四三五〇
□□□□民貸禾卌斛一斗　四三五一
四月十四日主記史陳嗣白　四三五二
〼……限米□斛⿱三㐅嘉禾二年四月□日主記史陳嗣書史謝候付〼　四三五三
其一百一十六斛七斗□米五頃□九頃豆十二斛　四三五四
右出租税米□□卌六斛給貸貧民　四三五五
〼公乘謝伯年六十三　四三五六
……付掾黄謝史□□　四三五七
右桑鄉入民所貸嘉禾元年私學限米十七斛

其□百五十六斛二斗黃龍二年佃卒限米　四三五八

集凡……米□斛……　四三五九

□□禾卅五斛六斗　四三六〇

其卅斛郡吏區香黃龍二年鹽溢米　四三六一

集凡小武陵鄉□□米□□八斛八斗　四三六二

右□□□□□米□斛二斗　四三六三

☑元年稅米九斛□斗……　四三六四

☑□樂鄉嘉禾二年民還貸……　四三六五

☑□五十二斛一斗六升事　十一月廿五日部曲田曹史彭政白　四三六六

☑□□丘□□領田二頃廿八畝二百一十七步☑　四三六七

☑□四人　四三六八

☑吏客限米五斛胄畢≡×嘉禾三年四月廿四日伍社丘郭蘭關邸閣董
基付三州倉吏鄭☑　四三六九

☑□胄畢≡×嘉禾□年□月□日伍社丘□□關邸閣董基付□□倉□
鄭黑受　四三七〇

出平鄉見禾米五十斛其十二斛米 卅八斛禾≡×嘉禾二年四月十一日主簿郭宋☑　四三七一

☑≡×嘉禾三年四月十一日於上丘□兼關邸閣董基付三州倉吏鄭黑受　四三七二

☑□□≡×嘉禾二年四月廿一日平鄉勸農掾蔡忠付和丘☑　四三七三

其三斛五斗郡掾☑　四三七四

☑□≡×嘉禾三年四月十一日浸頃丘孫客關邸閣董基☑　四三七五

☑□□□民☑　四三七六

☑貸食嘉禾元年☑　四三七七

☑□折咸龍自備☑　四三七八

☑丘比伍謝南蔡張□☑　四三七九

☑……今年新吏限☑　四三八〇

☑□≡×嘉禾二年五月三日勸☑　四三八一

☑□守錄若折咸□□□　四三八二

□男子五仕居□陽曲□丘給□□□軍發遣
□年□月□日從史位樂咨舉　四三八三正

十一月八日舉　四三八三背

☑□一斛五斗胄畢≡×嘉禾三年四月廿四日僕丘區□關邸各董基付
三州倉吏鄭黑☑　四三八四

【注】「各」通「閣」。

☑七人　四三八五

☑畢≡×嘉禾二年五月四日領山丘謝□關邸閣董基付□□鄭黑受　四三八六

右小武陵鄉領雜限米一千三百五☑　四三八七

允妻大女讁年廿三☑　四三八八

☑禾四斛☑　四三八九

☑二年還貸食☑　四三九〇

☑貸歲伍魯□□□□☑　四三九一

☑民宗孝等五户斛　四三九二

☑諸鄉入民所貸☑　四三九三

入桑鄉嘉禾二年還貸食□□☑　四三九四

入□鄉嘉禾三年還貸食嘉禾元年☑　四三九五

麦妻大女咄（？）年卅七筭一　子女凌年☑　四三九六

☑□歲伍□□□□□下俗丘民何著等三户斛爲息五斗≡×嘉禾□
□☑　四三九七

☑□□買以□第□廿一枚□　□□☑　四三九八

☑□□謹列廣成會謹答言耕誠惶誠恐☑　四三九九

☑□□蔡忠付桐丘比伍□匠守錄若折咸□□☑　四四〇〇

……張……☑　四四〇一

•右諸鄉入民所貸☑　四四〇二

入桑鄉嘉禾二年還所貸食嘉禾元年☑　四四〇三

☒□嘉禾元年租米廿斛𡨧☒　四四〇四

入平鄉嘉禾二年還所貸食□☒　四四〇五

☒□黃龍二年限米　四四〇六

☒嘉禾元年税米三斛六斗𡨧嘉禾二年十二月六☒　四四〇七

右□領租□☒　四四〇八

☒□嘉禾元年私學限米□斛　四四〇九

其□百六斛黃龍二年限米　四四一〇

☒年私學限米十三斛𡨧嘉禾二☒　四四一一

入桑鄉嘉禾二年貸食嘉禾元年税米☒　四四一二

☒□斛𡨧嘉禾三年五月二日丘□☒　四四一三

☒曹墨𡨧嘉禾二年□☒　四四一四

☒食嘉禾元年☒　四四一五

☒年税禾還米□☒　四四一六

☒還所貸食嘉禾元☒　四四一七

入平鄉嘉禾二年還所貸□☒　四四一八

☒二年税米四斛七升　四四一九

【注】簡四四一九至四五〇四出土時原爲一坨，揭剥順序參見《揭剥位置示意圖》圖二十。

☒寶兄子男先年卅四　四四二〇

☒墨𡨧嘉禾元年十一月十七日蕒溲丘大男周㾏關邸閣郭據付倉吏　四四二一

黃諱□☒　四四二二

☒二年税米二斛　☒　四四二三

☒……人名年紀……☒　四四二四

☒□詣户曹　四四二五

【注】此簡未見字迹。

□母妾年六十五　四四二六

秋子女推年六歲　四四二七

秋小妻□頂年五十一　四四二八

☒　今年八月十六日□□　四四二九

☒……　四四三〇

【注】此簡僅見右旁殘筆。

☒　剛男弟錢年十一　四四三一

☒　□子男頭年十一　四四三二

右廷家口食六人　四四三三

☒　右要家口食六人　四四三四

☒□白□曹科□條列所部方遠授居民姓名上　四四三五

☒　其十三萬四千一百五十六年錢付吏潘羜李珠市☒　四四三六

胥子男想年十九　四四三七

☒稽爲已被書列未枲所言黃龍二年簿不處户　四四三八

☒□列著未還所言黃龍二年簿不處户數下到其亟隱☒　四四三九

☒□子男罷年六歲　四四四〇

西鄉□事武陵□□陰□妻錢年卅九　四四四一

☒□□□思年十一　四四四二

☒循年卅二　四四四三

☒　右□家口食四人　四四四四

☒……曹……　四四四五

☒四月廿六日都□掾潘善（？）☒　四四四六

秦户下婢好年十二　四四四七

☒□姪蕙年卅　四四四八

☒□□□諸郎吏家口食人名如牒　四四四九

☒□著户籍□民□□□□爲簿言　四四五〇

右循家口食五人　四四五一

☒陳胄年卅四　四四五二

☒……☒　四四五三

【注】字迹漫漶磨滅。

☒□武陵長零陵□陽□西□行督都尉屯田□□☒　四四五四
☒……言……陰核部界今船長𨒅小官客□　四四五五
☒……年卌　四四五六
☒子男頭年廿五　四四五七
☒列部界有方遠吏民□條列家口食年紀爲簿言☒　四四五八
……☒　四四五九
【注】字迹已磨滅。
☒□生字受居比郡縣者□□□□鉅著户籍與衆☒　四四六〇
石泰家口食四人　四四六一
☒弟麦年卌☒　四四六二
□子男□年□歲　☒　四四六三
☒□户下奴□年十二　四四六四
☒男弟元年九歲　四四六五
☒男弟□年十一　四四六六
☒右宣家口食七人　四四六七
☒男弟虫年五歲　四四六八
四四六九
【注】此簡未見字迹。
☒□□列□數如記（？）書書到言　四四七〇
☒□欽年廿九　四四七一
□子男吉年一歲　四四七二
☒所部□□□關言州吏董基胡仲牒□☒　四四七三
☒□牒列鄉界方遠聚居民占上户牒成别☒　四四七四
☒姪男□年□十　四四七五
□女弟廬年卌五　四四七六
仕子女取年五歲　四四七七
文母妾年六十　四四七八
和户下奴西年十五　四四七九
□子男當年八歲　四四八〇
□子女足年四歲　四四八一
☒□□著户籍督條列人名年紀爲簿忠等文書到☒　四四八二
☒大常府丁卯書曰諸郡生子□受居比郡縣者及方遠客人　四四八三
☒子男于年十三　四四八四
☒主記史陳嗣受　四四八五
☒□晨掾張記□烈谷能龍碭□選令長侯相□□☒　四四八六
☒春江□南郡宜都大守承書從事□各攝□□　四四八七
石昌家口食七人　四四八八
右㕧家口食廿三人　四四八九
☒諸郡生子受居比郡縣者及方遠客人皆應上户籍　四四九〇
☒書　諂　右　户　曹　四四九一
☒□受居方遠應占著户籍督條列人姓名　四四九二
☒□書到促依書録著户籍□衆民爲例録☒　四四九三
□子男歐年一歲　四四九四
□妻汝年卅一　四四九五
☒其……☒　四四九六
……年五十二□　四四九七
☒□中部督郵書掾尤□移　四四九八
☒督軍行義都尉覢督察□告　四四九九
☒寫部諸鄉吏蔡忠區光郭宋文□□　四五〇〇
☒得使九□□掐處所□者瓜分别□□□□☒　四五〇一
☒不得稽留言如府旁書科令　四五〇二
☒□年廿一　給　州　吏　四五〇三
☒家口食八人　四五〇四
☒……及誠如□□不出草……　四五〇五
【注】簡四五〇五至四五二三（一）出土時原爲一坨，揭剥順序參見《揭剥位置示意圖》圖二十一。

☐……合☐☐　四五○六
☐右入……☐　四五○七
☐☐☐☐☐君叩頭叩頭死罪死罪案文書前遣　四五○八
中☐☐郡所居☐亡者☐　四五○九
☐☐☐陳頤……今☐　四五一○
民口新著……食……☐　四五一一
叫妻☐年☐☐☐　四五一二
以未得占著不授☐☐☐　四五一三
遺子男承年廿　四五一四
武陵從掾位宗☐年廿　四五一五
☐子男業年廿六　四五一六
旮新産子男陽年十歲　四五一七
☐攸新屋陵鄧張暹☐和年五十一　四五一八
☐南男子張元年……　四五一九
四五二○
【注】此簡未見字迹。
元子男迣年五歲　四五二一
右勉家口食三人　四五二二
☐……年……　四五二三
都鄉勸農掾郭宋叩頭死罪白被曹敕條列鄉界方遠☐居民占上户籍
分別言案文書輒部歲伍五京陳☐毛常等隱核所部今京關言州吏姚達
誠裕大男趙式等三户口食十三人☐在部界謹列人名口食年紀別爲
簿如牒謹
列言宋誠惶誠恐叩頭死罪死罪
詣户曹　四五二三（一）
☐臨都尉宋圭舉☐居囲溲丘帥☐☐　四五二四
【注】簡四五二四至四五七一出土時原爲一坨，揭剥順序參見《揭剥位置示意圖》圖二十二。
妻思年卅二　四五二五
私學羅縣儀☐年廿六　四五二六
陵以☐☐丘☐☐書言☐☐　四五二七
嘉禾二年五月五日☐甲☐持節都護……　四五二八
監☐枭……如尚書☐　四五二九
☐☐☐昧死言☐會謹答言悉☐☐☐☐　四五三○
列年紀所居處所如☐☐另著縣☐☐☐☐☐　四五三一
督軍糧都尉治所☐☐☐縣吏一人私學☐☐　四五三二
五日☐罰音☐爲☐人☐☐五日使平別差令史二人持典　四五三三
次☐☐☐道皆雨☐☐☐☐☐如縣☐☐☐☐　四五三四
光誠惓☐☐人言自☐　四五三五
☐☐西鄉☐　四五三六
☐……户一人合二人　四五三七
☐年十一月丁亥朔……敢言之　四五三八
☐數下王寅……☐　四五三九
私學臨☐☐軍年廿　四五四○
……潘薪元陵遺　四五四一
☐下乞☐☐疾所☐　四五四二
臨湘☐掾☐☐☐舉……　四五四三
☐☐薄不知付……限會☐至及今所下私取　四五四四
☐部曲督☐☐……　四五四五
☐……　四五四六
【注】字迹已磨滅。
☐☐☐☐區光發遣私學監廣訢宮上道言君叩頭☐　四五四七
嘉禾二年十二月五日臨湘侯相君丞郩叩頭死罪敢言之　四五四八
無有名籍今條年紀如牒部吏命送詣宮言君叩頭叩頭死罪死罪案
文書　四五四九

□□□□□居如部員口出過入□少☒　四五五〇

都市掾潘羜叩頭死罪白被曹敕推求私學南陽張游發遣詣屯言案文
書輒推問游外王母大女戴
取辭游昔少小隨姑父陳密在武昌密以（於）黄龍
元年被病物故游轉隨姊聟州吏李恕到今年六月三日游來（?）□
取家其月十三日游隨故郭將子男欽□到始安縣讀書未還如取辭□
曹列言□南部追□發遣□詣大
屯又游無有家屬應詔課者謹列言羜誠惶誠恐叩頭死罪死罪
詣户曹
十一月十五日辛丑白　四五五〇（一）

☒□□□☒　四五五一

……□一……☒　四五五二

□都鄉發□州□□□□□☒　四五五三

妻□年□四筭☒　四五五四

……從史位……做☒　四五五五

私學朱□年□□……☒　四五五六

嘉禾二年　十一月丁亥朔□□□☒　四五五七

☒□卒鐵從□□外□□□掴梁□必時□□☒　四五五八

□學臨湘□□年廿　四五五九

……侯相宣私□□吏秦南黄功文□☒　四五六〇

期會掾烝☒　四五六一

☒□□□之選宦二人□社□不得吏□□罰□□☒　四五六二

☒……☒　四五六三

【注】字迹漫漶。

☒□□□□□□令長……都□　四五六四

☒……男伍女□☒　四五六五

☒□叩頭叩頭死罪案文書□□移□☒　四五六六

☒□邸閣㽞郡董基　☒　四五六七

☒□枚　☒　四五六八

☒□殿□□詣府有□人便催□□案所下文☒　四五六九

……☒　四五七〇

【注】僅見左側殘筆。

……□番得取　四五七一

☒米五斛　四五七二

☒……鄉郎中陳最舉散民　四五七三

☒嘉禾二年十□月廿二日□丘李客關邸閣郭　據☒　四五七四

☒稅米廿五斛七斗　四五七五

右□家口食□人☒　四五七六

□□□計□條列舉者有☒　四五七七

☒□鄉私學合十□☒　四五七八

☒三年子弟限米　四五七九

☒諱番□☒　四五八〇

據言司鹽都尉宋□客□☒
左□賚畢　四五八一

□言府寫移三州董邸閣☒
□□賞鹽受餘□☒　四五八二

私學臨湘□□年廿□　四五八三

☒年租米四斛□斗　四五八四

從史位南郡董□年□　☒　四五八五

☒潘戱關邸閣郭據付倉吏黄諱史潘慮受　四五八六

□子女如年四歲☒　四五八七

☒月十日□□□勸農掾烝□☒　四五八八

☒丞叩頭死罪死罪敢言之　四五八九

☒□輩送友詣宫□道☒　四五九〇

☒□今七□言□……□☒　四五九一

〼吏監賢受　四五九二
〼嘉禾二年　四五九三
〼閣李嵩……受中〼　四五九四
〼　已入畢〼　四五九五
〼□貸食二年稅米□〼　四五九六
〼元年十一月廿日杍柤丘子弟□□關邸閣董基〼　四五九七
其□斛……　四五九八
〼□□居處以□□〼　四五九九
〼須言君誠惶誠〼　四六〇〇
〼要□年廿六〼　四六〇一
〼潘慮付主〼　四六〇二
〼私學吳平斛米□斛〼　四六〇三
〼詭責〼　四六〇四
〼□□□慮〼　四六〇五
〼□□□三人所還貸……〼　四六〇六
〼□關邸閣郭據付倉掾黃諱〼　四六〇七
其一百卌二斛六斗三升給貸嘉禾四年貧民佃種粻收還別列　四六〇八
【注】簡面有朱筆迹。簡四六〇八至四七二〇出土時原爲一坨，揭剥順序參見《揭剥位置示意圖》圖二十三。
其四百五十七斛四斗五升付州中邸閣李嵩倉吏李金　四六〇九
【注】簡面有朱筆迹。
其田斛付醴陵漉浦倉吏周進　四六一〇
【注】簡面有朱筆迹。
領餘逋二年新吏限吳平斛米一百七十三斛七斗六升已入畢　四六一一
【注】簡面有朱筆迹。
其廿六斛付醴陵漉浦倉吏周進　四六一二
【注】簡面有朱筆迹。
其一百廿二斛九斗八升四合給貸嘉禾四年貧民佃種粻收還別列　四六一三
【注】簡面有朱筆迹。
其八十八斛七斗七升給貸嘉禾四年貧民佃種粻收還別列　四六一四
【注】簡面有朱筆迹。
其一十二斛付醴陵漉浦倉吏周進　四六一五
其一千八百斛四斗八升七合付中邸閣李嵩倉吏李金　四六一六
【注】簡面有朱筆迹。
其□□□□斛七斗四升五合給貸嘉禾四年貧民佃秫粻收〼　四六一七
領餘逋二年租吳平斛米一十九斛一斗三升已入畢付州中邸閣李嵩倉　四六一八
【注】簡面有朱筆迹。
吏李金領　四六一九
其卌一斛給貸嘉禾三年貧民佃種粻收還別列　四六二〇
【注】簡面有朱筆迹。
右倉曹謹列嘉禾二年餘逋雜米已入付授簿　四六二一
領餘逋二年稅吳平斛米二千三百廿九斛四斗五升已入畢　四六二二
其四百四斛四斗六升二合給貸嘉禾二年貧民佃秫種粻　四六二三
其二百卌九斛八斗六升付州中邸閣李嵩倉吏黃諱潘慮　四六二四
【注】簡面有朱筆迹。
〼四年貧民佃種粻收還別列　四六二五
【注】簡面有朱筆迹。
四六二六
【注】此簡未見字迹。
領餘逋二年復民□吳平斛米廿一斛五斗一升六合已入畢出給貸嘉禾〼　四六二七
【注】簡面有朱筆迹。
其廿一斛給貸嘉禾三年貧及屯田民佃種粻　四六二八
□如有□□□且如□令悉收不得使一人不下〼　四六二九

私學南郡蔡滿年□ 四六三〇
右一人入關有分□□舉居□部新□ 四六三一
二人使叩建業給□還選舉私學□ 四六三二
四六三三
定領吳平斛米三千一百卌四斛三斗二升六合已入畢 四六三四
【注】此簡未見字迹。
私學□□□年□ 四六三五
其廿斛七斗九升付州中邸閣李嵩倉吏李金☒ 四六三六
□□□□□當吏處若□□給□□百催舉□道里遠近者會十一月朔☒ 四六三七
九月二日戊子部督軍武都尉□督察□□ 四六三八
領餘逋二年郵卒限吳平斛米一百六十三斛二升已入畢 四六三九
領縣吏一户中品 四六四〇
□承勑□令足舉户……吏□處鄉亭下 四六四一
四六四二
其八十七斛八斗一升付州中邸閣李嵩倉吏黃諱潘☒ 四六四三
【注】此簡未見字迹。
州中邸閣汝南李嵩 四六四四
縣鄉吏□□ 四六四五
其一百五十五斛四斗四升佃吏限米還充□□□☒ 四六四六
卌斛吏帥客黃龍三年限米二百斛私學黃龍三年限米二百斛郡 四六四七
掾利焉 四六四八
其四□……兵□ 四六四九
其一千一斛四斗四升黃龍三年限米 四六五〇
領吏殷□所□黃龍□年……錢☒ 四六五一
倉□□□十三日□□□□倉吏黃諱史潘慮 四六五二
其五千准入鋘十枚付市吏潘羜斥賣羜當別入☒ 四六五三
領鄉書史一户下品 四六五三

其二千六百六十斛六斗七升七合付州中倉邸閣李嵩倉吏☒ 四六五四
☒□□□一户下品 四六五五
其一千一十八斛五斗付州中邸閣李嵩倉吏黃諱潘慮 四六五六
其七十七斛九斗付州中邸閣李嵩倉吏黃諱潘慮 四六五七
其八十二斛一斗一升給貸嘉禾四年貧民佃種粻收還別列 四六五八
領餘逋二年屯田民限吳平斛米八十五斛五斗八升已入畢 四六五九
其卅五斛五斗付州中邸閣李嵩倉吏黃諱潘慮 四六六〇
入黃龍二年粢租米□斛□斗□升 四六六一
其三斛付州中邸閣李嵩倉吏李金 四六六二
其卅八斛付醴陵漉浦倉吏周進 四六六三
☒其□斛□斗……米 四六六四
其五十斛給貸嘉禾三年屯田民佃種粻收還別列 四六六五
收還別列 四六六六
其一千八百十七斛三升六合被督軍糧都尉嘉禾三年正月十日
乙☒ 四六六七
其廿五斛三斗付吏張惕潘勇給所送吏客五月日粻 四六六八
其九十七斛□斗六升給貸嘉禾四年□□佃種粻收還別列 四六六九
未書給大常留□□二百八十三人其□七月直 四六七〇
其一百卌七斛三斗□升七合付三州倉吏鄭黑言與先所受作□ 四六七一
領餘逋二年吏帥客限吳平斛米七百卅三斛七斗七升已入畢 四六七二
領餘逋二年私學限吳平斛米二百四十八斛四斗三升已入畢 四六七三
領餘逋二年佃吏限吳平斛米五十九斛三斗已入畢 四六七四
領餘逋二年新還民限吳平斛米七十二斛三斗七升已入畢 四六七五
其八十二斛付州中邸閣李嵩倉吏潘慮 四六七六
其二十□斛□給貸嘉禾四年貧民佃種粻收還別列 四六七七
其卌九斛一斗二升給貸嘉禾四年貧民佃種粻收還別列 四六七八

五月十五日故主庫史☒ 四六七九

領餘逋二年僮子限吳平斛米二百五十一斛三斗□升已入畢 四六八〇

☒受 四六八一

嘉禾元年調布四千三百卌五匹三丈□尺其三千六百六十四匹 四六八二

其卌九斛八斗付州中邸閣李嵩倉吏李金 四六八三

其四斛付州中邸閣李嵩倉吏李金 四六八四

其卌七斛五斗付州中邸閣李嵩倉吏黃諱潘慮 四六八五

臨湘縣丞小□白縣銀黃武六年文入養及□糧所賣生口賈錢合卌 四六八六

右領錢十萬五千九百七十七錢 四六八七

其卌三斛□斗付州中邸閣李嵩倉吏黃諱潘慮 四六八八

其七十四斛五斗給貸嘉禾四年貧民佃種粻收還別列 四六八九

其八十一斛五升新吏黃龍二年限米 四六九〇

入民還司馬丁烈黃武七年佃禾准米八斛 四六九一

今餘錢七萬五千廿□☒ 四六九二

其四萬五千准入牛一頭於庫朱七吏潘清傳與諸鄉收□未有入☒ 四六九三

☒庫吏潘有所列所領民□□錢出用簿 ☒ 四六九四

□丈三尺匹直三千六百其六百八十一匹二丈一尺匹直三千五
百布 四六九五

其九萬八千三百五十五錢負□死叛及傳送人生□所詭責 四六九六

其四百五十二斛七斗付州中邸閣李嵩倉吏黃諱潘慮 四六九七

亡依癸卯書原除 四六九八

十七錢通合一千五百五十七萬六千九百七錢付吏潘羜□□
四六九九

集凡嘉禾二年餘逋□吳平斛米□千三百九十九斛七斗二升六合☒
四七〇〇

十五日□□□□ 四七〇一

☒□□謹所□雜出□餘見禾米豆簿 四七〇二

五升斛直一千八百合一百廿七萬四千二百七十三年限米卌七
斛☒ 四七〇三

其□百□斛……限米 四七〇四

□□□鄧□黃龍三年臨居米五斛 四七〇五

今別□漢未有入 四七〇六

其五十四斛……米 四七〇七

☒□□三錢谷□錢七萬七千七百六十五錢未有入 四七〇八

【注】簡面有朱筆迹。

其□百斛二斗九升……米 四七〇九

其九十四斛二斗四升黃龍二年□米 四七一〇

入監池司馬鄧邵黃龍三年攻捕米十六斛 四七一一

其七百六十四斛□斗二升黃龍三年稅米 四七一二

軍糧都尉移右節度府黃龍三年八月廿四日□□書給大倉丞張
□奉□ 四七一三

七合斛直一千八百合八萬六千與雜□一千四百六萬一千八百八 四七一四

見四百八十二匹三丈五尺五 寸 □☒ 四七一五

☒等□□錢七萬五百九十未有入 四七一六

【注】簡面有朱筆迹。

☒□□□鄧梅斥賣收責□ 四七一七

主庫史殷連謹列五月旦承餘新入布匹數簿 四七一八

主庫史殷連謹列三月旦承餘新入二年布匹數簿 四七一九

出入 無 ☒ 四七二〇

其一升監運掾魏樓限米 四七二一

【注】簡四七二二至四八五〇（一）出土時原爲一坨，揭剥順序參見《揭剥位置示意圖》圖二十四。

其三百一十六斛三斗三升黃龍二年稅白米　四七二二

其四斛監運兵曹張象備黃龍二年斧賈米　四七二三

其一斛八升黃龍二年佃卒限米　四七二四

其四斗三升黃龍二年叛士限米　四七二五

其四斗三升叛士黃龍二年限米　四七二六

其五斗黃龍三年醬賈米　四七二七

其一斛四斗八升民還黃龍元年租米　四七二八

其一斛七斗二升黃龍二年郵卒限米　四七二九

承黃龍三年九月旦簿餘雜吳平斛米四百七十四斛九斗四升　四七三〇

入黃龍三年租米十五斛　四七三一

•右米五百九十四斛三斗八升　四七三二

入民還黃龍元年租米三斛五斗　四七三三

中倉吏黃諱潘慮謹列黃龍三年十月旦簿　四七三四

入黃龍三年稅米一百卅二斛六斗　其廿六斛四斗五升白米　四七三五

入民還賈人李綬米卅一斛六斗　四七三六

其一升黃龍二年吏帥客限米　四七三七

其六斛二斗二升黃龍元年租禾准米　四七三八

•定領米一千六十五斛三斗二升　四七三九

入民還黃龍三年醬賈米三斛四斗六升　四七四〇

其四斛監運兵曹張象備黃龍二年斧賈米　四七四一

其六十二斛永新尉陳崇備黃龍二年稅僦米　四七四二

其卅五斛監池司馬鄧邵黃龍二年限米　四七四三

其□□斛黃龍元年稅米　四七四四

其十三斛三斗八升九合黃龍三年佃吏鄉吏限米　四七四五

其一斛八升黃龍二年佃卒限米　四七四六

其二升黃龍元年新吏黃龍元年限米　四七四七

【注】此簡衍「黃龍元年」四字。

右雜米一千六百卅七斛別領　四七四八

其二斛黃龍元年佃吏限米　四七四九

出倉吏黃諱潘慮所領吳平斛中白米四百卅九斛一斗□升其卅一斛
八斗五升黃龍二年　四七五〇

嘉禾三年十月廿一日付書史使盧枻師夏軍　四七五一

七百被督軍糧都尉黃龍三年十月十六日乙卯書付監運兵曹陳
謙運詣　四七五二

其七十四斛九斗一升一合黃龍□年私學限米　四七五三

郡倉吏監賢米一千一百五十六斛七斗四升劉陽倉吏春這收米
一千七百七十六斛　四七五四

其五斗吏文水備黃龍元年零陵桂陽私學限米　四七五五

其四斛二斗五升諸將黃武□年佃禾准米　四七五六

米四斛監運兵曹張象備黃龍二年斧賈米一千五百六斛黃龍二
年盈湎米　四七五七

其七升黃龍二年□租米　四七五八

六斗四升醴陵倉吏劉仨米二千二百卅九斛□斗二升通合吳平
斛米六千　四七五九

其七斛五升監運掾姃度漬米　四七六〇

其十九斛黃龍元年租米　四七六一

入黃龍二年吏帥客限米十四斛四斗　四七六二

其一斛四升□□□黃龍三年限米　四七六三

入黃龍二年私學限米五十二斛　四七六四

其三百七十三斛六斗黃龍三年稅米　四七六五

其□斛黃龍三年醬賈米　四七六六

其一斛八斗黃龍二年限米　四七六七

其卅二斛八斗五升黃龍□年租米　四七六八

其一斛四斗六升黃龍三年醬賈米　四七六九

其卅九斛五斗叛士黃龍二年限米　四七七〇

其廿斛郵卒黃龍二年限米　四七七一

其十一斛五斗新吏黃龍三年限米　四七七二

其一百一十二斛四斗八升黃龍二年新吏限米　四七七三

其七千三百七十一斛九斗□升黃龍三年稅米　四七七四

入黃龍元年私學限米卌斛　四七七五

其六千六百卌□□斗黃龍三年稅米　四七七六

入吏民還價人李綬米六十六斛三斗　四七七七

入吏文董備郡士黃武七年佃禾准米□十二斛　四七七八

入民還黃龍二年稅米二百六斛九斗……斗三升□□倉掾……　四七七九

被督軍糧都尉黃龍三年□月□□書給都尉三年三月□三年□〼　四七八〇

其廿二斛六斗黃龍三年新還民限米　四七八一

入黃龍元年吏帥客限米一百五十二斛　四七八二

丞二年七月旦簿餘吳平斛米……　四七八三

出倉吏黃諱潘慮所領民還黃龍二年稅吳平斛米九斛六斗爲稟斛米〼　四七八四

其三百卌八斛□斗黃龍□年吏帥客限米　四七八五

中倉吏黃諱潘慮謹列三年十月旦簿　四七八六

入郡掾利焉屯田黃龍二年限米三斛五斗　四七八七

其五十一斛新吏龍元年限米　四七八八

【注】「龍」上脱「黃」字。

其五百一十二斛一斗三升黃龍三年租米　四七八九

其九十二斛永新故尉陳崇備黃龍二年稅僦米　四七九〇

其廿八斛八斗五升郵卒黃龍三年限米　四七九一

其六十九斛□斗四升司馬鄧邵黃龍三年限米　四七九二

其一百一斛郡掾利焉黃龍三年限米　四七九三

右雜米二百五十八斛別領　四七九四

定領米一萬四百八十三斛七斗四升　四七九五

右米一萬二千三百九十二斛五斗三升別領　四七九六

其九千七十四斛三斗六升已入畢　四七九七

□□邸閣唐霑所度佃吏張敬黃龍二年□□　四七九八

其三百□斛八斗黃龍三年……　四七九九

入民還黃龍二年租米卅六斛□斗四升　四八〇〇

入黃龍三年醬賈米二斛　四八〇一

入黃龍三年稅米九千一百卌三斛一斗一升　其卅斛五升白米　四八〇二

入黃龍二年新吏限米卅一斛□斗三升　四八〇三

〼黃龍二年郵卒限米八十四斛□斗……卌一斛三州倉米　四八〇四

入黃龍三年稅米八百卌一斛二斗　其六斛二斗九升白米　四八〇五

入永新故尉陳崇加藏米十三斛九斗　四八〇六

入縣卒何員還黃龍元年所種麦二斛　四八〇七

入吏文水所備鍛師佐監奥等稟米廿四斛　四八〇八

……□□倉吏黃諱潘慮受　四八〇九

其五百三十二斛一斗三升黃龍三年租米　四八一〇

其一千三百五十三斛一斗三升黃龍三年租米　四八一一

其一萬五千七百九十二斛六斗二升黃龍三年稅米　四八一二

定領米二萬一千五百七十八斛九斗一升　四八一三

起三年十二月訖四年二月卅日其二人人月二斛□斗十四人人
……三年五月廿三日付倉吏　四八一四

被督軍糧都尉黃龍三年十二月十四日壬午書給監運掾章禮士
十□□　四八一五

出倉吏黃諱潘慮所領……吳平斛米九十八斛四斗爲稟……　四八一六

正月訖二月卅日其廿一人人月二斛一人月一斛……月廿日付
書吏丁□　四八一七

督軍都尉黃龍三年三月十五日癸丑書給監運掾劉憲士廿二人
稟起四年　四八一八

入黃龍三年租米五百七□斛五斗九升　四八一九

出倉吏黃諱潘慮所領吳平斛米二千八百七十七斛□升其□百斛黃

龍三年租米六百卌 四八二〇
十二月一日己亥書付監運司馬趙斐運詣集所三年十二月五日
付書史楊操 四八二一
出倉吏黄諱潘慮所領黄龍三年税吳平斛米二千三百斛被督軍糧都
尉黄龍三年 四八二二
十二月十五日癸丑書付監運掾劉憲運詣集所三年十二月卅日
付書史丁𢡺 四八二三
其一百六十六斛黄龍元年税米 四八二四
其一百六十二斛監池司馬鄧邵黄龍□年限米 四八二五
其二百斛郡掾利焉黄龍二年限米 四八二六
其一百廿五斛新還民黄龍三年限米 四八二七
其四百廿九斛私學黄龍二年限米 四八二八
詣州中倉吏以其月□日關邸閣郭據……詣…… 四八二九
……年新□吳平斛米三斛七斗……三年六月十四日……▨ 四八三〇
其四斛五升二合八勺雜税米 四八三一
其一百斛□斗七升四合税就米 四八三二
其□□□斛五…… 四八三三
其卅八斛一斗四升黄龍二年盈米 四八三四
其一百一十三斛二斗四升黄龍二年吏帥客限米 四八三五
定領□米八百□□斛九斗□升從□耕…… 四八三六
•右雜米二百卌二斛五斗四升六合三勺别領限米 四八三七
閏……限米 四八三八
其五斛民還黄武七年私學限米 四八三九
十一日乙卯龔□叩頭…… 四八四〇
入民備船師何春折咸米三斛三斗 四八四一
其五斛五斗七升三勺黄龍三年雜擿米 四八四二
•右六月出吳平斛米□百□五斛三斗九升 四八四三
入黄龍三年税米八千八百卌九斛五升 四八四四

其十一斛二斗六升黄龍三年税米 四八四五
斗五升諸將黄武七年佃禾准米七斗黄龍二年□租准米五斗黄
龍三年𨷍□▨ 四八四六
其二萬五□□□□五𠛬……庫吏潘有領 四八四七
斛六斗七升黄龍三年税米四百九十斛民還黄龍二年税米一百
六十斛四斗黄龍二 四八四八
其十五斛黄龍三年税米 四八四九
出倉吏黄諱潘慮所領民還黄龍二年税吳平斛米卅四斛五斗六升
爲稟斛米卅 四八五〇

君教若　丞洖如期會掾烝若録事掾陳　曠校
十二月廿一日白從史位周基所舉私學
兼主簿劉　恒省
□□正户民不應發遣事脩行吳□囯
四八五〇（一）

按：「若」字覆蓋於「君教」筆畫之上。

▨民還嘉禾二年貸逋雜吳平斛米五千三百九十□ 四八五一

【注】簡四八五一至四九九五出土時原爲一坨，揭剥順序參見《揭剥位置示意圖》圖二十五。

四萬五千八百六錢輒料計庫訖嘉禾三年五月卅日凡已入卅七萬 四八五二
五日領□違□如詔書科令 四八五三
其卅一斛六斗價人李綏米 四八五四
其□百六十二斛□斗二年佃卒限米 四八五五
其一百八十斛黄龍三年新吏限米 四八五六
其七百九十四斛二斗四升…… 四八五七
其六十五斛監池司馬鄧邵黄龍三年限米 四八五八
……限米七斛 四八五九
其二升新吏黄龍元年限米 四八六〇

其廿四斛黃龍元年稅米　四八六一
其一萬四百六十一斛七斗二升䔒米　四八六二
其二百七十八斛二斗白米　四八六三
☑□十二……領……　四八六四
入司馬黃升屯田黃龍二年限米廿斛　四八六五
入民還司馬丁烈黃武七年佃禾准米十一斛　四八六六
其五十五斛黃龍三年新吏限米　四八六七
其廿四斛佃卒黃龍三年限米　四八六八
其七百七十八斛二斗白米　四八六九
右雜米𥟖六百卌斛七升別領　四八七〇
今餘吳平斛米九千二百五十二斛八升　四八七一
入黃龍三年醬賈七斛八斗　四八七二
其九斛二斗六升黃龍三年醬賈米　四八七三
出倉吏黃諱潘慮所領黃龍三年稅吳平斛米四千五百斛被督軍糧都
尉黃龍三年　四八七四
其五十八斛黃龍三年稅米　四八七五
其二斛六斗何圓還黃龍元年限米　四八七六
入𥟖鄉元年限米六十二斛㕥嘉禾二年四月廿一日勸農蔡忠付□□
丘□伍朱劉潘□守録若□☑　四八七七
【注】「農」下脱「掾」字。
入民還黃龍二年稅米七百八十九斛七斗一升　四八七八
·右雜米一百卌一斛別領　四八七九
其十五斛黃龍三年稅米　四八八〇
其四斛四斗九升新吏黃龍□年限米　四八八一
督軍糧都尉移右節度府三年□月卌日己……　四八八二
其一百卌二斛六斗黃龍三年稅米　四八八三
入吏文董備郡士□□三年佃禾准米八斛四斗　四八八四
入民還價人李𥟖米十一斛六斗　四八八五
入□鄉□年米一斛八斗㕥嘉禾二年四月十七日平鄉勸農掾□□付
□丘大男黃利守□☑　四八八六
其六斛三斗吏潘慮備船師黃廉何春等折咸米　四八八七
其五百七十七斛九斗六升黃龍二年稅米　四八八八
·右十一月新入吳平斛米一萬八斛四斗　四八八九
五斗一人月一斛三年十一月一日付哀德　四八九〇
其五十二斛私學黃龍二年限米　四八九一
其一百卌二斛六斗黃龍三年稅米　其卌六斛四斗五升白米　四八九二
二年限米一斛四升別領黃龍三年限米九斛五升監運掾姃度漬
米四斛二　四八九三
☑一斛八升佃卒黃龍二年限米四斗二升叛士黃武二年限米九斗三
升佃吏黃龍　四八九四
其五十一斛黃龍元年□米　四八九五
其三百卌八斛四斗黃龍三年吏帥客限米　四八九六
其八十一斛司馬黃升黃龍三年限米　四八九七
入黃龍二年叛士限米十二斛　四八九八
其三升佃吏黃龍元年限米　四八九九
其九斛二斗六升黃龍三年醬賈米　四九〇〇
入黃龍元年稅米一百五十二斛八斗三升　四九〇一
出倉吏黃諱潘慮所領黃龍三年稅吳平斛米九十三斛六斗爲稟斛米
九十七斛五斗　四九〇二
書即黃□奉起二月三日訖八月月六斛三年十一月一日付吏張蓊
（？）　四九〇三
出倉吏黃諱潘慮所領民還黃龍二年稅吳平斛米卌八斛八斗爲稟斛
米卅斛被　四九〇四
其一百六十斛四斗郵卒黃龍二年限米　四九〇五
其五十一斛五斗叛士黃龍二年限米　四九〇六

其一千五百六斛黃龍二年□□米　四九〇七

其八十二斛五升新吏黃龍二年限米　四九〇八

六斛被督軍糧都尉移右節度府黃龍三年二月十五日己巳書給
中户曹崗　四九〇九

承三年十月旦簿餘吴平斛米七百卌一斛三斗四升　四九一〇

其……斛黃龍□年……　四九一一

其田三斛九斗四升諸將黃武七年佃禾准米　四九一二

其四百九十二斛四斗二升黃龍二年稅米　四九一三

入黃龍元年吏帥客限米六田三斛　四九一四

入民還黃武六年租米七斛　四九一五

入黃龍二年吏帥客限米廿七斛五斗　四九一六

其一百八斛郵卒黃龍三年限米　四九一七

……雜米　四九一八

入東鄉烝口故倉吏□麦備黃龍元年稅米廿七斛　四九一九

五十斛劉陽倉吏周春米七百八十斛通合吴平斛米一千四百八
十斛被督軍糧　四九二〇

入郡掾利焉黃龍三年屯田限米一百卌九斛七斗　四九二一

入郡掾利焉黃龍元年屯田限米五十四斛　四九二二

其卌七斛三斗四升諸將黃武七年佃禾准米　四九二三

其六百□斛八斗船師黃廉何春梅朋折咸米　四九二四

其二百卌五斛一斗黃龍二年浸□米　四九二五

其一百一十二斛黃龍二年私學限米　四九二六

其七百四斛吏帥客黃龍□年限米　四九二七

入黃龍三年佃卒限米□百□□斛□斗　四九二八

入黃龍二年佃卒限米九□斛□斗五升　四九二九

入民還司馬丁烈黃武七年佃禾准米一斛　四九三〇

出黃龍三年□□□□□米五田□斛一斗□□□□五斛九斗……
四九三一

定黃龍三年限米……吏□□□米七十二斛八斗二升通合吴平
斛米一百□⊘　四九三二

出鄉吏區吾黃龍二年限吴平斛米卌斛黃龍三年二月付大男毛主運
詣州中　四九三三

會主以其月十三日關邸閣□□付倉吏監賢　四九三四

其一百六十斛四斗郵卒黃龍二年限米　四九三五

其一百一十三斛九斗四升黃龍二年吏帥客限米　四九三六

入郡吏鄭通司馬趙像黃武七年佃禾准米七斛　四九三七

百五十斛被督軍糧都尉黃龍二年三月廿□日□□書付監運都
尉□祐　四九三八

三年□月訖四年三月……蔡碩□親□□□　四九三九

出倉吏黃諱潘慮所領黃龍二年租吴平斛米廿三斛□斗四升爲稟斛
米廿四斛被督軍　四九四〇

其廿八斛八斗五升郵卒黃龍三年限米　四九四一

入監運兵曹徐邵備黃龍二年斧賈米五斛　四九四二

卌四斛三斗二升六合□□三州倉俱起嘉禾三年五月十五日訖□年
□　四九四三

還充役郡別差均諸郡吏□備入定吴平斛米五千二百　四九四四

【注】簡面有朱筆迹。

其十五斛准入錢三萬付庫吏潘有領　四九四五

記□租□□　四九四六

定領吴平斛米六百九斛九斗二升已入畢　四九四七

其田五斛准入錢萬付庫吏潘有　四九四八

其一百五十五斛□丑郡四下佃吏限米吏客還充役郡別差均（？）　四九四九

其二百廿斛六斗□□付州中邸閣李嵩倉吏李金　四九五〇

領餘通二年□□□佃吏限吴平斛米七百十四斛三斗二升　四九五一

入黃龍元年私學限米卌八斛　四九五二

其□百七十斛……　米　四九五三
……　四九五四
【注】所見僅剩字迹右旁殘筆。
其三斛五斗民還黃龍元年租米　四九五五
入黃龍元年私學限米四百五十五斛　四九五六
其卌□斛一斗四升黃龍二年□米　四九五七
出黃龍三年十一月……八十八斛二斗□米十二斛九斗　四九五八
其二斛鄉吏區香備鹽溢米　四九五九
……謝趙　四九六〇
其一百八斛四斗價人李綏米　四九六一
其五十四斛一斗三升民還黃龍元年稅米　四九六二
入黃龍三年新吏限米一百八十斛八斗　四九六三
入黃龍三年郵卒限米卅斛　四九六四
入黃龍二年私學限米六十斛　四九六五
其五十五斛九斗黃龍二年稅米　四九六六
出黃龍二年吏帥客限米二百卌斛黃龍三年□月一日付大男毛主
□□　四九六七
其五十□斛九斗黃龍二年稅米　四九六八
其卌□斛黃龍元年□□限米　四九六九
右雜米粟四百六十四斛七升　四九七〇
入監池司馬鄧邵黃龍三年限米九十七斛　四九七一
其一千四百卅五斛三斗黃龍三年稅米　……　四九七二
……嘉禾□年九月卅日故倉吏□□　四九七三
其卅一斛六斗價人李綏米　四九七四
出倉吏黃諱潘慮所領黃龍三年租吳平斛米卅四斛□□□升爲稟斛
米卅六斛被督　四九七五
軍糧都尉黃龍三年二月四日□寅書給監運掾黃禮所領書史尹
仕□　四九七六

三州倉謹列承黃龍三年八月簿領餘逋□□月餘見九月旦簿　四九七七
斛新還民黃龍二年限米一百六十二斛監池司馬鄧邵黃龍三年
限米八十二斛□　四九七八
☐□黃龍三年十二月廿一日己未書付監運司馬張難運詣集所三年
十二月廿二日付書史□□　四九七九
出倉吏黃諱潘慮所領民還黃龍二年租吳平斛米六斛二斗四升爲稟
斛米六斛五斗被督　四九八〇
年郵卒限米一升監運掾魏□漬米一百□□斛吏帥客黃龍元年
限米□　四九八一
其六十八斛佃卒黃龍三年限米　四九八二
其四百五十七斛八斗□升黃龍三年私學限米　四九八三
其卌六斛黃龍元年租米　四九八四
其……黃武七年折咸禾准米　四九八五
其二千三百六斛六斗九升蒭米下追　四九八六
馬黃升屯田黃龍三年限米一百一十九斛民還價人李綏米卌六
斛郡吏黃武□　四九八七
三年限米六十八斛佃卒黃龍三年限米一百□□斛郵卒黃龍三
年限米二百廿□　四九八八
其□□四斛二斗五升民還黃龍元年租米稅米　四九八九
□月卅日中倉吏黃諱潘慮白　四九九〇
年九月出吳平斛米六十斛八斗九升四合　四九九一
☐當明申勑務如注使□可覆又縣界若曲促耳□☐　四九九二
毄可□□□□□入□令使者下郡□移縣　□　四九九三
其七萬五千准入銀五□□　四九九四
教曰何中書注如斗促騰告丞尉其行□☐　四九九五
……月十三日關邸閣董基付掾黃諱史潘慮　四九九六
【注】簡四九九六至五一四四出土時原爲一坨，揭剥順序參見《揭剥位置示意圖》
圖二十六。

其卅九斛九斗黄龍二年□米　四九九七
其卅□斛四斗一升黄龍二年郵卒限米　四九九八
其五十六斛七斗七升黄龍二年□卒限米　四九九九
督軍糧都尉黄龍三年十二月廿日戊午書給□□□都□所領都　五〇〇〇
尉移□
其一百廿斛吏帥客黄龍元年限米　五〇〇一
十二人食起三年十二月訖四年二月□人月二斛三年十一月廿　五〇〇二
四日付書史王□
運黄龍二年小溪僦米五十一斛五斗叛士黄龍二年限米二百黄　五〇〇三
龍二年限米
今餘吴平斛米粟一千二百卌一斛七斗　五〇〇四
五十二斛私學黄龍二年限米一百七斛新吏黄龍二年限米五十　五〇〇五
六斛九升税□
出臨湘倉吏黄諱潘慮所領黄龍三年新吏限吴平斛米五壬斛□倉吏　五〇〇六
監賢米六百
其八百七十七斛一斗八升蓌米　五〇〇七
一千七百六十六斛六斗三升黄龍三年税米一百六十四斛吏帥　五〇〇八
客黄龍三年限米九□
其三百一十二斛六斗二升白米　五〇〇九
出雜□吴平斛米七斗八升合□本領米運集州中倉　五〇一〇
……九合　五〇一一
出□□起二年□月……□年九月卌日付大男毛主運詣州　五〇一二
其五十九斛八斗九合雜米　五〇一三
☐貸嘉禾元年税米□九斛九斗□升　五〇一四
□秡紙　五〇一五
其一百一十九斛七斗價人李綏米　五〇一六
其三斛七斗七升員口漬米　五〇一七
其二斛九斗黄龍二年大豆租　五〇一八
其六百五十一斛六斗三升黄龍三年吏帥客限□　五〇一九
□月日臨湘侯相君　謂　五〇二〇
入吏何逸還鄱陽新兵湯羽妻子所貸黄龍元年禾種粟卅六斛九斗　五〇二一
其八十一斛黄龍三年司馬黄升限☐　五〇二二
出民還黄武七年□□□□吴平斛米五斛黄龍三年□月五日付大　五〇二三
男潘□運詣□
其一斛九斗六升黄龍三年醬賈米　五〇二四
其六十七斛九斗五升黄龍□年……　五〇二五
斛佃吏黄龍三年限米二百廿九斛私學黄龍□年限米一百卅斛　五〇二六
新吏黄龍
□□襲　五〇二七
其四斛□斗二升二勺雜米　五〇二八
其六十四斛四斗黄龍元年吏帥客限米　五〇二九
其八十九斛黄龍元年私學限米　五〇三〇
其十七斛五斗七升黄龍□年……米　五〇三一
入黄龍三年白米一百九十二斛四斗六升……　五〇三二
·集凡承餘新入吴平斛米二千七百一十二斛三斗二升　五〇三三
其四百五斛六斗二升白米　五〇三四
入三州倉運黄龍二年小溪僦米五十五斛九斗　五〇三五
其三斛五升黄龍二年租米　五〇三六
入民還黄龍二年叛士限米卅九斛五斗　五〇三七
其五百卌九斛五斗九升黄龍□年税米　五〇三八
領餘逋二年佃帥限吴平斛米三百卌七斛二斗三升已入畢　五〇三九
【注】簡面有朱筆迹。
其卌二斛□斗民還黄龍元年租米　五〇四〇
其十五斛四斗黄龍二年佃卒限米　五〇四一
嘉禾□年十月卅日故倉吏□□白　五〇四二

領黃龍二年小溪僦摘米一斗七升　五〇四三
其一百五十三斛六斗付關邸閣李嵩倉吏黃諱潘慮　五〇四四
其四斛監運兵曹張象備黃龍二年叛賈米　五〇四五
・右新入雜米三百斛九斗二升　⧄　五〇四六
其五斛監運兵曹張□⧄　五〇四七
入黃龍元年租米十九斛　五〇四八
出倉吏黃諱潘慮所領黃龍三年税吴平斛米⧄　五〇四九
出黃龍二年吏帥客税米……斛二斗四升黃龍三年□月九日付大男　五〇五〇
黃□運　五〇五一
・右出就摘□米九斛八斗五升　五〇五二
其八斛……龍□年□米　五〇五三
⧄嘉禾元年税米五斛二斗五升　五〇五四
其七斛民還黃武六年税米　五〇五五
其九十四斛九斗八升黃龍三年吏帥客限米　五〇五六
其一百八斛二斗一升給貸嘉禾四年貧民佃種粻收還別列　五〇五七
其廿二斛四斗付州中邸閣李嵩倉吏李金　五〇五八
其九斗四升諸將黃武七年佃禾准米　五〇五九
其九十四斛二斗四升黃龍□⧄　五〇六〇
其七斛民還黃武六年租米　五〇六一
入黃龍三年……五十一斛九斗七升　五〇六二
其□斛……租米　五〇六三
其卌六斛四斗□升⧄　五〇六四
⧄三州倉謹列□□年□一□□□十一月□簿⧄　五〇六五
入吏潘慮備船師黃廉□□折咸米三斛　五〇六六
其九十八斛佃吏□米⧄　五〇六七
二月訖四年二月□□其一人月二斛五升廿五人⧄　五〇六八
其七百六十四斛三斗二升□□⧄　五〇六九
其一斗七升黃龍二年小溪僦摘米　五〇七〇
其卌九斛黃武□年雜米　五〇七一
□市掾潘羜謹列□□□賣□錢□□⧄　五〇七二
其一千六十五斛三斗八升黃龍二年税米　五〇七三
入大男黨□黃龍三年轉罫兵賈米五十九斛　⧄　五〇七四
其五斛監池司馬鄧邵黃⧄　五〇七五
詣州中倉時以□□關邸閣郭據付掾黃諱史潘慮　五〇七六
・右出吴平斛米一千三百八十七斛三斗六升　五〇七七
其一升□運掾□□税米　五〇七八
其九二斛永新故尉陳崇備黃龍二年税僦米　五〇七九

【注】「九」下脱「十」字。

⧄運掾□都尉……黃龍三年十二月廿三日付書史⧄　五〇八〇
今餘米一千一十二斛一斗粟六百三斛九斗　五〇八一
其五十九斛大男常碩黃龍三年轉罫兵賈⧄　五〇八二
其一升吏帥客黃龍二年限米　五〇八三
其卌六斛諸將黃武七年佃禾准米　五〇八四
出州中邸閣……　五〇八五
入黃龍二年吏帥客限米卌□斛九斗四升　五〇八六
入司馬黃升屯田黃龍三年限米八十一斛　五〇八七
其十五斛一斗二升郵卒黃龍元年税米　五〇八八
其卅六斛黃龍元年税米⧄　五〇八九
其一百一斛郡掾利焉黃龍三年限米　五〇九〇
入黃龍三年新吏限米五十五斛　五〇九一
入黃龍三年吏帥客限米二百卅九斛七升　五〇九二
入三州倉運黃武七年吏帥客限米五斛　五〇九三
入吏文董備黃龍三年芋種賈米廿六斛　五〇九四
入黃龍二年郵卒限米廿斛　五〇九五
其……米　五〇九六
其廿四斛吏文水備鍛佐監寒等稟米

右十二月新入吳平斛米粟麦合一萬二千八百五十六斛六斗　五〇九七
其五斛一斗九升諸將黃武七年佃禾准米　五〇九八
其五斛□邸閣唐弈所□□吏張敬黃龍元年限粟　五〇九九
其一百五十六斛七斗黃龍□年佃卒限米☐　五一〇〇
其六十七斛九斗五升船師張蓋建安田七年折咸米　五一〇一
租白米三百一十六斛三斗三升黃龍二年稅中白米六十七斛五
斗一升一合私學□　五一〇二
其三百一十六斛三斗三升黃龍□年稅白米　五一〇三
其一百八十斛新吏黃龍三年限米　五一〇四
其十六斛監池司馬鄧邵☐　五一〇五
入鄉吏南郡董宣黃龍三年限米卅斛　五一〇六
其一升監運掾魏樓漬米　五一〇七
其五十四斛郡掾利焉黃龍元年屯田限米　五一〇八
其七升黃龍二年定租准米　五一〇九
出黃龍□年郵卒……卌一斛黃龍三年四月五日付大男番宜運詣州
□□　五一一〇
……限米一百□二斛　☐　五一一一
其□斛四升監運掾魏樓漬米　五一一二
其五十五斛九斗三州倉運黃龍二年小溪僦米　五一一三
出倉吏黃諱潘慮所領黃龍三年稅吳平斛米二千□百五十斛被督軍
糧都尉　五一一四
其八十四斛新吏黃龍元年限米　五一一五
出倉吏黃諱潘慮所領吳平斛米一千三百斛其五百斛民還黃龍二年
稅米九十　五一一六
其二升黃龍元年新吏限米　五一一七
入民備船師何春折咸米五斛五斗　五一一八
……斛□斗六升六合□摘米　五一一九

其八斛一斗四升黃龍二年□米　五一二〇
其八十九斛私學黃龍元年限米　五一二一
其卅六斛九斗吏何逸還新兵湯羽等妻子所貸黃龍元年禾□　五一二二
王碩杝師徐未游宜　五一二三
其五十四斛四斗一升吏帥客黃龍二年限米　五一二四
其七斛六斗黃龍□年稅米　五一二五
其□百卅斛黃龍二年吏帥客限米　五一二六
……還租　五一二七
入黃龍三年佃卒限米廿四斛　五一二八
其五十一斛五斗叛士黃龍☐　五一二九
其六十八斛黃龍三年佃卒限米☐　五一三〇
被督軍糧都尉三年十二月廿日戊午書給□運都尉杜茄十十六
人□□　五一三一
承黃龍三年八月簿領逋餘雜米一千二百九十三斛一升三合續廿四
斛又粟□斛□　五一三二
其七斗八升六合雜稅米　五一三三
其□□斛九斗永新尉陳崇加藏米　五一三四
……吳平斛……　五一三五
其二百卅五斛一斗七升黃龍二年私學限米☐　五一三六
三人三年十一月直其一人二斛五斗二人人二斛三年十二月四
日付士陳雙翁激　五一三七
佃禾准米廿六斛吏文董備黃龍三年芋種賈米一百斛吏文水備
船師　五一三八
入黃龍元年新吏限米卅三斛　五一三九
•集凡承餘新入吳平斛米一萬九百卌九斛七斗四升　五一四〇
其卅八斛一斗九升黃龍二年盈米　五一四一
其二百一十斛吏帥客黃龍元年限米　五一四二

其一百卌二斛私學黃龍三年限米　五一四三

麦起三年九月訖四年二月□日二月□日六斛四年□月□四日　五一四四

嘉禾四年平樂里戶人唐宜年□十三　五一四五

子姪子公乘開年廿三腹心病　五一四六

領便役民廿三戶☐　五一四七

右活家口食八人　訾　二　☐　五一四八

其百六十六斛二斗五升黃龍□年限米　☐　五一四九

黃□□□年卌四　義小妻大女何年☐　五一五〇

其三斗五升黃龍二年雜米　五一五一

入郡吏盧齊三年漬米七百六十七斛七斗　□不少□☐　五一五二

□二戶中品☐　五一五三

領月伍四戶　☐　五一五四

入□鄧更雜僦米一千……升　五一五五

主以其月十三日關邸閣郭據付掾黃諱史潘慮　五一五六

·右□□□吳平斛米□萬三千三百卌□□□□□□合一勺　五一五七

其八斛四升監運掾如□□□☐　五一五八

其三戶上品　五一五九

□□□許紀□書□□言君□……☐　五一六〇

其十戶中品　五一六一

其卌八斛一斗黃龍二年錢米　五一六二

其二百卌五斛一斗黃龍二年私學限米　五一六三

其五斛吏烝承黃龍二年漬米　五一六四

宜妻大女伺年五十三　□子女銀年☐　五一六五

嘉禾四年平樂里戶人公乘唐美年六十九腹心病　五一六六

右宜口食三人　五一六七

【注】「宜」下脱「家」字。

其五斛吏烝承漬米　☐　五一六八

□妻大女□年卅　□子仕伍春年四歲　五一六九

困妻大女□年廿□筭一　□母大女□年八十四　五一七〇

……　頃弟仕伍基年七歲　五一七一

承餘吳平斛米……斛一斗九升□合二勺七□□□斛九斗□米　五一七二

其七十八斛四斗黃龍三年税米　五一七三

其二戶下品　☐　五一七四

領事役民廿三戶　五一七五

右□家口食六人　五一七六

·右入□□米一千九百卅六斛二斗六合八勺□□米　五一七七

☐年平樂里戶人公乘謝□年五十九　五一七八

其二斛鄉吏區香黃龍□年鹽溢米　五一七九

其六十九斛一斗三升黃龍三年税米　五一八〇

入□□何員雜税米□百廿九斛八勺　五一八一

領工師一戶下品　☐　五一八二

其七百六十七斛六斗黃龍三年醬賈米　五一八三

欽姑母大女叢次年七十四　五一八四

月母妾年六十六　五一八五

紹母新年六十三　五一八六

二月廿日辛亥白　五一八七

☐……十二月廿八日鄧曹白　五一八八

入佃吏武陵徐晶黃龍三年限米六十八斛　☐　五一八九

☐□□民□☐　五一九〇

☐十一腹心病☐　五一九一

☐□斛二斗出給貧□☐　五一九二

☐□十二月廿九日癸酉□　五一九三

☐□戶人公乘貴年卅六給軍吏　□□☐　五一九四

□節督軍□二千石下至壬□人舉兩人□☐　五一九五

☐……領一人□人□被書□□名所舉　五一九六

☐□□□里□所應黃□□吴昌左 五一九七
斛七斗二升六合案文書其囷一百十五斛四斗四☐ 五一九八
☐……租吴平斛米八十五斛四斗四升爲稟斛米八十九斛□☐ 五一九九
☐愬家口食八人 五二〇〇
☐……□□□五千在庫吏潘有☐ 五二〇一
☐……十七日□□☐ 五二〇二
☐□日兵曹史☐ 五二〇三
出平鄉元年雜米☐ 五二〇四
☐筭一 ☐ 五二〇五
☐□禾二年四月廿四☐ 五二〇六
☐馮妻大女□年卅六☐ 五二〇七
領事役民□□☐ 五二〇八
☐私學長沙文主年十□賦主白衣居臨湘邑下☐ 五二〇九
☐……會（？）…… 五二一〇
【注】簡文字迹漫漶。
私學長沙盧竈年□狀竈白衣居臨湘桑鄉□☐ 五二一一
・右新入布四百六十三匹二丈七尺 五二一二
☐富寡嫂汝年卅五 五二一三
其四百卅二匹二丈潘羜所市☐ 五二一四
☐□年七歲 五二一五
☐囯三月□☐ 五二一六
☐□關潰米☐ 五二一七
☐年租禾 ☐ 五二一八
☐□丘男子谷□☐ 五二一九
☐黃龍二年十一月□☐ 五二二〇
☐□基吏□人 五二二一
☐……☐ 五二二二
右郎中盧江鄭晊年五十 晊叔父紀年七十二 五二二三
右郎中南郡王憗年卅 五二二四
私學長沙鄭狗年□ 狀狗白衣居臨湘樂鄉□□丘帥黃…… 五二二五
私學長沙陳風年卅四狀風白衣居臨湘模鄉利州丘 有户 五二二六
☐□府副督郵 五二二七
其一户中品 五二二八
領□卒一户中品 五二二九
其……☐ 五二三〇
☐部界有方遠☐ 五二三一
☐還償☐ 五二三二
應請運傳本圍☐ 五二三三
承四月簿餘元年布一千三百一十四匹一丈三尺五寸 五二三四
其一户上品 ☐ 五二三五
其五户中品 ☐ 五二三六
二百卅二匹付吏□□……☐ 五二三七
其二百卅五斛一□☐ 五二三八
……吏潘有領布 簿□□☐ 五二三九
☐□旱不□☐ 五二四〇
☐黃升□□☐ 五二四一
☐元年□□限米一□☐ 五二四二
☐付倉吏鄭黑受 五二四三
☐龍元年帥客限禾還米一斛四☐ 五二四四
入東鄉稅米十四斛二升 五二四五
其卅五☐ 五二四六
入黃龍三年習射限米□斛☐ 五二四七
其一户上品 ☐ 五二四八
☐□斛一斗二升 已 入 畢 五二四九
☐……中倉吏李金領 五二五〇
☐□死□□病 嘉禾□年正月二日兵曹史☐ 五二五一

領丞准民二户下品　五二五二
☒兵曹换用爲新兵佰□□□□□□☒　五二五三
☒妻大女☒　五二五四
☒□還備并解無□☒　五二五五
領月伍二户下品　五二五六
領鄉書史一户下品　五二五七
入都鄉貸食黄龍三年税米吴平斛米四斛☒　五二五八
其□百卌七斛二斗一升黄龍二年佃卒限米　五二五九
其二千斛三斗七升黄龍二年新吏限米　五二六〇
右黄龍三年九月米合二百六十二斛運詣州中倉　五二六一
其廿五斛鄉吏區香黄龍□年鹽溢米　五二六二
其十八斛七斗五合七勺雜□米　五二六三
領郡吏一户下品　五二六四
其廿九户下品　五二六五
其一户上品　五二六六
領尉准民二户下品　五二六七
☒……斛六斗付州中倉吏李金領　五二六八
領縣應民五户　五二六九
☒萬五千八百六錢　五二七〇
其十五斛一斗二升民還黄☒　五二七一
入黄龍二年旱禾米六斛　五二七二
•右□☒　五二七三
☒二斛五斗……☒　五二七四
……一町□城☒　五二七五
☒□丞嘉禾□□□月十五日□☒　五二七六
☒□錯役閒事☒　五二七七
☒丘月伍□五五五□☒　五二七八
☒□丞嘉禾元年十月廿九日都鄉☒　五二七九
領月伍五户☒　五二八〇
•右領吴平斛米一萬二千卌斛五斗三升☒　五二八一
其二户中品　五二八二
領月伍十一户下品　五二八三
☒□七錢出給吏李珠潘狩市布及送付□☒　五二八四
☒……税米八千七百五十六斛一斗六升☒　五二八五
其一户上品☒　五二八六
☒吏曹丞差□☒　五二八七
☒……上品給□☒　五二八八
☒潘請列言☒　五二八九
☒……一百□☒　五二九〇
☒西鄉謹列後所出嘉禾元年雜☒　五二九一
右五月旦承餘新入衣一千五百☒　五二九二
☒□弟公乘□年十　五二九三
☒俗丘元年税禾六斛貸月伍張圭上俗丘□☒　五二九四
其四户下品☒　五二九五
☒□□□□人絞促已亭畢　五二九六
•右□百□昭領吏民卅五户　五二九七
其三户下品　五二九八
其□五斛五斗八升黄龍☒　五二九九
其二户下品　五三〇〇
領郡卒一户下品　五三〇一
領事役民卌户　五三〇二
其六十七斛九斗☒　五三〇三
領郡吏一户下品　五三〇四
其二户上☒　五三〇五
其一户中品　五三〇六
☒……烝栗將□□二年□月□☒　五三〇七

領事役民十二户　五三〇八

☒郖□農（？）張廣朱能周□☒　五三〇九

其三户上☒　五三一〇

領鄉書史一户下品☒　五三一一

☒□□屬給□□癘☒　五三一二

入小武陵鄉元年布三匹九尺☒　五三一三

☒承二月簿餘元年布一百廿二☒　五三一四

☒□□叩頭死罪□☒　五三一五

☒……九斛三斗付三州倉吏☒　五三一六

承子仕伍□☒　五三一七

其二户下品　五三一八

領郖吏一户下品　五三一九

其四户中品　五三二〇

其一户上品　五三二一

☒……嘉禾三年十一月□日……言移李廣史陳□　五三二二

月妻汝年卅　五三二三

石便家口食二人　五三二四

☒姑子女金年十三　五三二五

☒□□家口食年紀簿　五三二六

☒□子男邪年三歲　五三二七

☒□二千□□☒　五三二八

☒男生年七歲　五三二九

☒……………………捕…………………記□吏□

☒□□□□□方遠受居客□□□落户籍□事草　五三三〇

☒□輒部歲伍巨加李非蔡金等隱核所部今加非☒　五三三一

☒丞右尉寫移書到其亟☒　五三三二

☒□□年卅四　五三三三

☒妻□年廿一　五三三四

領小府炭民□户　☒　五三三五

☒二斗三升付□☒　五三三六

・右中鄉入民所☒　五三三七

領作新□民九户　五三三八

☒……私學一人□　☒　五三三九

・右諸鄉入民所貸食三年税☒　五三四〇

入小武陵鄉還黄龍二年税米二斛𥝋黄龍二年☒　五三四一

☒……付吏李□受　五三四二

☒日期盡錢米無入正處復白☒　五三四三

☒倉吏李金　已　五三四四

☒□一户　五三四五

☒□□被督軍糧都尉壬午書給……私學□☒　五三四六

☒……倉吏李金領　五三四七

☒　詣　户　曹　五三四八

☒石□家口食七人　五三四九

☒□所貸黄龍三年租米三斛𥝋嘉禾元年十一月□☒　五三五〇

☒利焉屯田黄龍二年限米　五三五一

☒里中丘縣吏鄧潘關主記栂綜付掾☒　五三五二

右都鄉入民還所貸食三年税米廿八……☒　五三五三

入都鄉貸黄龍三年税米二斛四斗𥝋嘉禾元年☒　五三五四

☒□運兵曹掾谷□直□　五三五五

☒　十二月廿五日勸農掾武□白　五三五六

☒……馬基行舉□□督□☒　五三五七

☒□□妻汝年卅七　五三五八

入都鄉元年布七匹三丈七尺☒　五三五九

入李陳所市布一百匹　五三六〇

☒……鄉吏區　五三六一

右平鄉入貸食元年税米四斛☒　五三六二

起正月□日訖其月廿九日疢草奏☑　五三六三
☑給死□☑　五三六四
☑嘉禾元年十月一日□☑　五三六五
☑腹心病　☑　五三六六
☑居民縣列家口食　五三六七
☑日逢唐丘……☑　五三六八
☑關邸閣董基付三州倉吏鄭黑受　五三六九
☑□丘石巴關邸閣董基付三州倉吏鄭黑受　五三七〇
☑女□令年四歲　五三七一
☑□□女采年廿　五三七二
☑□年六十　五三七三
☑家口食四人　五三七四
入都鄉所貸黃龍二年稅米三斛㝵嘉禾元年十一月十三日瑱　□☑　五三七五
☑……斛六斗五升八合郡吏□☑　五三七六
領月伍三户　五三七七
☑嘉禾元年貧民☑　五三七八
☑……斛……三年稅米☑　五三七九
☑□鄉入所貸食□□□稅米☑　五三八〇
已入米□☑　五三八一
☑已　入　畢☑　五三八二
其三匹一百九□☑　五三八三
入東鄉元年布二匹　☑　五三八四
☑十二月十八日癸酉白　五三八五
☑私學長沙鄧……白衣居臨湘□鄉田□丘帥鄧☑　五三八六
☑錢女弟紫年九歲　五三八七
☑千三百廿斛八斗八升白米　五三八八
☑□案文書輒部歲□□張仲等隱核部界令☑　五三八九
☑□□□淮入其六千……八十一斛八斗……☑　五三九〇
☑□□年卅九☑　五三九一
右都鄉入☑　五三九二
☑……口食祀士□兵
☑……□八百付主☑　五三九三
嘉禾五年七月□☑　五三九四
☑關邸閣張儁付……彭翼受　中　五三九五

【注】「中」爲朱筆迹。

・右小武陵鄉入□☑　五三九六
☑至使□迺寬解□☑　五三九七
☑□九斛　☑　五三九八
☑臨湘謹條列嘉禾□年釘祀訖已入未畢☑　五三九九
☑……白米二百八十斛　五四〇〇
☑僮姪子樵年十六筭一☑　五四〇一
☑郡吏胡皖攸吏利舉弩析上送詣建業其年十一月二日付☑　五四〇二
☑□子男檀年十二　五四〇三
☑□母妾年五十　五四〇四
☑家口食五人　五四〇五
☑草言府□年□□☑　五四〇六
☑□□□應充（?）吏役☑　五四〇七
☑□妻大女筭年六十☑　五四〇八
☑苦腹心病　五四〇九
☑□女弟□年□□☑　五四一〇
☑付吏□☑　五四一一
☑……史李□☑　五四一二
☑□八月十日辛未臨湘侯相君謂☑　五四一三

【注】「十」、「辛未」書於木簡簡面偏右側。

寶女□兒年十五　五四一四

五四一五　☒□妻婢年十九
五四一六　☒□男弟囯年廿三
五四一七　☒□子男……☒
五四一八　☒詣　户　曹☒
五四一九　☒□年卌六
五四二〇　☒□年五十☒
五四二一　☒户□☒
五四二二　☒領鹽米五斛☒
五四二三　☒□三人□☒
五四二四　☒□十五斛□□……☒
五四二五　入模鄉所貸黃龍三年税禾☒
五四二六　　右小武☒
五四二七　☒□議□□□陳昴
五四二八　☒時妻姑年卅
五四二九　☒□錢已出八萬五千一百廿七錢給市□□☒
五四三〇　☒　五忠以今年八月十日物故
五四三一　☒嘉禾四年八月廿二日關邸閣張儁付主庫掾劉觔史李□受
五四三二　☒六十三斛五升付吏……☒
五四三三　☒……私學高移
五四三四　☒付主庫☒
五四三五　嘉禾二年☒
五四三六　☒□番　☒
五四三七　☒黄諱史潘　☒
五四三八　☒……從
五四三九　□□詔亟邑□☒
五四四〇　入樂鄉元年布一匹　☒
五四四一　☒秋子男鼠年三歲
五四四二　☒□月四日臨湘侯相君丞叩頭死罪敢言之☒

【注】「日臨」右側尚有「乘農」二小字。

五四四三　☒　十一月六日賊曹史區漢白
五四四四　☒男弟生年十歲
五四四五　☒年七十七　嘉禾元年四月卅日□□☒
五四四六　☒……十九
五四四七　　右西鄉入□米□□☒
五四四八　☒邸閣董基☒
五四四九　☒□小妻□☒
五四五〇　出平鄉元年限禾□☒
五四五一　☒男項年十五
五四五二　入中鄉所貸黃龍三年税米二□☒
五四五三　☒以嘉禾元年十一月十六日物故☒
五四五四　☒□兲嘉禾元年四月廿八日掾蔡忠付□□☒
五四五五　☒□弟公乘□年卅三盲右目
五四五六　☒已入二□□☒
五四五七　☒□九升☒
五四五八　☒□□□三月☒
五四五九　☒十二月卅日……☒
五四六〇　☒□胄畢兲嘉禾元年十一月七日伍社☒
五四六一　☒□嘉禾四年八月……☒
五四六二　入都鄉還所貸黃龍三年☒
五四六三　入東鄉税米四斛六升☒
五四六四　☒子弟限米六斛胄畢☒
五四六五　☒□付署等欲示魁五尊主☒
五四六六　☒□□示魁五尊主☒
五四六七　☒鄉入秋□□☒
五四六八　☒年十三　☒
五四六九　☒吏限米☒

入中鄉所貸☐ 五四七〇
☐得免□☐ 五四七一
☐湘羅下雋□☐ 五四七二
☐入廣成鄉☐ 五四七三
☐子潘㕦關邸閣☐ 五四七四
☐年三月廿七日壬申☐ 五四七五
其卅三户下品☐ 五四七六
☐□年十三 五四七七
其一户上品 ☐ 五四七八
其一百一十九斛□☐ 五四七九
☐ 中 五四八〇
☐卌□已入畢其三千七百卌四斛七斗□☐ 五四八一
・其一斛六斗二升□米☐ 五四八二
入小武陵鄉還黄龍二年税米五斛☐ 五四八三
☐入桑鄉子弟限米八斛……☐ 五四八四
・右□鄉入布二百卌□匹☐ 五四八五
右都鄉入民所貸二年税米三☐ 五四八六
☐□關邸閣董基付倉吏鄭 黑受 五四八七
大男圓承年卌七盲兩目 妻大女漬年卅一☐ 五四八八
出黄龍二年税吴平斛米九十斛三斗黄龍三年□☐ 五四八九
☐倉吏李金領 五四九〇
・右□伍毛常領吏民廿九☐ 五四九一
右石家口食八人 男☐ 五四九二
入□鄉嘉禾元年子弟限米廿七斛……☐ 五四九三
領月伍五户 五四九四
草鄉吏文騰録送證知吏胡恕□☐ 五四九五
入平鄉子弟限米三斛四斗□☐ 五四九六
☐言 ☐ 五四九七
民大男烝□年□☐ 五四九八
☐月十二日租下丘大男□□關☐ 五四九九
☐基付倉吏鄭黑受 五五〇〇
領軍吏一户下品 五五〇一
其廿☐ 五五〇二
☐旱不收 五五〇三
☐嘉禾□年所領雜調已入未畢付授吏姓名□簿 五五〇四
☐□弟□年卅四腸心病 五五〇五
☐□年十五筭一 五五〇六
□畢五百九斛四斗☐ 五五〇七
□□□餘□四人□☐ 五五〇八
☐……人上關右所中年☐ 五五〇九
☐農掾蔡忠付筋竹丘大男黄清☐ 五五一〇
入中鄉還所貸食黄龍☐ 五五一一
☐月十八日關邸閣☐ 五五一二
☐吏限米四斛……☐ 五五一三
☐□伍八人禾二□領☐ 五五一四
☐付倉吏鄭黑受 五五一五
☐□青畢𠔄嘉禾二年十□月□□☐ 五五一六
☐□弟公乘池年卅三☐ 五五一七
☐□烝丁恢疾固還宫 五五一八
☐□米十六斛五升 五五一九
☐□勸農掾蔡忠付□丘比伍吴斑守録若折咸斑自備 五五二〇
☐□誠惶誠恐叩頭死〃罪〃敢言之☐ 五五二一
☐□姪脩年十五 五五二二
入廣成鄉所貸黄龍二年税米十斛𠔄嘉禾元年十一月□☐ 五五二三
☐□年五十 五五二四
☐邸閣張☐ 五五二五

☒□忌（？）時□☒　五五二六

☒□揚使者欲☒　五五二七

☒還所貸食嘉禾元年税米☒　五五二八

☒付三州倉吏鄭黑受　☒　五五二九

☒學一人白衣☒　五五三〇

入東鄉税米五斛四斗五升四合☒　五五三一

☒……□卅八斛七斗七升已依癸卯書絶置☒　五五三二

☒□家口食五人　五五三三

☒年七歲　五五三四

☒□□米四斛　五五三五

☒七十八　五五三六

☒已入十一斛七斗六升☒　五五三七

☒□達謹列言忠誠惶☒　五五三八

☒年四月廿四日鄉吏□☒　五五三九

☒厚年十三☒　五五四〇

右□家口食☒　五五四一

☒□烝文召□☒　五五四二

☒□一人限□收米四百斛□☒　五五四三

☒□比郡今可□☒　五五四四

☒□斛　五五四五

☒未畢一萬三千三百廿四□負嘉禾……☒　五五四六

【注】簡面有朱筆迹。

其四萬五千□……☒　五五四七

☒墨鄉□……☒　五五四八

☒萬四千八百□☒　五五四九

其二户上品　五五五〇

☒大男張平年卌一　平妻大女便年☒　五五五一

☒……頃□□□☒　五五五二

☒已☒　五五五三

☒嘉禾二年正月一日勸農☒　五五五四

☒□與雜税□□□☒　五五五五

☒□日民……☒　五五五六

·右歲伍黃智領□□□☒　五五五七

其☒　五五五八

草言郡吏陳胄客妻梅□☒　五五五九

☒□畢□吏□鉏□入五百□□斛　五五六〇

☒……絞促……卅二□□　五五六一

☒□八十九斛二斗付三州倉吏鄭　黑領　五五六二

□妻錦年廿六☒　五五六三

☒價人李綬米　五五六四

☒□僕録□今□□□☒　五五六五

☒外衛於□也□□☒　五五六六

☒黑受　五五六七

·右中鄉☒　五五六八

入都鄉貸食黃□☒　五五六九

☒□□年曹□□☒　五五七〇

入模鄉貸食□□黃龍☒　五五七一

☒□□年六田☒　五五七二

☒　詣　户　曹　五五七三

□角趨君　五五七四

·右出松子十一斛七斗六升羊皮卅枚麻一千斤　五五七五

其三斛六斗□□倉吏潘慮領　五五七六

其一萬三千三百卅錢負督見□能□☒　五五七七

領縣吏三户　五五七八

其廿九户下品　五五七九

☒其二千五百六十斛五斗三升異不收　五五八〇

☒貸食盡□☒　五五八一

右模鄉入……☒　五五八二

入□鄉吏文翟黄原□☒　五五八三

☒每有所舉召示有□☒　五五八四

☒□人舉五人□□□☒　五五八五

☒□四萬五千……庫吏潘□☒　五五八六

☒……張陽潘勇給所貸帥客五月日粮☒　五五八七

☒□雜米本□合二千□百一十一斛二斗□☒　五五八八

其卅户下品　五五八九

其五户中品　五五九〇

其□萬四千七□☒　五五九一

☒□□謹列言霸誠惶誠恐叩頭死☒　五五九二

☒□萬二千五百☒　五五九三

黄龍三年九月☒　五五九四

☒□斛六斗九升元年□□爻☒　五五九五

☒□舉民□醴陵鹿馮　五五九六

私學長沙婁盖年□☒　五五九七

部曲田曹列言謝士妻子佃田四百五十九畝☒　五五九八

☒□□□□自首拘校八百廿九錢誤少□☒　五五九九

☒事　嘉禾……☒　五六〇〇

其□萬五千准入銀五□庫吏潘☒　五六〇一

☒……吏谷漢受　五六〇二

其一萬四千准入□一匹一丈六尺付吏谷漢☒　五六〇三

☒運掾魏樓年□☒　五六〇四

☒子李樵年十五　五六〇五

入平鄉元年限十九斛爻嘉禾二年□月□□日☒　五六〇六

【注】「限」下脱「米」字。

☒曰食曰人　五六〇七

☒□食黄龍三年☒　五六〇八

私學長沙□□☒　五六〇九

☒米九十□□□□☒　五六一〇

☒年二月不處□□□□□□　五六一一

☒……付倉吏鄭黑受　五六一二

……備□☒

……雜米□百☒　五六一三

附録一

簡牘總平面分佈圖

簡牘總立面示意圖

簡牘揭剥位置示意圖

總說明

一、本卷發表的簡牘均經現場考古發掘清理所獲。前三卷的竹簡（壹）、竹簡（貳）、竹簡（叁），皆屬因施工擾亂，追蹤至異地搶救性清理所得。自本卷始以下各卷皆進入考古發掘清理的序列。由于考古發掘的層位關係清楚，簡牘保存相對完整，擾亂較輕，揭取有序，故在整理中，没有與前三卷的序號相連，而是稍作隔斷，以示區别。即因施工建設破壞而散亂竹簡的整理編號爲一至二八〇五〇，經發掘清理的簡牘整理編號自三〇〇〇一開始。

二、本卷發表J22簡牘總平面分佈圖，總立面示意圖各一幅。簡牘總平面分佈圖曾發表，見《長沙走馬樓第二十二號井發掘報告》（《長沙走馬樓三國吴簡·嘉禾吏民田家莂》八頁，圖三，文物出版社，一九九九年），簡牘總立面示意圖則爲首次發表。兩圖均標識本卷簡牘在平、立面上的位置，可互爲參看，供讀者在研究中參考。自本卷至以下各卷中，凡與此相關的簡牘都會標識出其所在簡牘總平面圖與總立面圖中的位置。

三、由于經考古發掘的簡牘一般保存較爲完整，故在清理中簡牘揭剥圖的數量大爲增加。爲使讀者對簡牘揭剥圖有一個總體的了解，以便于核對、檢查與比較，兹對J22堆積層位，簡牘分區發掘的情况給予簡要的叙述。

J22堆積分爲四層。第一層爲黄褐色覆土，第二層爲簡牘，第三層爲灰褐色土，第四層爲方形木壁竪井及四周黄褐色填土。現將各層堆積情况分述如下：

第一層：殘存井口覆蓋一層一三〇至三〇〇釐米厚的黄褐色泥土，疊壓在簡牘層之上。覆蓋的泥土質地純净無雜物，經仔細觀察推測恐係井壁年久自然塌垮覆蓋所致。此外，亦不排除人爲掩埋的因素。

第二層：爲簡牘層。呈坡狀堆積，厚薄不匀，最薄處爲一〇釐米，最厚處爲五六釐米。坡狀堆積頂端距現存井口一三〇釐米，坡脚最低處距現存井口二二四釐米。從保存下來的南半部簡牘層的平面分佈情况看，有一種長五〇釐米左右的大木簡主要放置在井的南部和東部，一小部分疊壓在竹簡之上。置于南部的木簡呈東西向排列，唯有一束呈南北向放置；置于東部的木簡基本上呈南北向排列，少部分散落在Ⅰ區簡牘層中。共清理大木簡二二八枚。北部木簡放置的情况因遭受施工的破壞而不詳，從四周擾土中清理和追回的大木簡，計有一千餘枚（含殘斷簡在内），據此推測當時大木簡可能主要是放置在北邊。

現存竹簡放置在井中部偏南的位置，竹簡裏夾雜着部分木牘。簡牘的擺放有一定的順序，層層相叠，似有意爲之。簡牘之上覆蓋一層竹篾席，已殘朽。從剖面上看，簡牘擺放時對其擺放的部位似未加修整，而是依原堆積的自然形狀擺放，再加上井壁塌壓的結果，故呈現出中間厚高兩邊走薄的狀態。爲了便于清理和發掘後的整理工作，我們將簡牘分成四個區。這個區不是按照十字基綫平均劃分的，而是依據簡牘遭破壞後分佈的現狀而定。

Ⅰ區位於井的東北部，這已不是原來堆積的層位，而是被破壞後，上層位的簡牘跌落下來散落殘存的部分。散落的面積爲一二〇×九〇釐米，簡牘上層疊壓少量大木簡，揭取時將Ⅰ區簡牘析爲a、b、c、d、e五小紮，其相互疊壓的關係爲：a→b→c、b→d、d→e。a紮較爲整齊，疊壓在b、c紮之上。b紮亦較整齊，疊壓在c、d紮之上。c紮疊壓在a紮之下，自身可細分爲三小紮，其疊壓關係爲c1→c2→c3。d紮疊壓在b紮之下，較爲散亂，數量最多，并與Ⅱ區a紮相連接，内容上有可能彼此關聯。e紮疊壓在d紮之下，在諸紮中最爲散亂。

Ⅱ區位于Ⅰ區南側的位置，上部較凌亂，下部較整齊，出土數量最多。根據其疊壓關係和分佈情況將其分爲a、b、c三紮揭取。a紮保存較爲完整，長約七〇、寬二五—三〇、厚五六釐米，東端與Ⅰ區d紮和Ⅲ區相連，西端與b紮相連。b紮保存亦完整，長約六五、寬二五—三〇、厚二〇—五〇釐米，其東端與a紮相連，西端與c紮相連。c紮長約一一〇、寬二三—三〇、厚一〇—三〇釐米，因受井壁塌垮泥土的擠壓，向下傾斜，交叉錯亂比較嚴重，因其較長，揭取時又分爲c紮（東）、c紮（西）兩部分。

Ⅲ區位于井的東部，表層爲大木簡，下層爲竹簡，其三分之一受覆蓋泥土的擠壓，呈傾斜狀插入泥土中。簡層長約七〇、寬六〇、厚一四—三〇釐米，因受擠壓，原位發生移動，向下傾斜致使簡册錯亂。

Ⅳ區主要是位於井南部表層的大木簡。其一小部分疊壓在Ⅱ區竹簡之上。靠近井南壁的一部分木簡因受泥土擠壓，錯位下沉七六釐米。

第三層：灰褐色土，疊壓在簡牘之下，厚二〇五—三五〇釐米，上部呈坡狀。夾雜竹木屑、草芥、樹葉等物，出土大量殘碎的建築磚瓦、石塊、陶瓷器及殘片、銅碗、鐵鈎、銅錢、網墜及零星簡牘等。

第四層：略。（J22堆積層位及簡牘分區情況原載《長沙走馬樓第二十二號井發掘報告》）

四、本卷發表的竹簡係發掘清理Ⅰ區的一部分。需要説明的是，從總平面圖與立面圖觀察，該部分從嚴格意義上講，仍屬于經擾亂後散落的部分。圖上標識出的疊壓關係只是借用考古層位學的方法反映擾亂後的現狀，并不具有考古層位學上的意義。從整理的角度看，J22堆積中的簡牘層都可以視爲同一層位的遺存而且紀年明確，時段很短。我們之所以使用疊壓分層的概念，一是因當時田野考古發掘的要求、操作所致，二是在室内清理中仍依循發掘記録的先後順序未做更改，以確保其一致性。另外紮册的概念亦是借用簡牘學上的名稱，以便清理揭剥時不致混亂，並不具有典籍册紮的意義。因此，讀者在觀讀後續各卷所附的簡牘揭剥圖時，務請辨察。

五、簡牘編聯的微觀狀況則是通過具體的揭剥示意圖表現出來。我們在簡牘清理揭剥的過程中，本着科學嚴謹的態度，按考古清理的操作要領，運用揭剥的技巧，盡量按其保存狀況、疊壓層次，分坨、分層、分面，細心地進行揭剥與記録。揭剥的方式采用分層式、環繞式或分層環繞式等多種方式。記録的内容包括區位層次、排列、位置、數量、捲折面及裹夾的包含物，諸如木牘、木簡、木楬（簽牌）等，這一工作始終貫穿簡牘清理揭剥的全過程。當然這種方法與記録仍不可避免地存在着人爲觀察與操作上的失誤。關於這一點亦可參看宋少華《長沙三國吴簡的現場揭取與室内揭剥——兼談吴簡的盆號和揭剥圖》（《吴簡研究》第三輯，中華書局，二〇一一年）。應該指出的是，揭剥示意圖不是完全實測圖，我們的目的是力求真實準確地記録簡牘的尺寸與排列關係，對其每坨簡牘的外在形態則視具體情況，一般者繪出的框架輪廓基本準確即可，重要者則力求做到精確細緻地描繪。

六、本卷發表竹簡五六一三號，其中八枚有甲、乙分號，爲五九七、二七〇〇、三一一二、三二五九、四一九六和四二七九號，共計竹簡五六二一枚，木牘五枚。公佈簡牘揭剥圖二十六幅，涉及揭剥竹簡二七三〇枚，木牘五枚，其余二八九一枚竹簡因散亂不成坨，故按所在的層位、區域歸併整理。在揭剥過程中，如發現竹簡中包夾木牘、木楬等物時，盡管當時無法清楚了解兩者之間的聯係及文字内容，但採用的處理方式則是在該坨竹簡的首位簡或末尾簡的編號後增加一個分號，以保持它們之間所處原本位置上的關聯。例如本卷揭剥圖八、一七六三（一）；揭剥圖二十一、四五三二（一）；揭剥圖二十二、四五五〇（一）所見即是。

另外，在釋文過程中，如發現揭剥簡牘中出現無字簡，仍按揭剥序號保留、發表，不作隨意地删除或更换。關於簡牘揭剥圖表的作用，我們在竹簡（壹）、竹簡（貳）與竹簡（叁）附録一的説明中均做了相同的表述，相信會引起讀者對它的關注與興趣。

七、本卷各揭剥示意圖均附有對應表，内容包括簡牘發掘區位號、發掘分段號、揭剥坨（捆）號、整理號、示意圖號、本卷簡號等。簡牘發掘區位號用羅馬數字表示，分段號用英文小寫表示，如同一段再分若干小段，則在英文後綴寫阿拉伯數字表示，揭剥坨（捆）號用帶圈的阿拉伯數字標注，用於表示分段中各坨簡牘揭剥的先後順序。例如本卷圖一、Ia①，即爲吴簡發掘Ⅰ區a段中的第一坨。本卷圖六、Ib②，即爲吴簡發掘Ⅰ區b段中的第二坨。本卷圖二十四、Ic3⑥，即爲吴簡發掘Ⅰ區c分段第三小段中的第六坨。凡表中標題縮寫均依次類推。

八、本卷簡牘總平面分佈圖、總立面示意圖由宋少華繪製。總説明由宋少華撰寫。竹簡揭剥圖的草圖由蕭静華繪製，簡牘揭剥合成電腦圖由宋少華、劉佩潔、張曉萍等繪製，揭剥圖對應表由張子雨、蔣維負責編製，簡牘尺寸由金平、張子雨、蔣維核校。本附録一全部圖、表、説明均由宋少華最終修正、校改、審定。

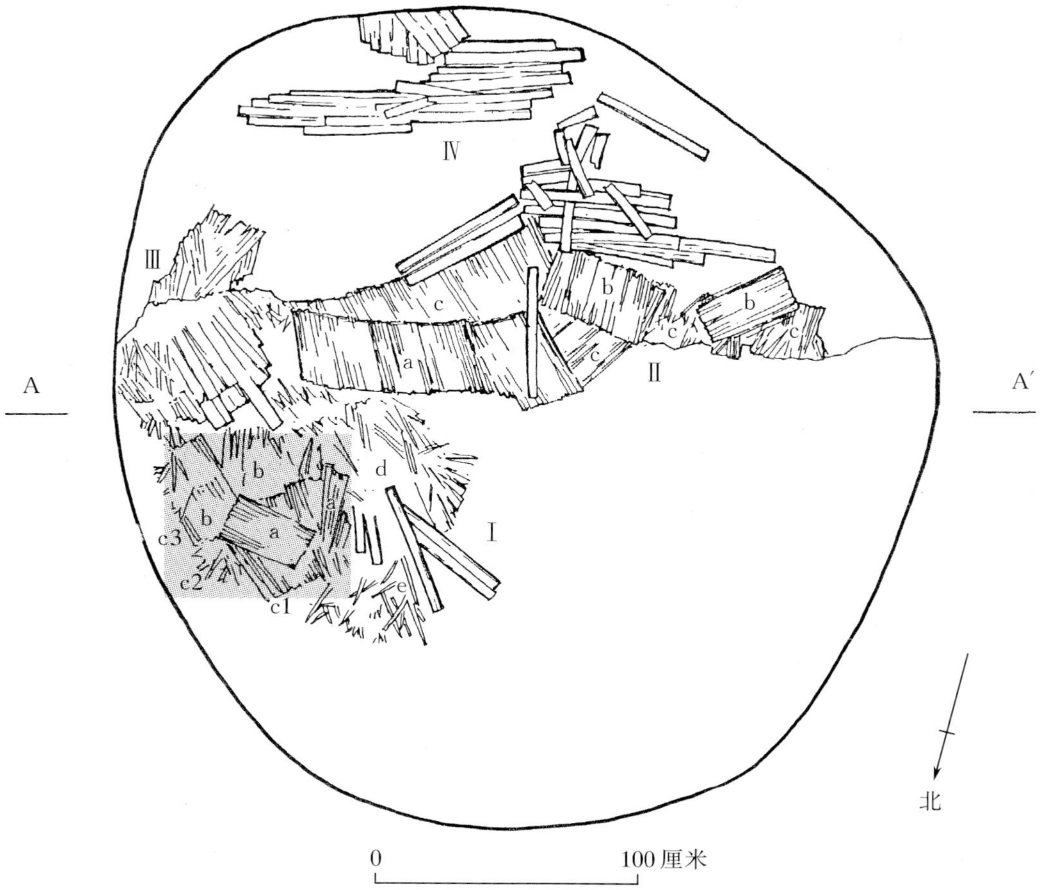

簡牘總平面分佈圖

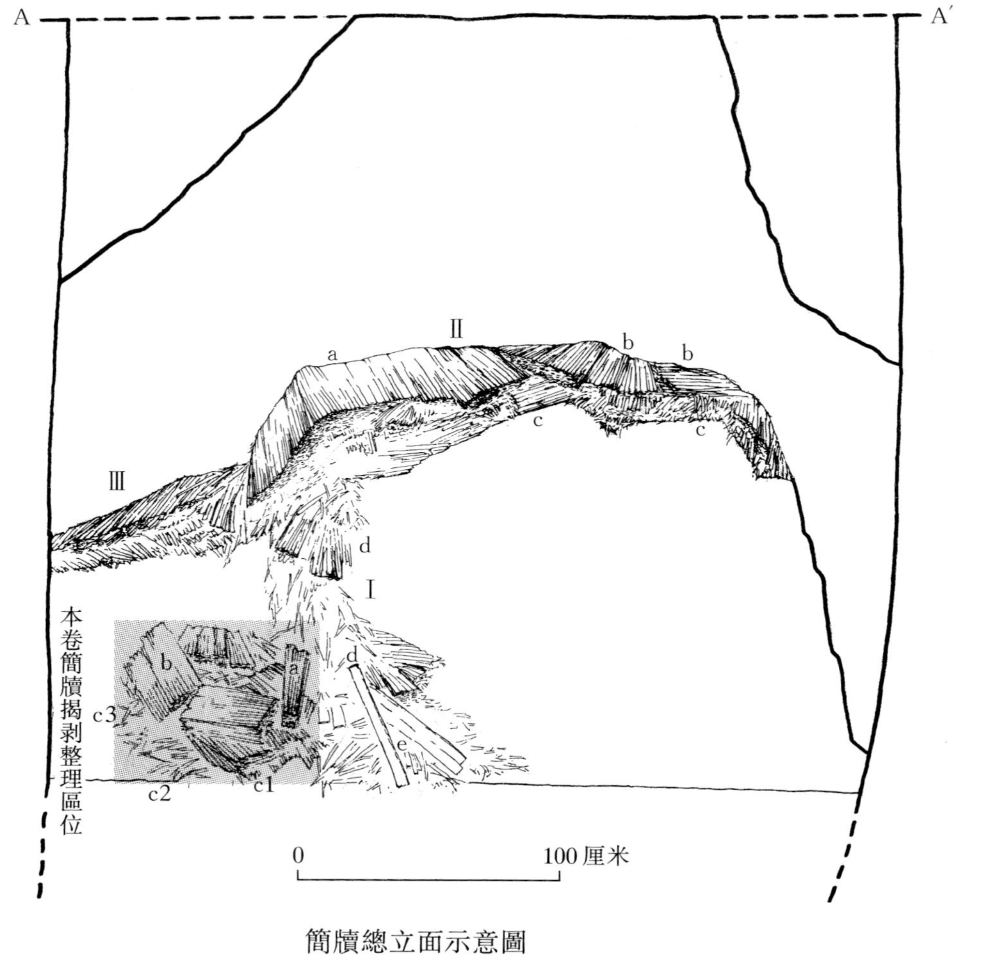

簡牘總立面示意圖

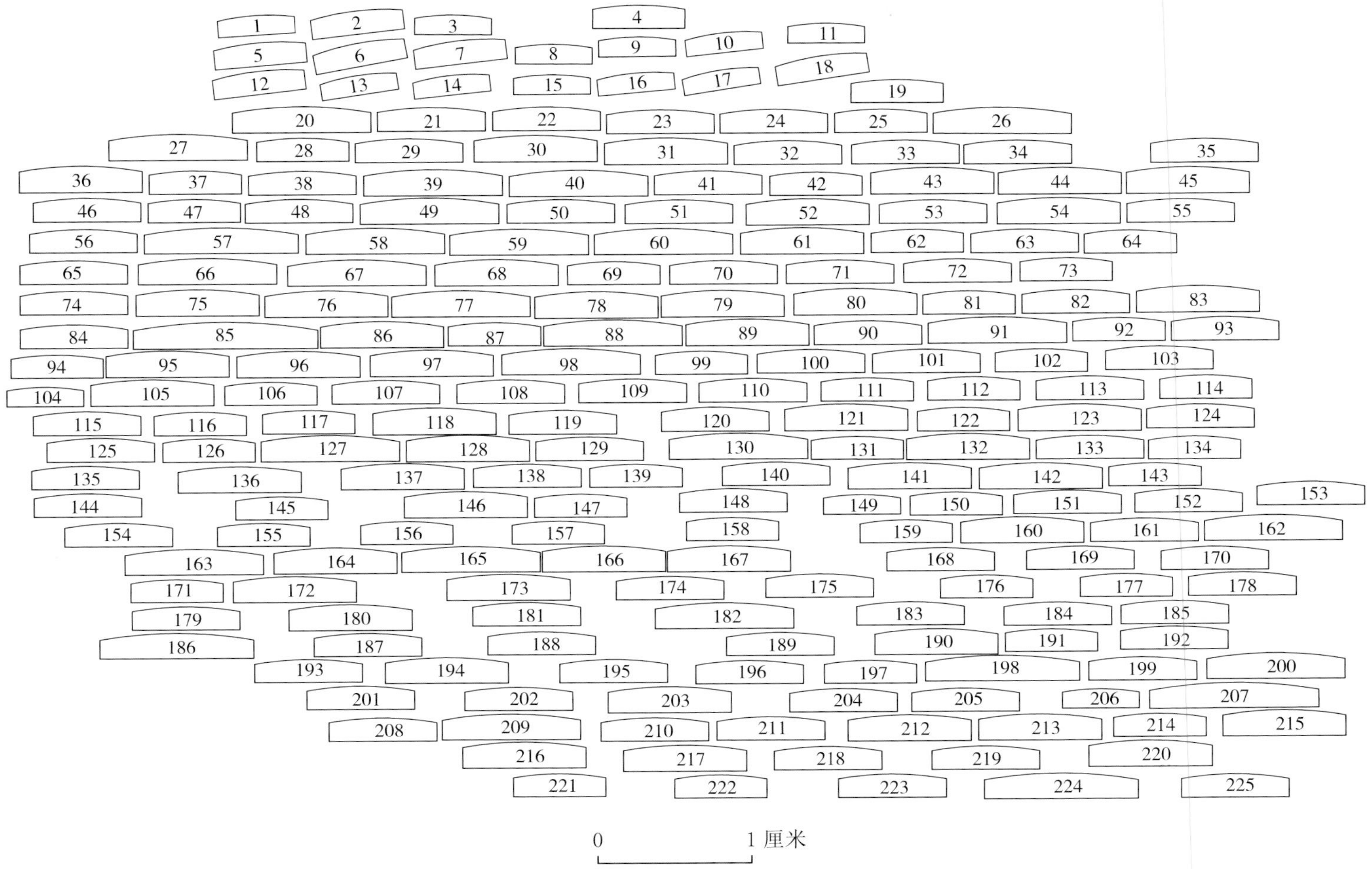

圖一　Ⅰa①簡牘揭剥位置示意圖

圖一竹簡整理編號與示意圖編號對應表

整理號	示意圖編號	整理號	示意圖編號
一	1	二五	25
二	2	二六	26
三	3	二七	27
四	4	二八	28
五	5	二九	29
六	6	三〇	30
七	7	三一	31
八	8	三二	32
九	9	三三	33
一〇	10	三四	34
一一	11	三五	35
一二	12	三六	36
一三	13	三七	37
一四	14	三八	38
一五	15	三九	39
一六	16	四〇	40
一七	17	四一	41
一八	18	四二	42
一九	19	四三	43
二〇	20	四四	44
二一	21	四五	45
二二	22	四六	46
二三	23	四七	47
二四	24	四八	48

整理號	示意圖編號	整理號	示意圖編號	整理號	示意圖編號	整理號	示意圖編號
四九	49	七五	75	一〇一	101	一二七	127
五〇	50	七六	76	一〇二	102	一二八	128
五一	51	七七	77	一〇三	103	一二九	129
五二	52	七八	78	一〇四	104	一三〇	130
五三	53	七九	79	一〇五	105	一三一	131
五四	54	八〇	80	一〇六	106	一三二	132
五五	55	八一	81	一〇七	107	一三三	133
五六	56	八二	82	一〇八	108	一三四	134
五七	57	八三	83	一〇九	109	一三五	135
五八	58	八四	84	一一〇	110	一三六	136
五九	59	八五	85	一一一	111	一三七	137
六〇	60	八六	86	一一二	112	一三八	138
六一	61	八七	87	一一三	113	一三九	139
六二	62	八八	88	一一四	114	一四〇	140
六三	63	八九	89	一一五	115	一四一	141
六四	64	九〇	90	一一六	116	一四二	142
六五	65	九一	91	一一七	117	一四三	143
六六	66	九二	92	一一八	118	一四四	144
六七	67	九三	93	一一九	119	一四五	145
六八	68	九四	94	一二〇	120	一四六	146
六九	69	九五	95	一二一	121	一四七	147
七〇	70	九六	96	一二二	122	一四八	148
七一	71	九七	97	一二三	123	一四九	149
七二	72	九八	98	一二四	124	一五〇	150
七三	73	九九	99	一二五	125	一五一	151
七四	74	一〇〇	100	一二六	126	一五二	152

整理號	示意圖編號
一五三	153
一五四	154
一五五	155
一五六	156
一五七	157
一五八	158
一五九	159
一六〇	160
一六一	161
一六二	162
一六三	163
一六四	164
一六五	165
一六六	166
一六七	167
一六八	168
一六九	169
一七〇	170
一七一	171
一七二	172
一七三	173
一七四	174
一七五	175
一七六	176
一七七	177
一七八	178

整理號	示意圖編號	整理號	示意圖編號
一七九	179	二〇五	205
一八〇	180	二〇六	206
一八一	181	二〇七	207
一八二	182	二〇八	208
一八三	183	二〇九	209
一八四	184	二一〇	210
一八五	185	二一一	211
一八六	186	二一二	212
一八七	187	二一三	213
一八八	188	二一四	214
一八九	189	二一五	215
一九〇	190	二一六	216
一九一	191	二一七	217
一九二	192	二一八	218
一九三	193	二一九	219
一九四	194	二二〇	220
一九五	195	二二一	221
一九六	196	二二二	222
一九七	197	二二三	223
一九八	198	二二四	224
一九九	199	二二五	225
二〇〇	200		
二〇一	201		
二〇二	202		
二〇三	203		
二〇四	204		

圖二　Ⅰa②簡牘揭剥位置示意圖

圖二竹簡整理編號與示意圖編號對應表

整理號	示意圖編號	整理號	示意圖編號	整理號	示意圖編號	整理號	示意圖編號	整理號	示意圖編號
二二六	1	二五一	26	二七六	51	三〇一	76	三二六	101
二二七	2	二五二	27	二七七	52	三〇二	77	三二七	102
二二八	3	二五三	28	二七八	53	三〇三	78	三二八	103
二二九	4	二五四	29	二七九	54	三〇四	79	三二九	104
二三〇	5	二五五	30	二八〇	55	三〇五	80	三三〇	105
二三一	6	二五六	31	二八一	56	三〇六	81	三三一	106
二三二	7	二五七	32	二八二	57	三〇七	82	三三二	107
二三三	8	二五八	33	二八三	58	三〇八	83	三三三	108
二三四	9	二五九	34	二八四	59	三〇九	84	三三四	109
二三五	10	二六〇	35	二八五	60	三一〇	85	三三五	110
二三六	11	二六一	36	二八六	61	三一一	86	三三六	111
二三七	12	二六二	37	二八七	62	三一二	87	三三七	112
二三八	13	二六三	38	二八八	63	三一三	88	三三八	113
二三九	14	二六四	39	二八九	64	三一四	89	三三九	114
二四〇	15	二六五	40	二九〇	65	三一五	90	三四〇	115
二四一	16	二六六	41	二九一	66	三一六	91	三四一	116
二四二	17	二六七	42	二九二	67	三一七	92	三四二	117
二四三	18	二六八	43	二九三	68	三一八	93	三四三	118
二四四	19	二六九	44	二九四	69	三一九	94	三四四	119
二四五	20	二七〇	45	二九五	70	三二〇	95	三四五	120
二四六	21	二七一	46	二九六	71	三二一	96	三四六	121
二四七	22	二七二	47	二九七	72	三二二	97	三四七	122
二四八	23	二七三	48	二九八	73	三二三	98	三四八	123
二四九	24	二七四	49	二九九	74	三二四	99	三四九	124
二五〇	25	二七五	50	三〇〇	75	三二五	100	三五〇	125

整理號	示意圖編號	整理號	示意圖編號	整理號	示意圖編號	整理號	示意圖編號	整理號	示意圖編號
三五一	126	三七七	152	四〇三	178	四二九	204	四五五	230
三五二	127	三七八	153	四〇四	179	四三〇	205	四五六	231
三五三	128	三七九	154	四〇五	180	四三一	206	四五七	232
三五四	129	三八〇	155	四〇六	181	四三二	207	四五八	233
三五五	130	三八一	156	四〇七	182	四三三	208	四五九	234
三五六	131	三八二	157	四〇八	183	四三四	209	四六〇	235
三五七	132	三八三	158	四〇九	184	四三五	210	四六一	236
三五八	133	三八四	159	四一〇	185	四三六	211	四六二	237
三五九	134	三八五	160	四一一	186	四三七	212	四六三	238
三六〇	135	三八六	161	四一二	187	四三八	213	四六四	239
三六一	136	三八七	162	四一三	188	四三九	214	四六五	240
三六二	137	三八八	163	四一四	189	四四〇	215	四六六	241
三六三	138	三八九	164	四一五	190	四四一	216	四六七	242
三六四	139	三九〇	165	四一六	191	四四二	217	四六八	243
三六五	140	三九一	166	四一七	192	四四三	218	四六九	244
三六六	141	三九二	167	四一八	193	四四四	219	四七〇	245
三六七	142	三九三	168	四一九	194	四四五	220	四七一	246
三六八	143	三九四	169	四二〇	195	四四六	221	四七二	247
三六九	144	三九五	170	四二一	196	四四七	222	四七三	248
三七〇	145	三九六	171	四二二	197	四四八	223	四七四	249
三七一	146	三九七	172	四二三	198	四四九	224	四七五	250
三七二	147	三九八	173	四二四	199	四五〇	225	四七六	251
三七三	148	三九九	174	四二五	200	四五一	226	四七七	252
三七四	149	四〇〇	175	四二六	201	四五二	227	四七八	253
三七五	150	四〇一	176	四二七	202	四五三	228	四七九	254
三七六	151	四〇二	177	四二八	203	四五四	229	四八〇	255

整理號	示意圖編號	整理號	示意圖編號	整理號	示意圖編號
四八一	256	五〇七	282	五三三	308
四八二	257	五〇八	283		
四八三	258	五〇九	284		
四八四	259	五一〇	285		
四八五	260	五一一	286		
四八六	261	五一二	287		
四八七	262	五一三	288		
四八八	263	五一四	289		
四八九	264	五一五	290		
四九〇	265	五一六	291		
四九一	266	五一七	292		
四九二	267	五一八	293		
四九三	268	五一九	294		
四九四	269	五二〇	295		
四九五	270	五二一	296		
四九六	271	五二二	297		
四九七	272	五二三	298		
四九八	273	五二四	299		
四九九	274	五二五	300		
五〇〇	275	五二六	301		
五〇一	276	五二七	302		
五〇二	277	五二八	303		
五〇三	278	五二九	304		
五〇四	279	五三〇	305		
五〇五	280	五三一	306		
五〇六	281	五三二	307		

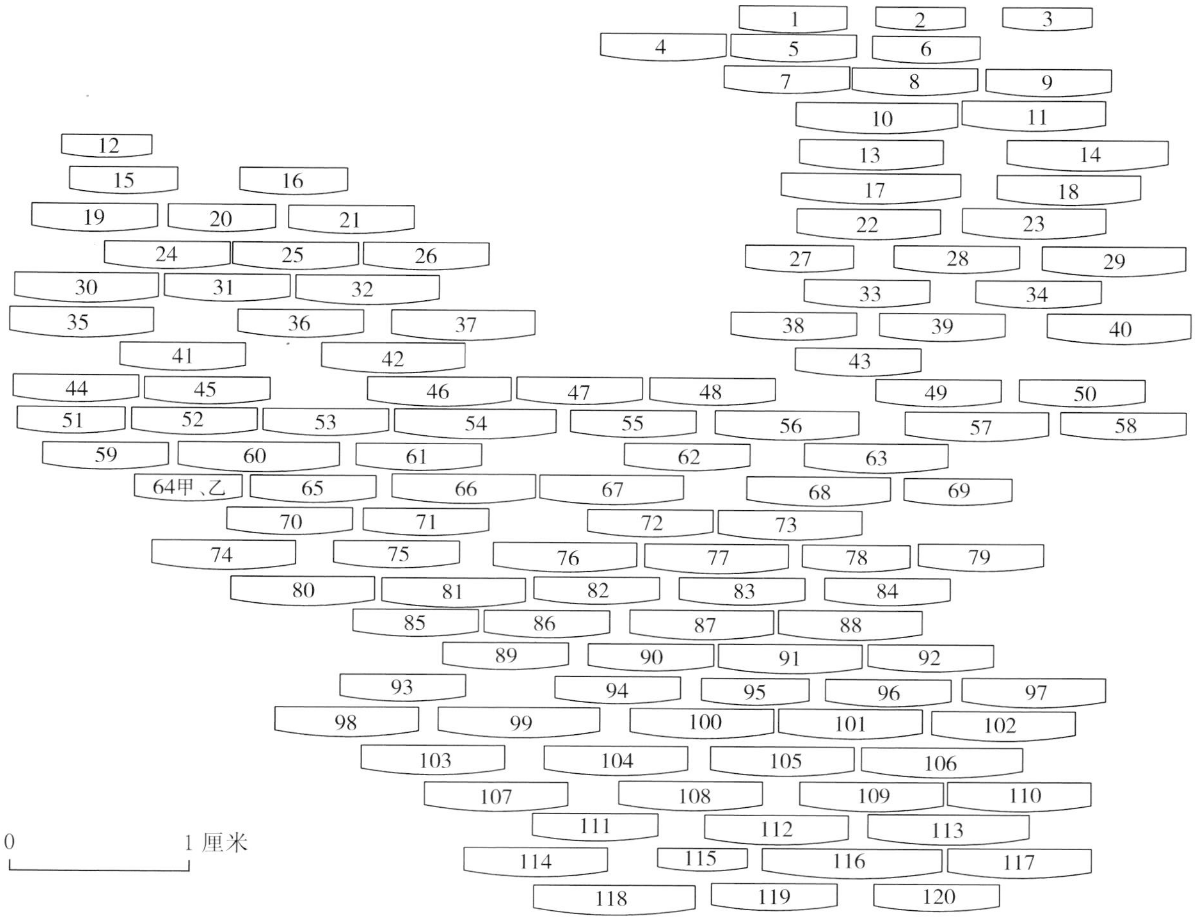

圖三　Ⅰa③簡牘揭剥位置示意圖

圖三竹簡整理編號與示意圖編號對應表

整理號	示意圖編號	整理號	示意圖編號
五三四	1	五五八	25
五三五	2	五五九	26
五三六	3	五六〇	27
五三七	4	五六一	28
五三八	5	五六二	29
五三九	6	五六三	30
五四〇	7	五六四	31
五四一	8	五六五	32
五四二	9	五六六	33
五四三	10	五六七	34
五四四	11	五六八	35
五四五	12	五六九	36
五四六	13	五七〇	37
五四七	14	五七一	38
五四八	15	五七二	39
五四九	16	五七三	40
五五〇	17	五七四	41
五五一	18	五七五	42
五五二	19	五七六	43
五五三	20	五七七	44
五五四	21	五七八	45
五五五	22	五七九	46
五五六	23	五八〇	47
五五七	24	五八一	48

整理號	示意圖編號	整理號	示意圖編號	整理號	示意圖編號
五八二	49	六〇八	75	六三四	101
五八三	50	六〇九	76	六三五	102
五八四	51	六一〇	77	六三六	103
五八五	52	六一一	78	六三七	104
五八六	53	六一二	79	六三八	105
五八七	54	六一三	80	六三九	106
五八八	55	六一四	81	六四〇	107
五八九	56	六一五	82	六四一	108
五九〇	57	六一六	83	六四二	109
五九一	58	六一七	84	六四三	110
五九二	59	六一八	85	六四四	111
五九三	60	六一九	86	六四五	112
五九四	61	六二〇	87	六四六	113
五九五	62	六二一	88	六四七	114
五九六	63	六二二	89	六四八	115
五九七甲乙	64甲乙	六二三	90	六四九	116
五九八	65	六二四	91	六五〇	117
五九九	66	六二五	92	六五一	118
六〇〇	67	六二六	93	六五二	119
六〇一	68	六二七	94	六五三	120
六〇二	69	六二八	95		
六〇三	70	六二九	96		
六〇四	71	六三〇	97		
六〇五	72	六三一	98		
六〇六	73	六三二	99		
六〇七	74	六三三	100		

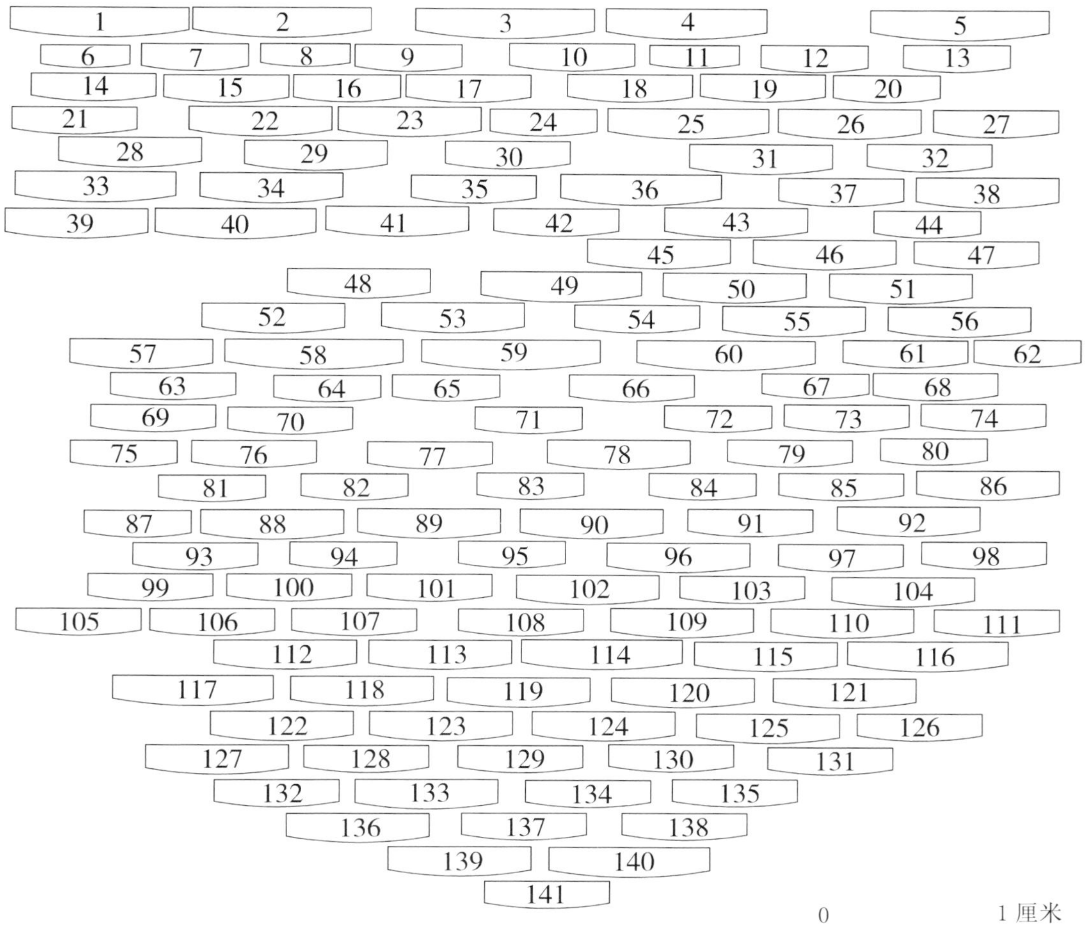

圖四　Ⅰa④簡牘揭剥位置示意圖

圖四竹簡整理編號與示意圖編號對應表

整理號	示意圖編號	整理號	示意圖編號
六五四	1	六七八	25
六五五	2	六七九	26
六五六	3	六八〇	27
六五七	4	六八一	28
六五八	5	六八二	29
六五九	6	六八三	30
六六〇	7	六八四	31
六六一	8	六八五	32
六六二	9	六八六	33
六六三	10	六八七	34
六六四	11	六八八	35
六六五	12	六八九	36
六六六	13	六九〇	37
六六七	14	六九一	38
六六八	15	六九二	39
六六九	16	六九三	40
六七〇	17	六九四	41
六七一	18	六九五	42
六七二	19	六九六	43
六七三	20	六九七	44
六七四	21	六九八	45
六七五	22	六九九	46
六七六	23	七〇〇	47
六七七	24	七〇一	48

整理號	示意圖編號	整理號	示意圖編號	整理號	示意圖編號	整理號	示意圖編號
七〇二	49	七二八	75	七五四	101	七八〇	127
七〇三	50	七二九	76	七五五	102	七八一	128
七〇四	51	七三〇	77	七五六	103	七八二	129
七〇五	52	七三一	78	七五七	104	七八三	130
七〇六	53	七三二	79	七五八	105	七八四	131
七〇七	54	七三三	80	七五九	106	七八五	132
七〇八	55	七三四	81	七六〇	107	七八六	133
七〇九	56	七三五	82	七六一	108	七八七	134
七一〇	57	七三六	83	七六二	109	七八八	135
七一一	58	七三七	84	七六三	110	七八九	136
七一二	59	七三八	85	七六四	111	七九〇	137
七一三	60	七三九	86	七六五	112	七九一	138
七一四	61	七四〇	87	七六六	113	七九二	139
七一五	62	七四一	88	七六七	114	七九三	140
七一六	63	七四二	89	七六八	115	七九四	141
七一七	64	七四三	90	七六九	116		
七一八	65	七四四	91	七七〇	117		
七一九	66	七四五	92	七七一	118		
七二〇	67	七四六	93	七七二	119		
七二一	68	七四七	94	七七三	120		
七二二	69	七四八	95	七七四	121		
七二三	70	七四九	96	七七五	122		
七二四	71	七五〇	97	七七六	123		
七二五	72	七五一	98	七七七	124		
七二六	73	七五二	99	七七八	125		
七二七	74	七五三	100	七七九	126		

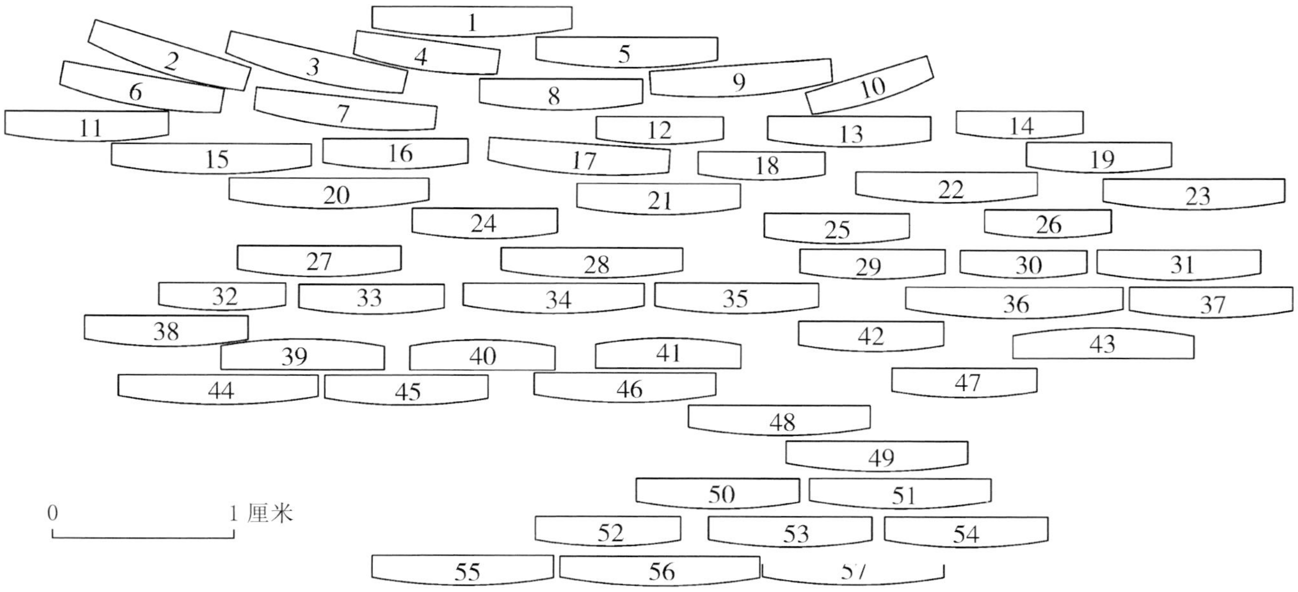

圖五 Ⅰb①簡牘揭剥位置示意圖

圖五竹簡整理編號與示意圖編號對應表

整理號	示意圖編號	整理號	示意圖編號	整理號	示意圖編號
九八二	1	一〇〇六	25	一〇三〇	49
九八三	2	一〇〇七	26	一〇三一	50
九八四	3	一〇〇八	27	一〇三二	51
九八五	4	一〇〇九	28	一〇三三	52
九八六	5	一〇一〇	29	一〇三四	53
九八七	6	一〇一一	30	一〇三五	54
九八八	7	一〇一二	31	一〇三六	55
九八九	8	一〇一三	32	一〇三七	56
九九〇	9	一〇一四	33	一〇三八	57
九九一	10	一〇一五	34		
九九二	11	一〇一六	35		
九九三	12	一〇一七	36		
九九四	13	一〇一八	37		
九九五	14	一〇一九	38		
九九六	15	一〇二〇	39		
九九七	16	一〇二一	40		
九九八	17	一〇二二	41		
九九九	18	一〇二三	42		
一〇〇〇	19	一〇二四	43		
一〇〇一	20	一〇二五	44		
一〇〇二	21	一〇二六	45		
一〇〇三	22	一〇二七	46		
一〇〇四	23	一〇二八	47		
一〇〇五	24	一〇二九	48		

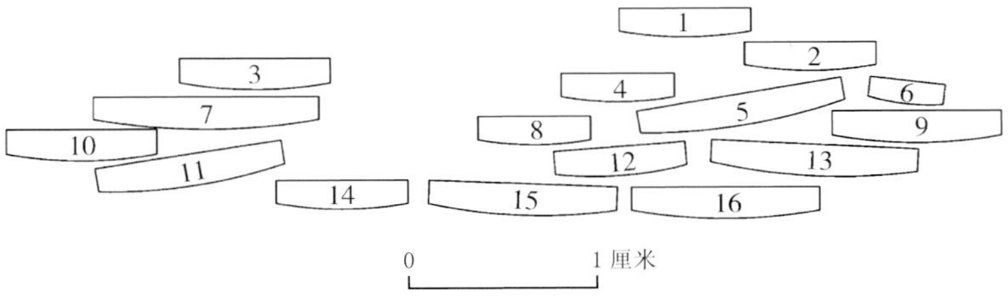

圖六　Ⅰb②簡牘揭剥位置示意圖

圖六竹簡整理編號與示意圖編號對應表

整理號	示意圖編號
一〇三九	1
一〇四〇	2
一〇四一	3
一〇四二	4
一〇四三	5
一〇四四	6
一〇四五	7
一〇四六	8
一〇四七	9
一〇四八	10
一〇四九	11
一〇五〇	12
一〇五一	13
一〇五二	14
一〇五三	15
一〇五四	16

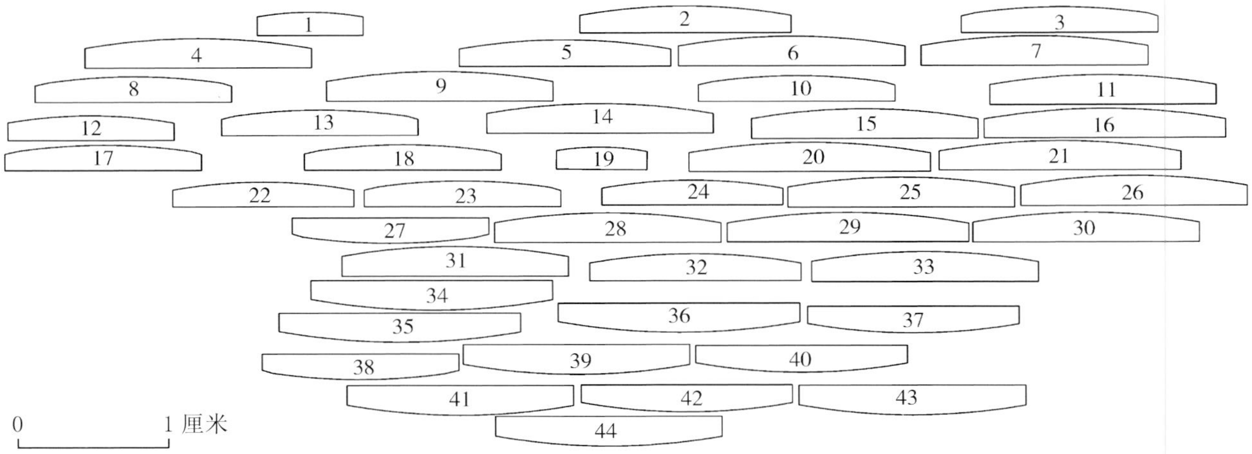

圖七　Ⅰb③簡牘揭剥位置示意圖

圖七竹簡整理編號與示意圖編號對應表

整理號	示意圖編號	整理號	示意圖編號
一二六一	1	一二八五	25
一二六二	2	一二八六	26
一二六三	3	一二八七	27
一二六四	4	一二八八	28
一二六五	5	一二八九	29
一二六六	6	一二九〇	30
一二六七	7	一二九一	31
一二六八	8	一二九二	32
一二六九	9	一二九三	33
一二七〇	10	一二九四	34
一二七一	11	一二九五	35
一二七二	12	一二九六	36
一二七三	13	一二九七	37
一二七四	14	一二九八	38
一二七五	15	一二九九	39
一二七六	16	一三〇〇	40
一二七七	17	一三〇一	41
一二七八	18	一三〇二	42
一二七九	19	一三〇三	43
一二八〇	20	一三〇四	44
一二八一	21		
一二八二	22		
一二八三	23		
一二八四	24		

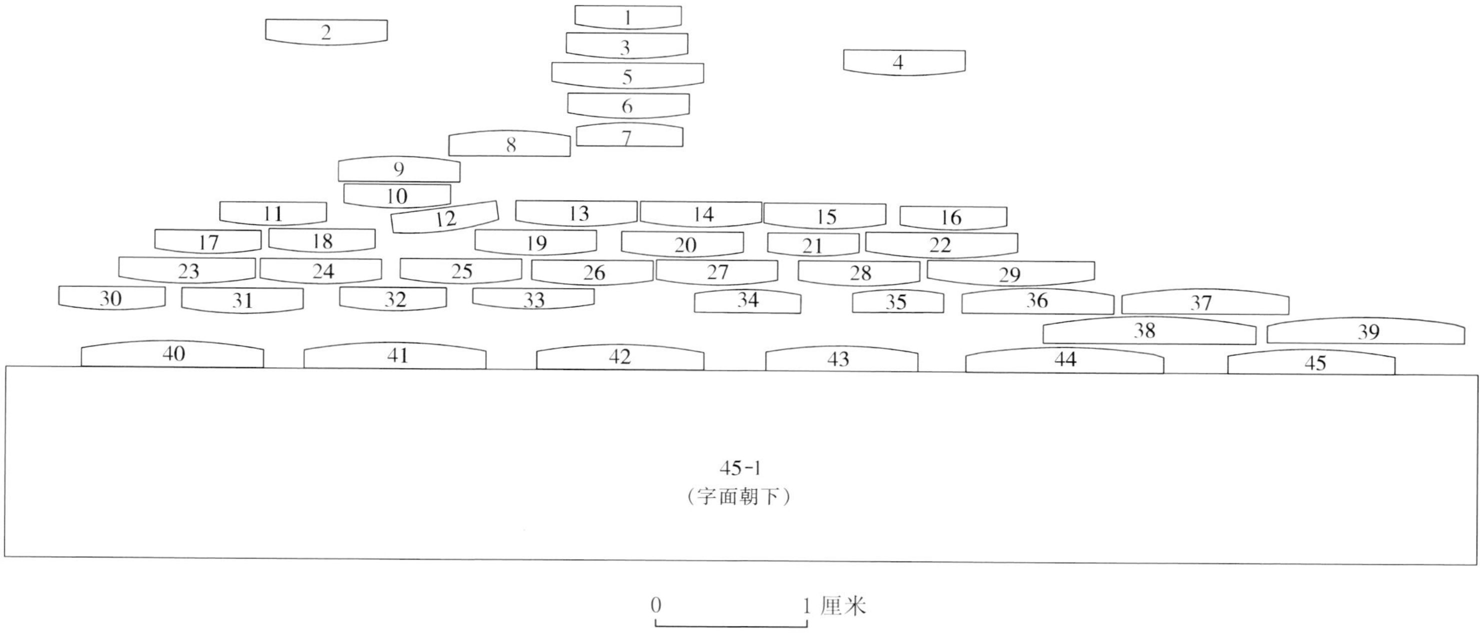

圖八 Ⅰc1①簡牘揭剥位置示意圖

圖八竹簡整理編號與示意圖編號對應表

整理號	示意圖編號	整理號	示意圖編號
一七一九	1	一七四三	25
一七二〇	2	一七四四	26
一七二一	3	一七四五	27
一七二二	4	一七四六	28
一七二三	5	一七四七	29
一七二四	6	一七四八	30
一七二五	7	一七四九	31
一七二六	8	一七五〇	32
一七二七	9	一七五一	33
一七二八	10	一七五二	34
一七二九	11	一七五三	35
一七三〇	12	一七五四	36
一七三一	13	一七五五	37
一七三二	14	一七五六	38
一七三三	15	一七五七	39
一七三四	16	一七五八	40
一七三五	17	一七五九	41
一七三六	18	一七六〇	42
一七三七	19	一七六一	43
一七三八	20	一七六二	44
一七三九	21	一七六三	45
一七四〇	22	一七六三（一）	45（一）
一七四一	23		
一七四二	24		

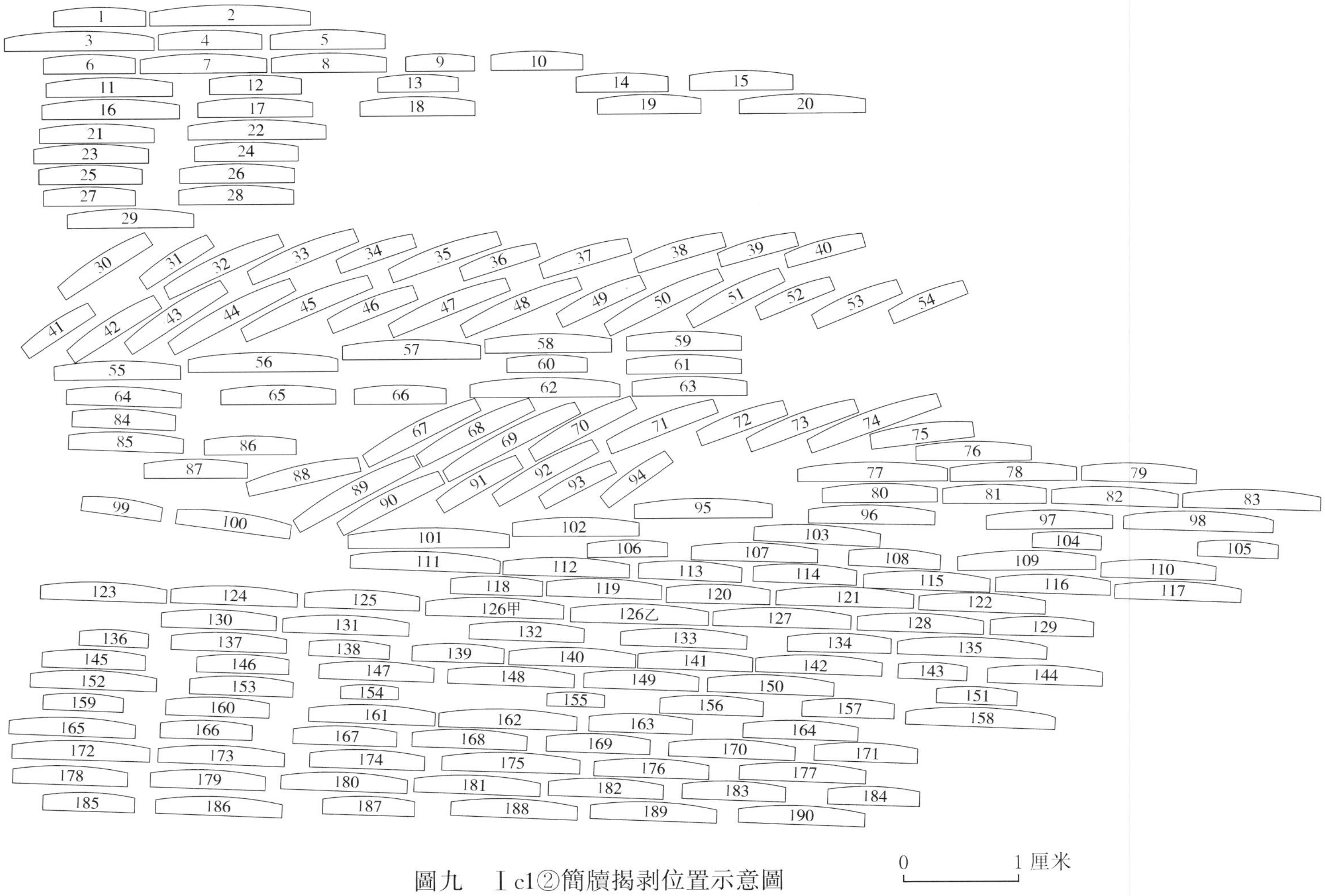

圖九 Ⅰc1②簡牘揭剥位置示意圖

圖九竹簡整理編號與示意圖編號對應表

整理號	示意圖編號	整理號	示意圖編號
二三一六二	1	二三一八六	25
二三一六三	2	二三一八七	26
二三一六四	3	二三一八八	27
二三一六五	4	二三一八九	28
二三一六六	5	二三一九〇	29
二三一六七	6	二三一九一	30
二三一六八	7	二三一九二	31
二三一六九	8	二三一九三	32
二三一七〇	9	二三一九四	33
二三一七一	10	二三一九五	34
二三一七二	11	二三一九六	35
二三一七三	12	二三一九七	36
二三一七四	13	二三一九八	37
二三一七五	14	二三一九九	38
二三一七六	15	二三二〇〇	39
二三一七七	16	二三二〇一	40
二三一七八	17	二三二〇二	41
二三一七九	18	二三二〇三	42
二三一八〇	19	二三二〇四	43
二三一八一	20	二三二〇五	44
二三一八二	21	二三二〇六	45
二三一八三	22	二三二〇七	46
二三一八四	23	二三二〇八	47
二三一八五	24	二三二〇九	48

整理號	示意圖編號	整理號	示意圖編號	整理號	示意圖編號	整理號	示意圖編號	整理號	示意圖編號
二三一〇	49	二三三六	75	二三六二	101	二三八七乙	126乙	二四一三	152
二三一一	50	二三三七	76	二三六三	102	二三八八	127	二四一四	153
二三一二	51	二三三八	77	二三六四	103	二三八九	128	二四一五	154
二三一三	52	二三三九	78	二三六五	104	二三九〇	129	二四一六	155
二三一四	53	二三四〇	79	二三六六	105	二三九一	130	二四一七	156
二三一五	54	二三四一	80	二三六七	106	二三九二	131	二四一八	157
二三一六	55	二三四二	81	二三六八	107	二三九三	132	二四一九	158
二三一七	56	二三四三	82	二三六九	108	二三九四	133	二四二〇	159
二三一八	57	二三四四	83	二三七〇	109	二三九五	134	二四二一	160
二三一九	58	二三四五	84	二三七一	110	二三九六	135	二四二二	161
二三二〇	59	二三四六	85	二三七二	111	二三九七	136	二四二三	162
二三二一	60	二三四七	86	二三七三	112	二三九八	137	二四二四	163
二三二二	61	二三四八	87	二三七四	113	二三九九	138	二四二五	164
二三二三	62	二三四九	88	二三七五	114	二四〇〇	139	二四二六	165
二三二四	63	二三五〇	89	二三七六	115	二四〇一	140	二四二七	166
二三二五	64	二三五一	90	二三七七	116	二四〇二	141	二四二八	167
二三二六	65	二三五二	91	二三七八	117	二四〇三	142	二四二九	168
二三二七	66	二三五三	92	二三七九	118	二四〇四	143	二四三〇	169
二三二八	67	二三五四	93	二三八〇	119	二四〇五	144	二四三一	170
二三二九	68	二三五五	94	二三八一	120	二四〇六	145	二四三二	171
二三三〇	69	二三五六	95	二三八二	121	二四〇七	146	二四三三	172
二三三一	70	二三五七	96	二三八三	122	二四〇八	147	二四三四	173
二三三二	71	二三五八	97	二三八四	123	二四〇九	148	二四三五	174
二三三三	72	二三五九	98	二三八五	124	二四一〇	149	二四三六	175
二三三四	73	二三六〇	99	二三八六	125	二四一一	150	二四三七	176
二三三五	74	二三六一	100	二三八七甲	126甲	二四一二	151	二四三八	177

整理號	示意圖編號
二四三九	178
二四四〇	179
二四四一	180
二四四二	181
二四四三	182
二四四四	183
二四四五	184
二四四六	185
二四四七	186
二四四八	187
二四四九	188
二四五〇	189
二四五一	190

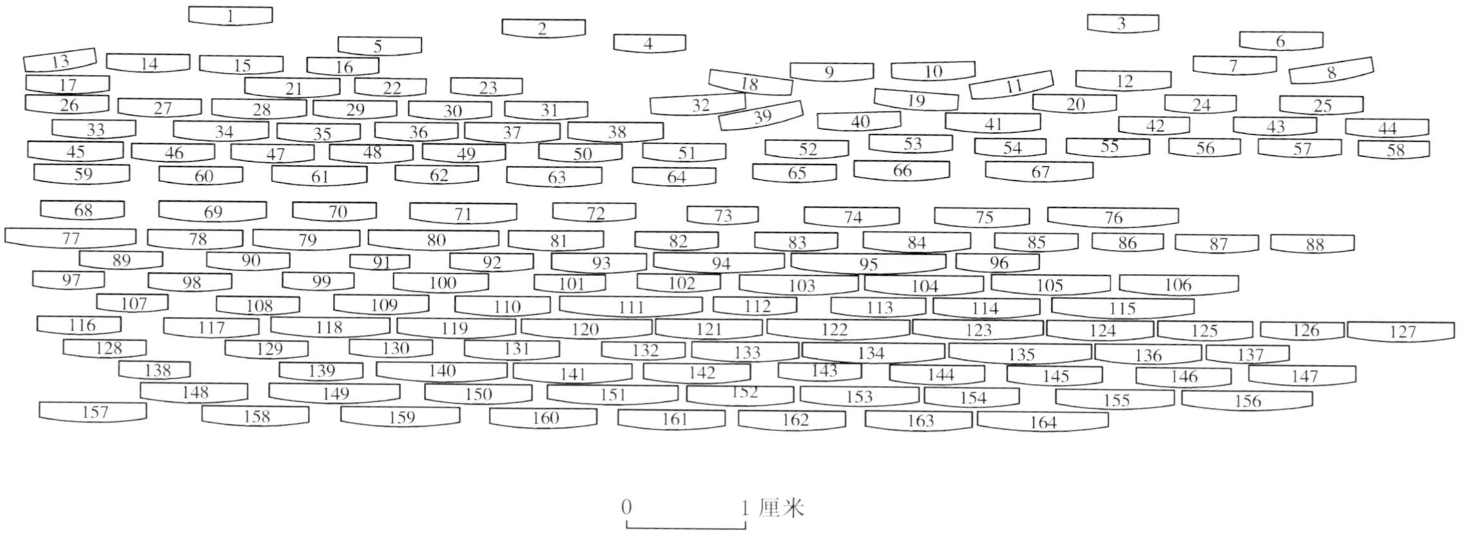

圖十 Ⅰc1③簡牘揭剥位置示意圖

圖十竹簡整理編號與示意圖編號對應表

整理號	示意圖編號	整理號	示意圖編號	整理號	示意圖編號
二四五二	1	二四七六	25	二五〇〇	49
二四五三	2	二四七七	26	二五〇一	50
二四五四	3	二四七八	27	二五〇二	51
二四五五	4	二四七九	28	二五〇三	52
二四五六	5	二四八〇	29	二五〇四	53
二四五七	6	二四八一	30	二五〇五	54
二四五八	7	二四八二	31	二五〇六	55
二四五九	8	二四八三	32	二五〇七	56
二四六〇	9	二四八四	33	二五〇八	57
二四六一	10	二四八五	34	二五〇九	58
二四六二	11	二四八六	35	二五一〇	59
二四六三	12	二四八七	36	二五一一	60
二四六四	13	二四八八	37	二五一二	61
二四六五	14	二四八九	38	二五一三	62
二四六六	15	二四九〇	39	二五一四	63
二四六七	16	二四九一	40	二五一五	64
二四六八	17	二四九二	41	二五一六	65
二四六九	18	二四九三	42	二五一七	66
二四七〇	19	二四九四	43	二五一八	67
二四七一	20	二四九五	44	二五一九	68
二四七二	21	二四九六	45	二五二〇	69
二四七三	22	二四九七	46	二五二一	70
二四七四	23	二四九八	47	二五二二	71
二四七五	24	二四九九	48	二五二三	72

整理號	示意圖編號	整理號	示意圖編號	整理號	示意圖編號	整理號	示意圖編號
二五二四	73	二五五○	99	二五七六	125	二六○二	151
二五二五	74	二五五一	100	二五七七	126	二六○三	152
二五二六	75	二五五二	101	二五七八	127	二六○四	153
二五二七	76	二五五三	102	二五七九	128	二六○五	154
二五二八	77	二五五四	103	二五八○	129	二六○六	155
二五二九	78	二五五五	104	二五八一	130	二六○七	156
二五三○	79	二五五六	105	二五八二	131	二六○八	157
二五三一	80	二五五七	106	二五八三	132	二六○九	158
二五三二	81	二五五八	107	二五八四	133	二六一○	159
二五三三	82	二五五九	108	二五八五	134	二六一一	160
二五三四	83	二五六○	109	二五八六	135	二六一二	161
二五三五	84	二五六一	110	二五八七	136	二六一三	162
二五三六	85	二五六二	111	二五八八	137	二六一四	163
二五三七	86	二五六三	112	二五八九	138	二六一五	164
二五三八	87	二五六四	113	二五九○	139		
二五三九	88	二五六五	114	二五九一	140		
二五四○	89	二五六六	115	二五九二	141		
二五四一	90	二五六七	116	二五九三	142		
二五四二	91	二五六八	117	二五九四	143		
二五四三	92	二五六九	118	二五九五	144		
二五四四	93	二五七○	119	二五九六	145		
二五四五	94	二五七一	120	二五九七	146		
二五四六	95	二五七二	121	二五九八	147		
二五四七	96	二五七三	122	二五九九	148		
二五四八	97	二五七四	123	二六○○	149		
二五四九	98	二五七五	124	二六○一	150		

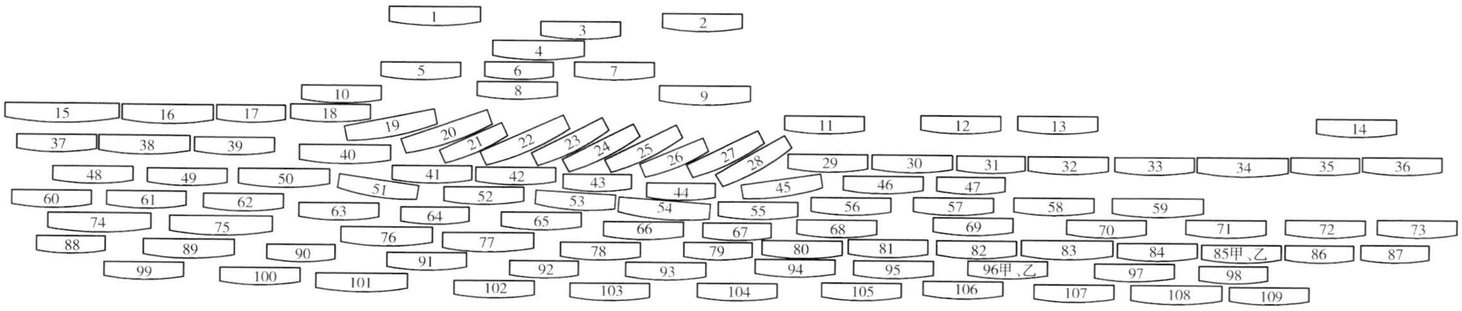

圖十一　Ⅰc1④簡牘揭剥位置示意圖

圖十一竹簡整理編號與示意圖編號對應表

整理號	示意圖編號	整理號	示意圖編號	整理號	示意圖編號
二六一六	1	二六四〇	25	二六六四	49
二六一七	2	二六四一	26	二六六五	50
二六一八	3	二六四二	27	二六六六	51
二六一九	4	二六四三	28	二六六七	52
二六二〇	5	二六四四	29	二六六八	53
二六二一	6	二六四五	30	二六六九	54
二六二二	7	二六四六	31	二六七〇	55
二六二三	8	二六四七	32	二六七一	56
二六二四	9	二六四八	33	二六七二	57
二六二五	10	二六四九	34	二六七三	58
二六二六	11	二六五〇	35	二六七四	59
二六二七	12	二六五一	36	二六七五	60
二六二八	13	二六五二	37	二六七六	61
二六二九	14	二六五三	38	二六七七	62
二六三〇	15	二六五四	39	二六七八	63
二六三一	16	二六五五	40	二六七九	64
二六三二	17	二六五六	41	二六八〇	65
二六三三	18	二六五七	42	二六八一	66
二六三四	19	二六五八	43	二六八二	67
二六三五	20	二六五九	44	二六八三	68
二六三六	21	二六六〇	45	二六八四	69
二六三七	22	二六六一	46	二六八五	70
二六三八	23	二六六二	47	二六八六	71
二六三九	24	二六六三	48	二六八七	72

整理號	示意圖編號	整理號	示意圖編號
二六八八	73	二七一四	99
二六八九	74	二七一五	100
二六九〇	75	二七一六	101
二六九一	76	二七一七	102
二六九二	77	二七一八	103
二六九三	78	二七一九	104
二六九四	79	二七二〇	105
二六九五	80	二七二一	106
二六九六	81	二七二二	107
二六九七	82	二七二三	108
二六九八	83	二七二四	109
二六九九	84		
二七〇〇甲乙	85甲乙		
二七〇一	86		
二七〇二	87		
二七〇三	88		
二七〇四	89		
二七〇五	90		
二七〇六	91		
二七〇七	92		
二七〇八	93		
二七〇九	94		
二七一〇	95		
二七一一甲乙	96甲乙		
二七一二	97		
二七一三	98		

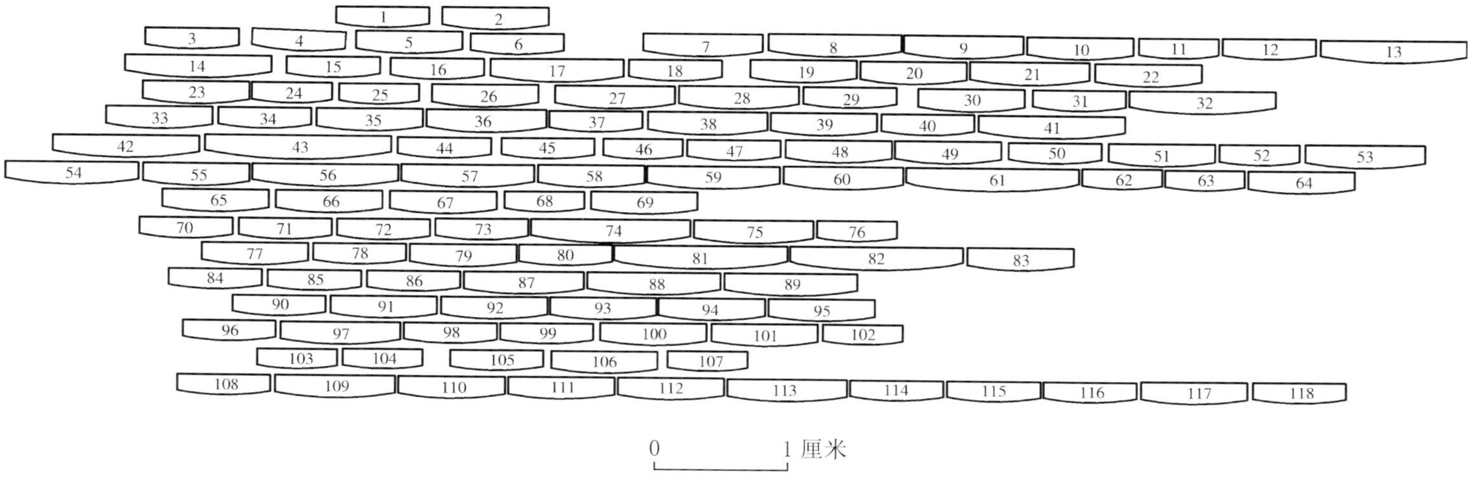

圖十二 Ⅰc1⑤簡牘揭剥位置示意圖

圖十二竹簡整理編號與示意圖編號對應表

整理號	示意圖編號	整理號	示意圖編號	整理號	示意圖編號
二七二五	1	二七四九	25	二七七三	49
二七二六	2	二七五〇	26	二七七四	50
二七二七	3	二七五一	27	二七七五	51
二七二八	4	二七五二	28	二七七六	52
二七二九	5	二七五三	29	二七七七	53
二七三〇	6	二七五四	30	二七七八	54
二七三一	7	二七五五	31	二七七九	55
二七三二	8	二七五六	32	二七八〇	56
二七三三	9	二七五七	33	二七八一	57
二七三四	10	二七五八	34	二七八二	58
二七三五	11	二七五九	35	二七八三	59
二七三六	12	二七六〇	36	二七八四	60
二七三七	13	二七六一	37	二七八五	61
二七三八	14	二七六二	38	二七八六	62
二七三九	15	二七六三	39	二七八七	63
二七四〇	16	二七六四	40	二七八八	64
二七四一	17	二七六五	41	二七八九	65
二七四二	18	二七六六	42	二七九〇	66
二七四三	19	二七六七	43	二七九一	67
二七四四	20	二七六八	44	二七九二	68
二七四五	21	二七六九	45	二七九三	69
二七四六	22	二七七〇	46	二七九四	70
二七四七	23	二七七一	47	二七九五	71
二七四八	24	二七七二	48	二七九六	72

整理號	示意圖編號	整理號	示意圖編號
二七九七	73	二八二三	99
二七九八	74	二八二四	100
二七九九	75	二八二五	101
二八〇〇	76	二八二六	102
二八〇一	77	二八二七	103
二八〇二	78	二八二八	104
二八〇三	79	二八二九	105
二八〇四	80	二八三〇	106
二八〇五	81	二八三一	107
二八〇六	82	二八三二	108
二八〇七	83	二八三三	109
二八〇八	84	二八三四	110
二八〇九	85	二八三五	111
二八一〇	86	二八三六	112
二八一一	87	二八三七	113
二八一二	88	二八三八	114
二八一三	89	二八三九	115
二八一四	90	二八四〇	116
二八一五	91	二八四一	117
二八一六	92	二八四二	118
二八一七	93		
二八一八	94		
二八一九	95		
二八二〇	96		
二八二一	97		
二八二二	98		

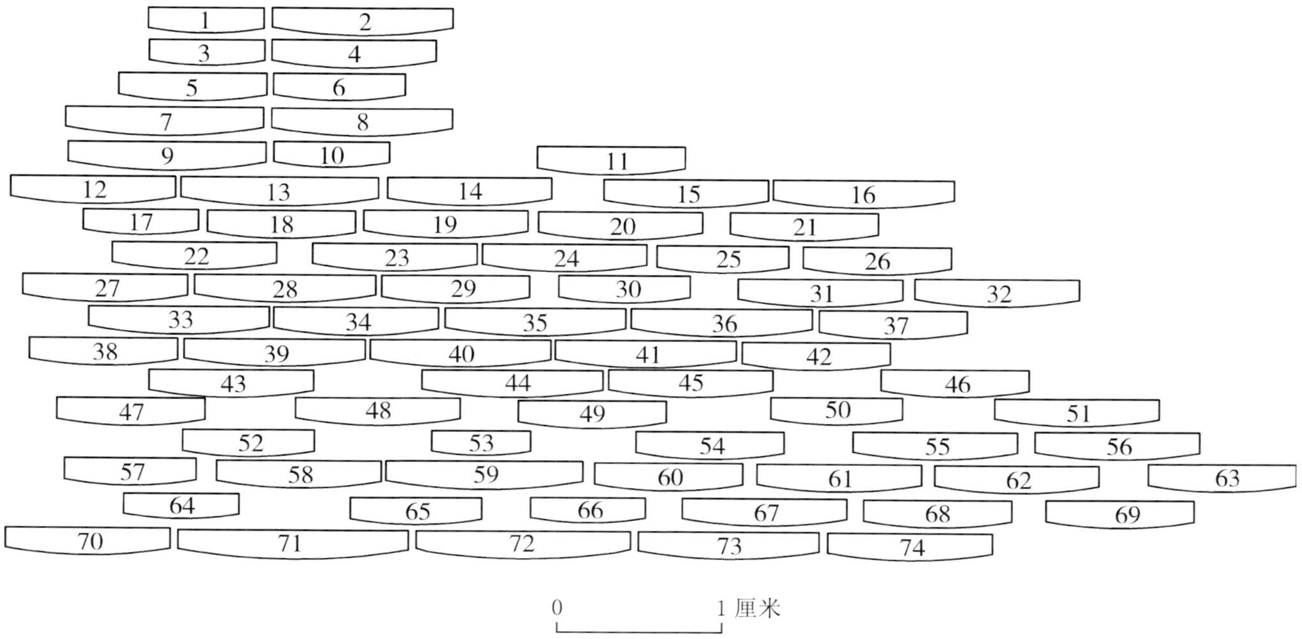

圖十三 Ⅰc2①簡牘揭剥位置示意圖

圖十三竹簡整理編號與示意圖編號對應表

整理號	示意圖編號	整理號	示意圖編號	整理號	示意圖編號
三一二〇	1	三一四五	26	三一七〇	51
三一二一	2	三一四六	27	三一七一	52
三一二二	3	三一四七	28	三一七二	53
三一二三	4	三一四八	29	三一七三	54
三一二四	5	三一四九	30	三一七四	55
三一二五	6	三一五〇	31	三一七五	56
三一二六	7	三一五一	32	三一七六	57
三一二七	8	三一五二	33	三一七七	58
三一二八	9	三一五三	34	三一七八	59
三一二九	10	三一五四	35	三一七九	60
三一三〇	11	三一五五	36	三一八〇	61
三一三一	12	三一五六	37	三一八一	62
三一三二	13	三一五七	38	三一八二	63
三一三三	14	三一五八	39	三一八三	64
三一三四	15	三一五九	40	三一八四	65
三一三五	16	三一六〇	41	三一八五	66
三一三六	17	三一六一	42	三一八六	67
三一三七	18	三一六二	43	三一八七	68
三一三八	19	三一六三	44	三一八八	69
三一三九	20	三一六四	45	三一八九	70
三一四〇	21	三一六五	46	三一九〇	71
三一四一	22	三一六六	47	三一九一	72
三一四二	23	三一六七	48	三一九二	73
三一四三	24	三一六八	49	三一九三	74
三一四四	25	三一六九	50		

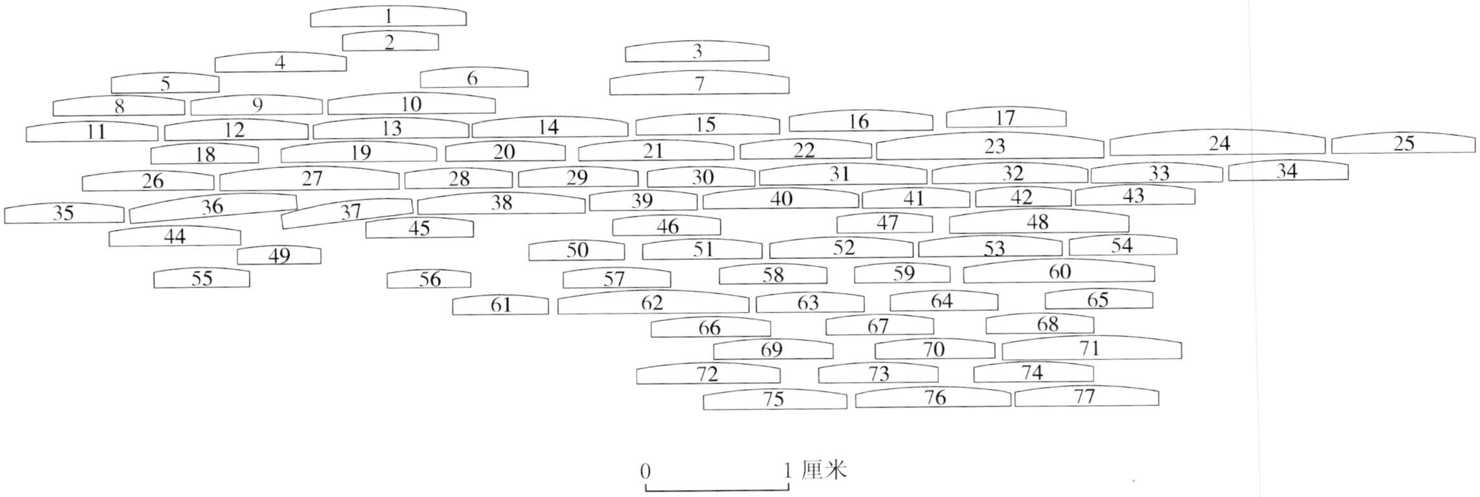

圖十四　Ⅰc2②簡牘揭剥位置示意圖

圖十四竹簡整理編號與示意圖編號對應表

整理號	示意圖編號	整理號	示意圖編號	整理號	示意圖編號
三三四一	1	三三六七	27	三三九三	53
三三四二	2	三三六八	28	三三九四	54
三三四三	3	三三六九	29	三三九五	55
三三四四	4	三三七○	30	三三九六	56
三三四五	5	三三七一	31	三三九七	57
三三四六	6	三三七二	32	三三九八	58
三三四七	7	三三七三	33	三三九九	59
三三四八	8	三三七四	34	三四○○	60
三三四九	9	三三七五	35	三四○一	61
三三五○	10	三三七六	36	三四○二	62
三三五一	11	三三七七	37	三四○三	63
三三五二	12	三三七八	38	三四○四	64
三三五三	13	三三七九	39	三四○五	65
三三五四	14	三三八○	40	三四○六	66
三三五五	15	三三八一	41	三四○七	67
三三五六	16	三三八二	42	三四○八	68
三三五七	17	三三八三	43	三四○九	69
三三五八	18	三三八四	44	三四一○	70
三三五九	19	三三八五	45	三四一一	71
三三六○	20	三三八六	46	三四一二	72
三三六一	21	三三八七	47	三四一三	73
三三六二	22	三三八八	48	三四一四	74
三三六三	23	三三八九	49	三四一五	75
三三六四	24	三三九○	50	三四一六	76
三三六五	25	三三九一	51	三四一七	77
三三六六	26	三三九二	52		

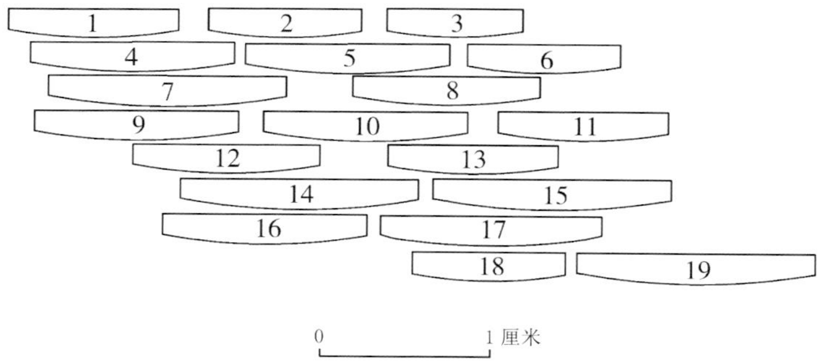

圖十五 Ⅰc2③簡牘揭剥位置示意圖

圖十五竹簡整理編號與示意圖編號對應表

整理號	示意圖編號
三八四五	1
三八四六	2
三八四七	3
三八四八	4
三八四九	5
三八五〇	6
三八五一	7
三八五二	8
三八五三	9
三八五四	10
三八五五	11
三八五六	12
三八五七	13
三八五八	14
三八五九	15
三八六〇	16
三八六一	17
三八六二	18
三八六三	19

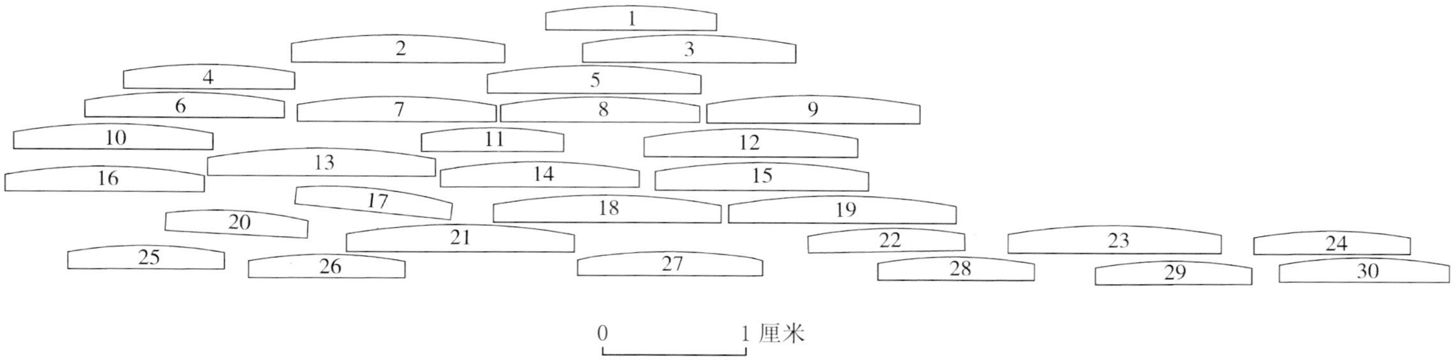

圖十六 Ⅰc2④簡牘揭剥位置示意圖

圖十六竹簡整理編號與示意圖編號對應表

整理號	示意圖編號	整理號	示意圖編號
三八六四	1	三八八八	25
三八六五	2	三八八九	26
三八六六	3	三八九〇	27
三八六七	4	三八九一	28
三八六八	5	三八九二	29
三八六九	6	三八九三	30
三八七〇	7		
三八七一	8		
三八七二	9		
三八七三	10		
三八七四	11		
三八七五	12		
三八七六	13		
三八七七	14		
三八七八	15		
三八七九	16		
三八八〇	17		
三八八一	18		
三八八二	19		
三八八三	20		
三八八四	21		
三八八五	22		
三八八六	23		
三八八七	24		

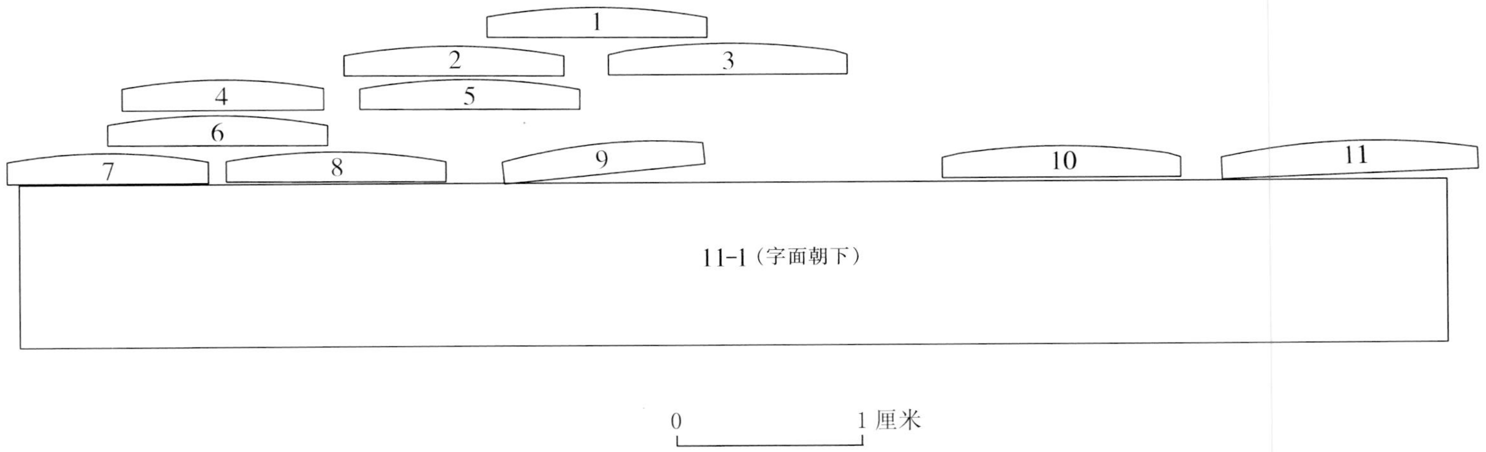

圖十七 Ⅰc2⑤簡牘揭剥位置示意圖

圖十七竹簡整理編號與示意圖編號對應表

整理號	示意圖編號
三八九四	1
三八九五	2
三八九六	3
三八九七	4
三八九八	5
三八九九	6
三九〇〇	7
三九〇一	8
三九〇二	9
三九〇三	10
三九〇四	11
三九〇四（一）	11（一）

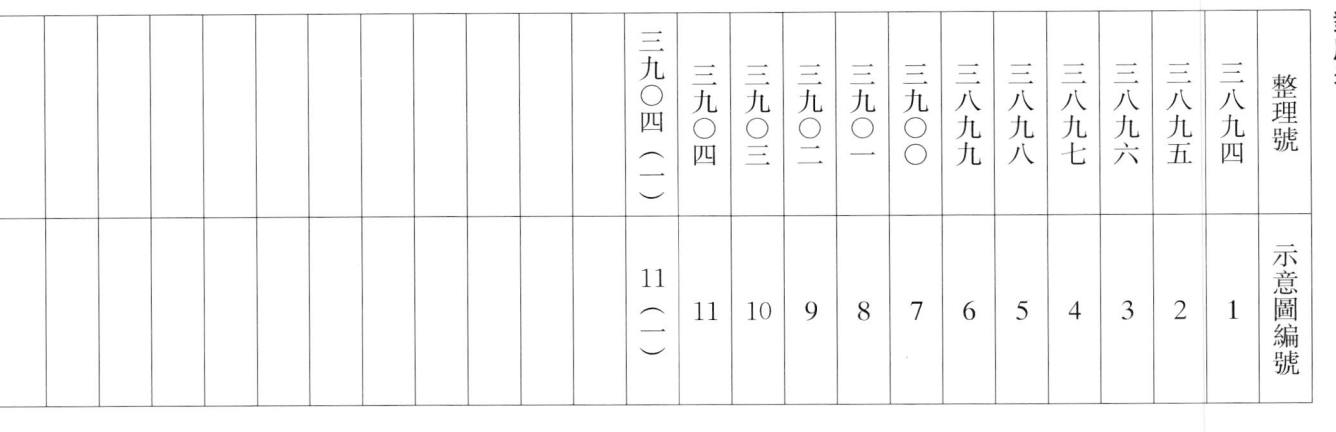

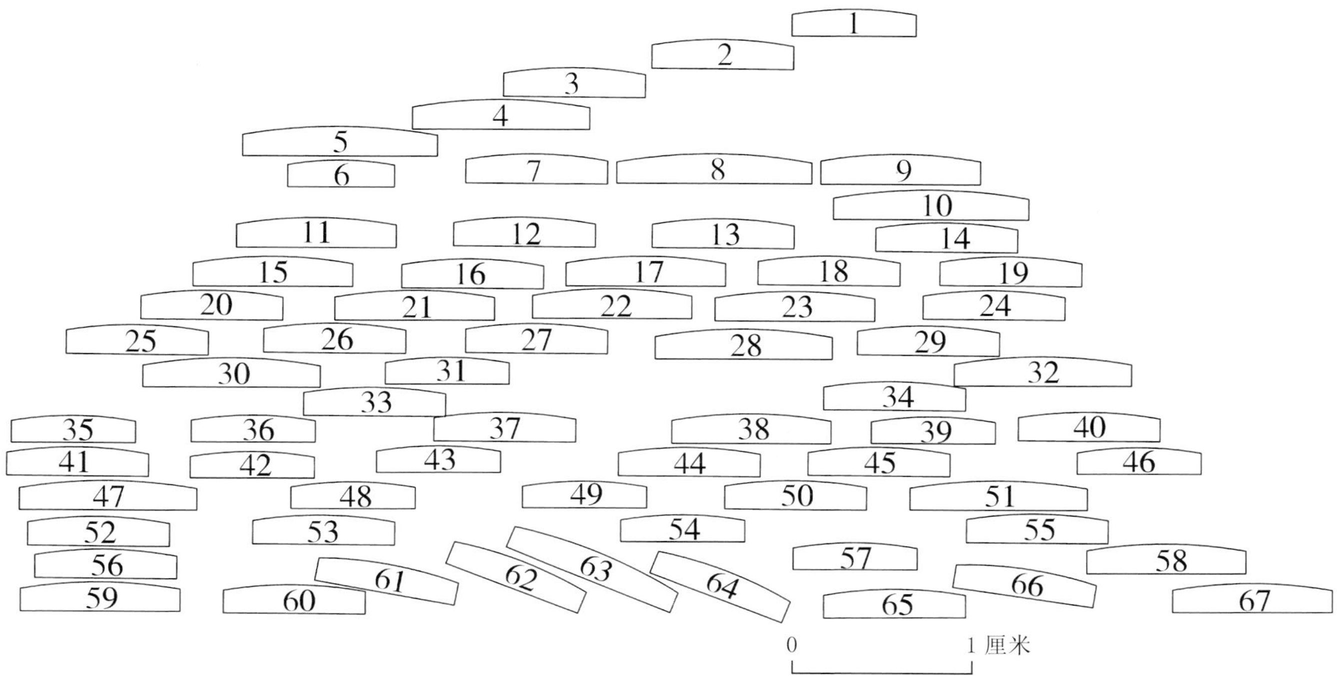

圖十八　Ⅰc3①簡牘揭剥位置示意圖

圖十八竹簡整理編號與示意圖編號對應表

整理號	示意圖編號	整理號	示意圖編號	整理號	示意圖編號
四〇一一	1	四〇三五	25	四〇五九	49
四〇一二	2	四〇三六	26	四〇六〇	50
四〇一三	3	四〇三七	27	四〇六一	51
四〇一四	4	四〇三八	28	四〇六二	52
四〇一五	5	四〇三九	29	四〇六三	53
四〇一六	6	四〇四〇	30	四〇六四	54
四〇一七	7	四〇四一	31	四〇六五	55
四〇一八	8	四〇四二	32	四〇六六	56
四〇一九	9	四〇四三	33	四〇六七	57
四〇二〇	10	四〇四四	34	四〇六八	58
四〇二一	11	四〇四五	35	四〇六九	59
四〇二二	12	四〇四六	36	四〇七〇	60
四〇二三	13	四〇四七	37	四〇七一	61
四〇二四	14	四〇四八	38	四〇七二	62
四〇二五	15	四〇四九	39	四〇七三	63
四〇二六	16	四〇五〇	40	四〇七四	64
四〇二七	17	四〇五一	41	四〇七五	65
四〇二八	18	四〇五二	42	四〇七六	66
四〇二九	19	四〇五三	43	四〇七七	67
四〇三〇	20	四〇五四	44		
四〇三一	21	四〇五五	45		
四〇三二	22	四〇五六	46		
四〇三三	23	四〇五七	47		
四〇三四	24	四〇五八	48		

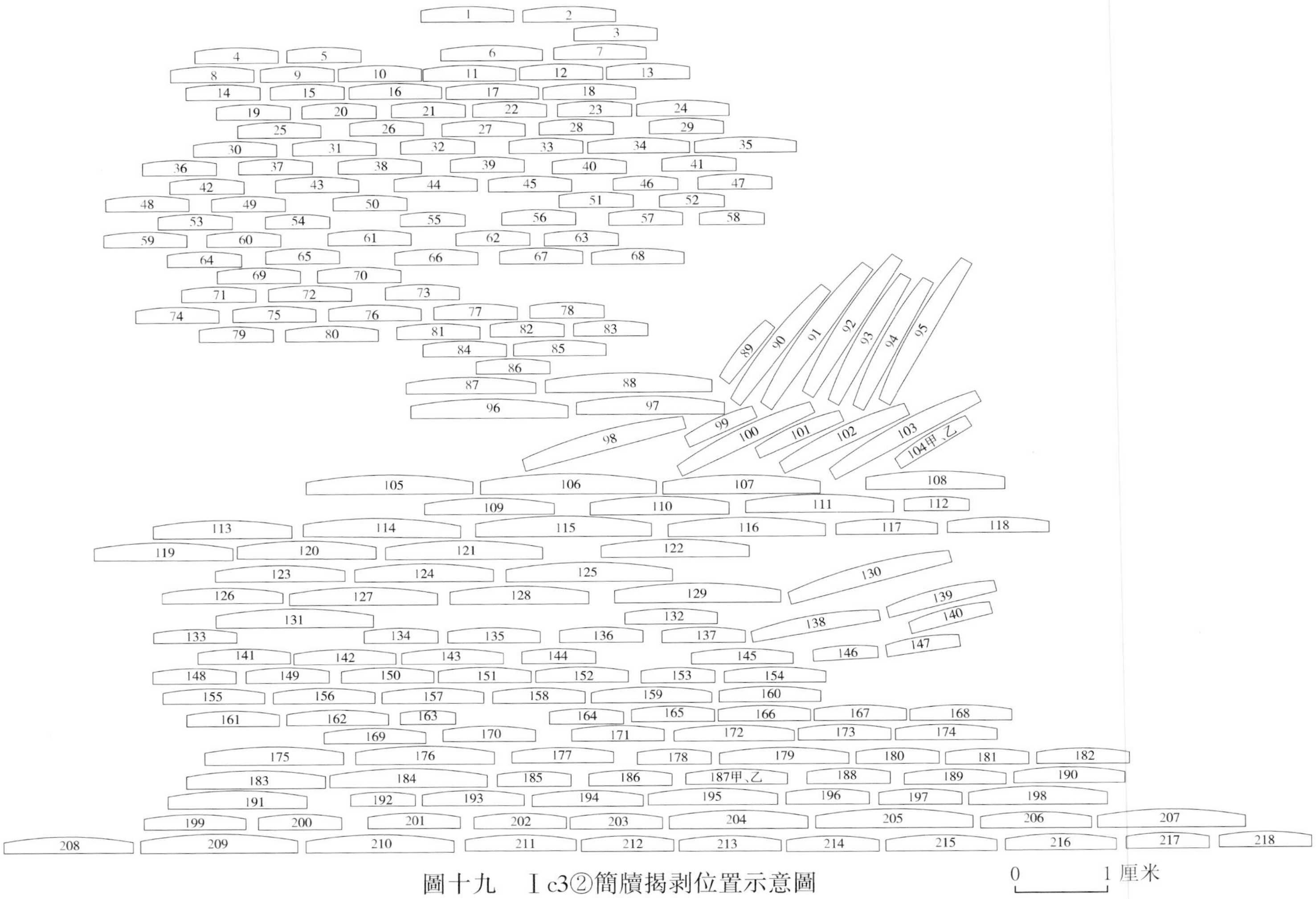

圖十九　Ⅰc3②簡牘揭剥位置示意圖

圖十九竹簡整理編號與示意圖編號對應表

整理號	示意圖編號	整理號	示意圖編號
四〇九三	1	四一一七	25
四〇九四	2	四一一八	26
四〇九五	3	四一一九	27
四〇九六	4	四一二〇	28
四〇九七	5	四一二一	29
四〇九八	6	四一二二	30
四〇九九	7	四一二三	31
四一〇〇	8	四一二四	32
四一〇一	9	四一二五	33
四一〇二	10	四一二六	34
四一〇三	11	四一二七	35
四一〇四	12	四一二八	36
四一〇五	13	四一二九	37
四一〇六	14	四一三〇	38
四一〇七	15	四一三一	39
四一〇八	16	四一三二	40
四一〇九	17	四一三三	41
四一一〇	18	四一三四	42
四一一一	19	四一三五	43
四一一二	20	四一三六	44
四一一三	21	四一三七	45
四一一四	22	四一三八	46
四一一五	23	四一三九	47
四一一六	24	四一四〇	48

整理號	示意圖編號	整理號	示意圖編號	整理號	示意圖編號	整理號	示意圖編號	整理號	示意圖編號
四一四一	49	四一六七	75	四一九三	101	四二一九	127	四二四五	153
四一四二	50	四一六八	76	四一九四	102	四二二○	128	四二四六	154
四一四三	51	四一六九	77	四一九五	103	四二二一	129	四二四七	155
四一四四	52	四一七○	78	四一九六甲乙	104甲乙	四二二二	130	四二四八	156
四一四五	53	四一七一	79	四一九七	105	四二二三	131	四二四九	157
四一四六	54	四一七二	80	四一九八	106	四二二四	132	四二五○	158
四一四七	55	四一七三	81	四一九九	107	四二二五	133	四二五一	159
四一四八	56	四一七四	82	四二○○	108	四二二六	134	四二五二	160
四一四九	57	四一七五	83	四二○一	109	四二二七	135	四二五三	161
四一五○	58	四一七六	84	四二○二	110	四二二八	136	四二五四	162
四一五一	59	四一七七	85	四二○三	111	四二二九	137	四二五五	163
四一五二	60	四一七八	86	四二○四	112	四二三○	138	四二五六	164
四一五三	61	四一七九	87	四二○五	113	四二三一	139	四二五七	165
四一五四	62	四一八○	88	四二○六	114	四二三二	140	四二五八	166
四一五五	63	四一八一	89	四二○七	115	四二三三	141	四二五九	167
四一五六	64	四一八二	90	四二○八	116	四二三四	142	四二六○	168
四一五七	65	四一八三	91	四二○九	117	四二三五	143	四二六一	169
四一五八	66	四一八四	92	四二一○	118	四二三六	144	四二六二	170
四一五九	67	四一八五	93	四二一一	119	四二三七	145	四二六三	171
四一六○	68	四一八六	94	四二一二	120	四二三八	146	四二六四	172
四一六一	69	四一八七	95	四二一三	121	四二三九	147	四二六五	173
四一六二	70	四一八八	96	四二一四	122	四二四○	148	四二六六	174
四一六三	71	四一八九	97	四二一五	123	四二四一	149	四二六七	175
四一六四	72	四一九○	98	四二一六	124	四二四二	150	四二六八	176
四一六五	73	四一九一	99	四二一七	125	四二四三	151	四二六九	177
四一六六	74	四一九二	100	四二一八	126	四二四四	152	四二七○	178

整理號	示意圖編號	整理號	示意圖編號
四二七一	179	四二九七	205
四二七二	180	四二九八	206
四二七三	181	四二九九	207
四二七四	182	四三〇〇	208
四二七五	183	四三〇一	209
四二七六	184	四三〇二	210
四二七七	185	四三〇三	211
四二七八	186	四三〇四	212
四二七九甲乙	187甲乙	四三〇五	213
四二八〇	188	四三〇六	214
四二八一	189	四三〇七	215
四二八二	190	四三〇八	216
四二八三	191	四三〇九	217
四二八四	192	四三一〇	218
四二八五	193		
四二八六	194		
四二八七	195		
四二八八	196		
四二八九	197		
四二九〇	198		
四二九一	199		
四二九二	200		
四二九三	201		
四二九四	202		
四二九五	203		
四二九六	204		

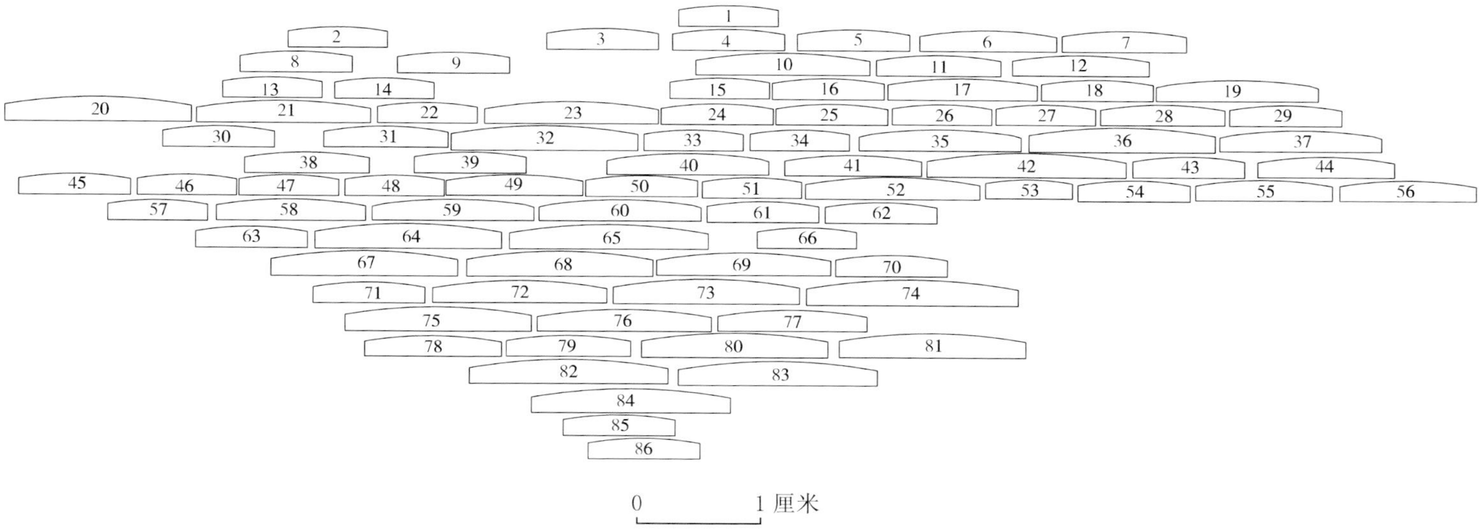

圖二十　Ⅰc3③簡牘揭剥位置示意圖

圖二十竹簡整理編號與示意圖編號對應表

整理號	示意圖編號	整理號	示意圖編號	整理號	示意圖編號
四四一九	1	四四四三	25	四四六七	49
四四二○	2	四四四四	26	四四六八	50
四四二一	3	四四四五	27	四四六九	51
四四二二	4	四四四六	28	四四七○	52
四四二三	5	四四四七	29	四四七一	53
四四二四	6	四四四八	30	四四七二	54
四四二五	7	四四四九	31	四四七三	55
四四二六	8	四四五○	32	四四七四	56
四四二七	9	四四五一	33	四四七五	57
四四二八	10	四四五二	34	四四七六	58
四四二九	11	四四五三	35	四四七七	59
四四三○	12	四四五四	36	四四七八	60
四四三一	13	四四五五	37	四四七九	61
四四三二	14	四四五六	38	四四八○	62
四四三三	15	四四五七	39	四四八一	63
四四三四	16	四四五八	40	四四八二	64
四四三五	17	四四五九	41	四四八三	65
四四三六	18	四四六○	42	四四八四	66
四四三七	19	四四六一	43	四四八五	67
四四三八	20	四四六二	44	四四八六	68
四四三九	21	四四六三	45	四四八七	69
四四四○	22	四四六四	46	四四八八	70
四四四一	23	四四六五	47	四四八九	71
四四四二	24	四四六六	48	四四九○	72

整理號	示意圖編號
四四九一	73
四四九二	74
四四九三	75
四四九四	76
四四九五	77
四四九六	78
四四九七	79
四四九八	80
四四九九	81
四五〇〇	82
四五〇一	83
四五〇二	84
四五〇三	85
四五〇四	86

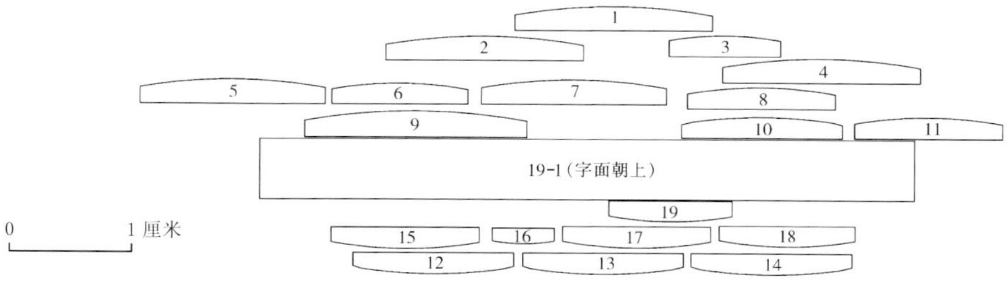

圖二十一　Ⅰc3④簡牘揭剥位置示意圖

圖二十一竹簡整理編號與示意圖編號對應表

整理號	示意圖編號
四五〇五	1
四五〇六	2
四五〇七	3
四五〇八	4
四五〇九	5
四五一〇	6
四五一一	7
四五一二	8
四五一三	9
四五一四	10
四五一五	11
四五一六	12
四五一七	13
四五一八	14
四五一九	15
四五二〇	16
四五二一	17
四五二二	18
四五二三	19
四五二三（二）	19（二）

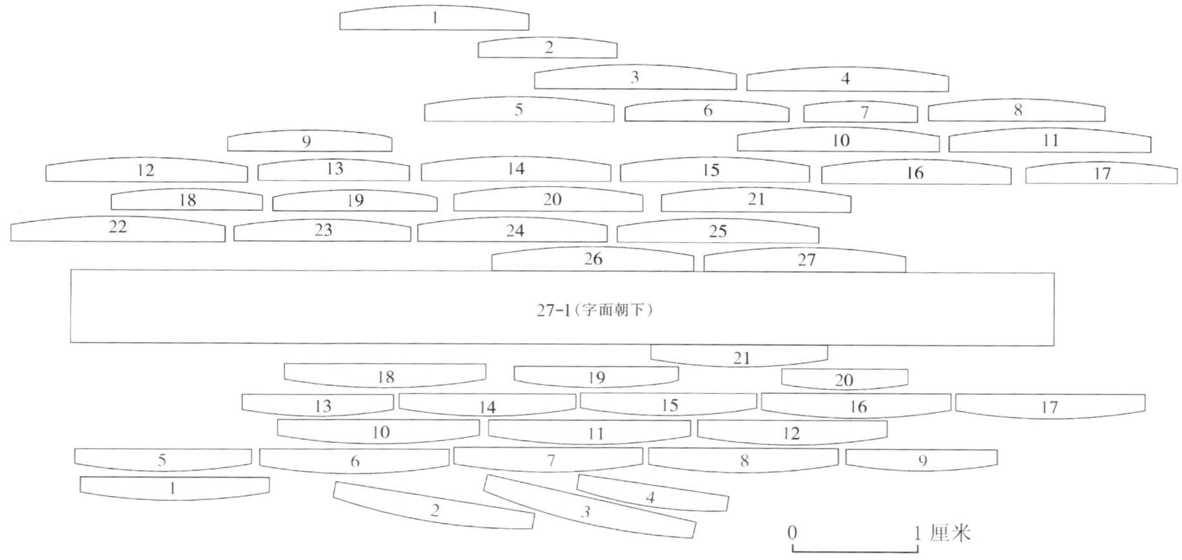

圖二十二　Ⅰc3④下簡牘揭剥位置示意圖

圖二十二竹簡整理編號與示意圖編號對應表

整理號	示意圖編號	整理號	示意圖編號
四五二四	1	四五四九	26
四五二五	2	四五五〇	27
四五二六	3	四五五〇（二）	27（二）
四五二七	4	四五五一	1
四五二八	5	四五五二	2
四五二九	6	四五五三	3
四五三〇	7	四五五四	4
四五三一	8	四五五五	5
四五三二	9	四五五六	6
四五三三	10	四五五七	7
四五三四	11	四五五八	8
四五三五	12	四五五九	9
四五三六	13	四五六〇	10
四五三七	14	四五六一	11
四五三八	15	四五六二	12
四五三九	16	四五六三	13
四五四〇	17	四五六四	14
四五四一	18	四五六五	15
四五四二	19	四五六六	16
四五四三	20	四五六七	17
四五四四	21	四五六八	18
四五四五	22	四五六九	19
四五四六	23	四五七〇	20
四五四七	24	四五七一	21
四五四八	25		

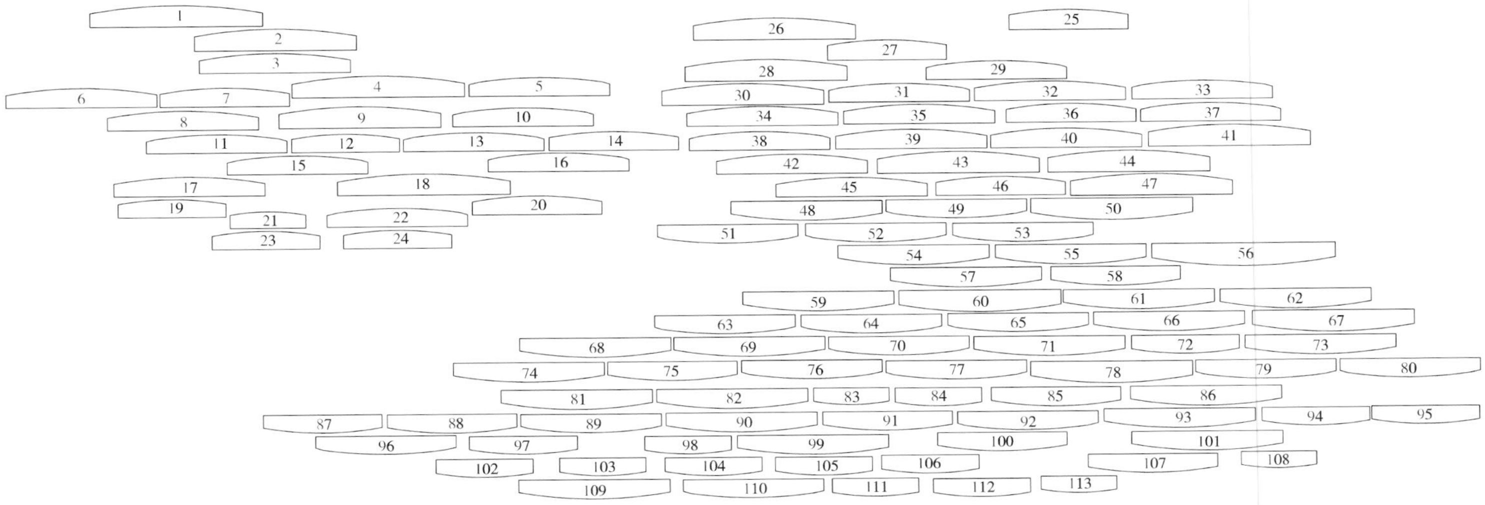

圖二十三 Ⅰc3⑤簡牘揭剥位置示意圖

圖二十三竹簡整理編號與示意圖編號對應表

整理號	示意圖編號	整理號	示意圖編號	整理號	示意圖編號
四六〇八	1	四六三二	25	四六五六	49
四六〇九	2	四六三三	26	四六五七	50
四六一〇	3	四六三四	27	四六五八	51
四六一一	4	四六三五	28	四六五九	52
四六一二	5	四六三六	29	四六六〇	53
四六一三	6	四六三七	30	四六六一	54
四六一四	7	四六三八	31	四六六二	55
四六一五	8	四六三九	32	四六六三	56
四六一六	9	四六四〇	33	四六六四	57
四六一七	10	四六四一	34	四六六五	58
四六一八	11	四六四二	35	四六六六	59
四六一九	12	四六四三	36	四六六七	60
四六二〇	13	四六四四	37	四六六八	61
四六二一	14	四六四五	38	四六六九	62
四六二二	15	四六四六	39	四六七〇	63
四六二三	16	四六四七	40	四六七一	64
四六二四	17	四六四八	41	四六七二	65
四六二五	18	四六四九	42	四六七三	66
四六二六	19	四六五〇	43	四六七四	67
四六二七	20	四六五一	44	四六七五	68
四六二八	21	四六五二	45	四六七六	69
四六二九	22	四六五三	46	四六七七	70
四六三〇	23	四六五四	47	四六七八	71
四六三一	24	四六五五	48	四六七九	72

整理號	示意圖編號	整理號	示意圖編號
四六八〇	73	四七〇六	99
四六八一	74	四七〇七	100
四六八二	75	四七〇八	101
四六八三	76	四七〇九	102
四六八四	77	四七一〇	103
四六八五	78	四七一一	104
四六八六	79	四七一二	105
四六八七	80	四七一三	106
四六八八	81	四七一四	107
四六八九	82	四七一五	108
四六九〇	83	四七一六	109
四六九一	84	四七一七	110
四六九二	85	四七一八	111
四六九三	86	四七一九	112
四六九四	87	四七二〇	113
四六九五	88		
四六九六	89		
四六九七	90		
四六九八	91		
四六九九	92		
四七〇〇	93		
四七〇一	94		
四七〇二	95		
四七〇三	96		
四七〇四	97		
四七〇五	98		

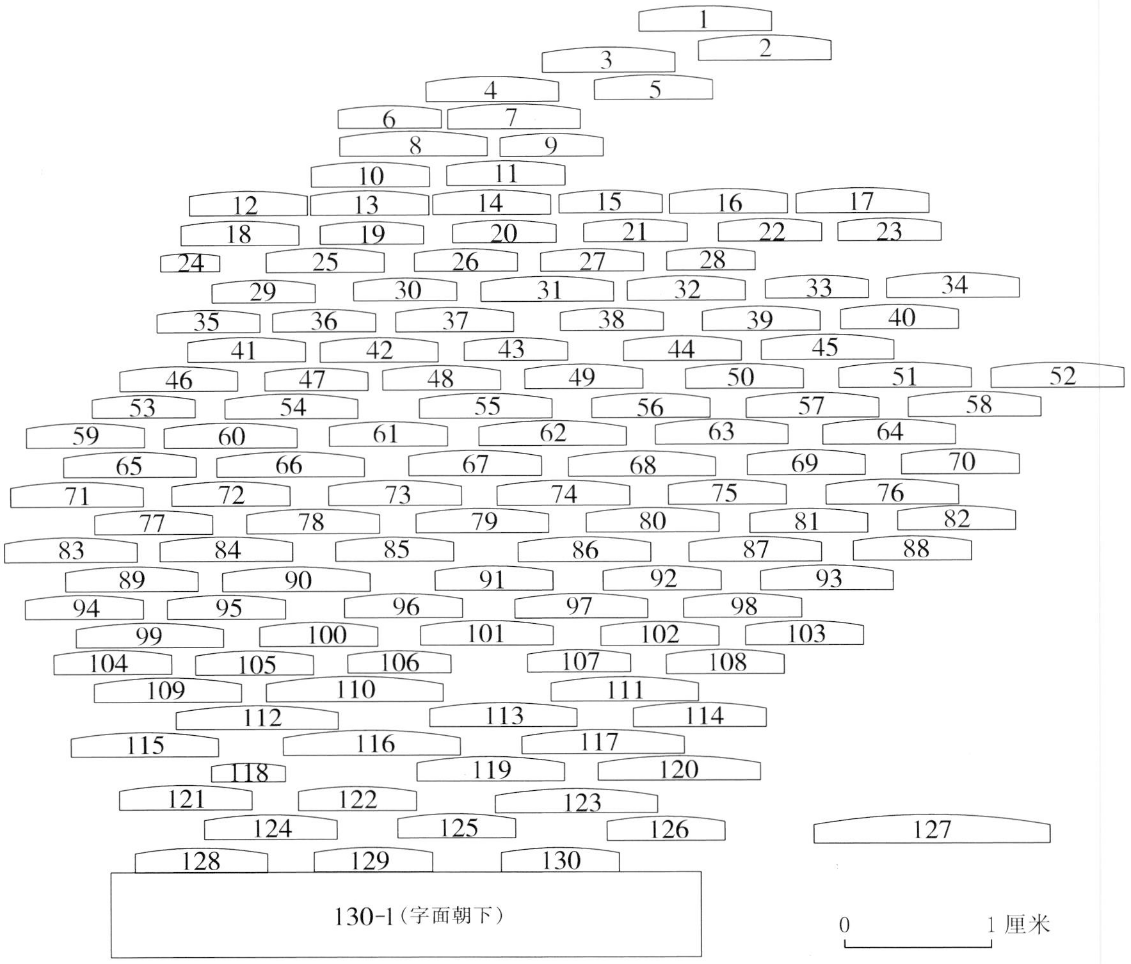

圖二十四 Ⅰc3⑥簡牘揭剥位置示意圖

圖二十四竹簡整理編號與示意圖編號對應表

整理號	示意圖編號	整理號	示意圖編號
四七二一	1	四七四五	25
四七二二	2	四七四六	26
四七二三	3	四七四七	27
四七二四	4	四七四八	28
四七二五	5	四七四九	29
四七二六	6	四七五〇	30
四七二七	7	四七五一	31
四七二八	8	四七五二	32
四七二九	9	四七五三	33
四七三〇	10	四七五四	34
四七三一	11	四七五五	35
四七三二	12	四七五六	36
四七三三	13	四七五七	37
四七三四	14	四七五八	38
四七三五	15	四七五九	39
四七三六	16	四七六〇	40
四七三七	17	四七六一	41
四七三八	18	四七六二	42
四七三九	19	四七六三	43
四七四〇	20	四七六四	44
四七四一	21	四七六五	45
四七四二	22	四七六六	46
四七四三	23	四七六七	47
四七四四	24	四七六八	48

整理號	示意圖編號	整理號	示意圖編號	整理號	示意圖編號	整理號	示意圖編號
四七六九	49	四七九五	75	四八二一	101	四八四七	127
四七七〇	50	四七九六	76	四八二二	102	四八四八	128
四七七一	51	四七九七	77	四八二三	103	四八四九	129
四七七二	52	四七九八	78	四八二四	104	四八五〇	130
四七七三	53	四七九九	79	四八二五	105	四八五〇（一）	130（一）
四七七四	54	四八〇〇	80	四八二六	106		
四七七五	55	四八〇一	81	四八二七	107		
四七七六	56	四八〇二	82	四八二八	108		
四七七七	57	四八〇三	83	四八二九	109		
四七七八	58	四八〇四	84	四八三〇	110		
四七七九	59	四八〇五	85	四八三一	111		
四七八〇	60	四八〇六	86	四八三二	112		
四七八一	61	四八〇七	87	四八三三	113		
四七八二	62	四八〇八	88	四八三四	114		
四七八三	63	四八〇九	89	四八三五	115		
四七八四	64	四八一〇	90	四八三六	116		
四七八五	65	四八一一	91	四八三七	117		
四七八六	66	四八一二	92	四八三八	118		
四七八七	67	四八一三	93	四八三九	119		
四七八八	68	四八一四	94	四八四〇	120		
四七八九	69	四八一五	95	四八四一	121		
四七九〇	70	四八一六	96	四八四二	122		
四七九一	71	四八一七	97	四八四三	123		
四七九二	72	四八一八	98	四八四四	124		
四七九三	73	四八一九	99	四八四五	125		
四七九四	74	四八二〇	100	四八四六	126		

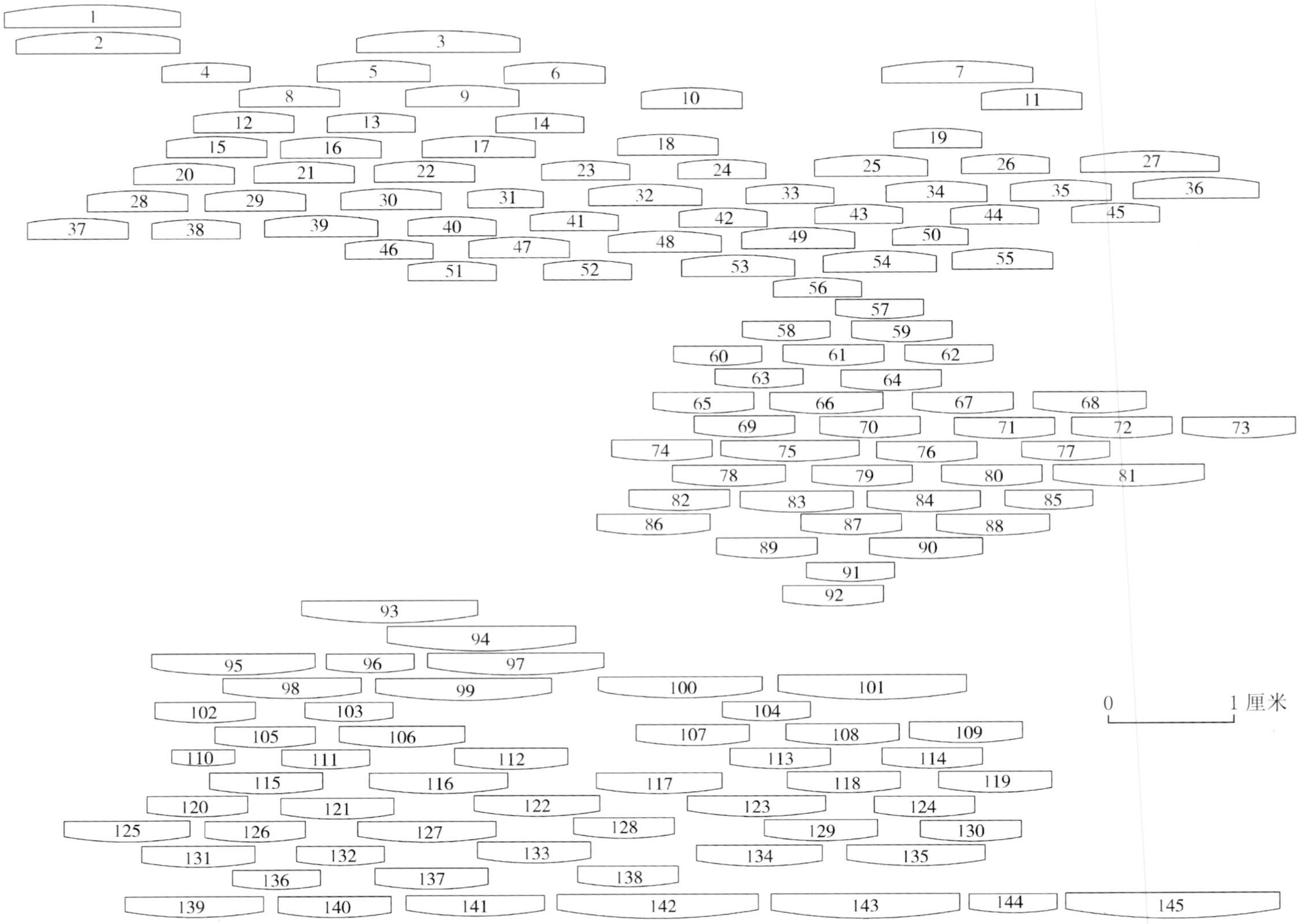

圖二十五　Ⅰc3⑦簡牘揭剥位置示意圖

圖二十五竹簡整理編號與示意圖編號對應表

整理號	示意圖編號	整理號	示意圖編號
四八五一	1	四八七五	25
四八五二	2	四八七六	26
四八五三	3	四八七七	27
四八五四	4	四八七八	28
四八五五	5	四八七九	29
四八五六	6	四八八〇	30
四八五七	7	四八八一	31
四八五八	8	四八八二	32
四八五九	9	四八八三	33
四八六〇	10	四八八四	34
四八六一	11	四八八五	35
四八六二	12	四八八六	36
四八六三	13	四八八七	37
四八六四	14	四八八八	38
四八六五	15	四八八九	39
四八六六	16	四八九〇	40
四八六七	17	四八九一	41
四八六八	18	四八九二	42
四八六九	19	四八九三	43
四八七〇	20	四八九四	44
四八七一	21	四八九五	45
四八七二	22	四八九六	46
四八七三	23	四八九七	47
四八七四	24	四八九八	48

整理號	示意圖編號	整理號	示意圖編號	整理號	示意圖編號	整理號	示意圖編號
四八九九	49	四九二五	75	四九五一	101	四九七七	127
四九○○	50	四九二六	76	四九五二	102	四九七八	128
四九○一	51	四九二七	77	四九五三	103	四九七九	129
四九○二	52	四九二八	78	四九五四	104	四九八○	130
四九○三	53	四九二九	79	四九五五	105	四九八一	131
四九○四	54	四九三○	80	四九五六	106	四九八二	132
四九○五	55	四九三一	81	四九五七	107	四九八三	133
四九○六	56	四九三二	82	四九五八	108	四九八四	134
四九○七	57	四九三三	83	四九五九	109	四九八五	135
四九○八	58	四九三四	84	四九六○	110	四九八六	136
四九○九	59	四九三五	85	四九六一	111	四九八七	137
四九一○	60	四九三六	86	四九六二	112	四九八八	138
四九一一	61	四九三七	87	四九六三	113	四九八九	139
四九一二	62	四九三八	88	四九六四	114	四九九○	140
四九一三	63	四九三九	89	四九六五	115	四九九一	141
四九一四	64	四九四○	90	四九六六	116	四九九二	142
四九一五	65	四九四一	91	四九六七	117	四九九三	143
四九一六	66	四九四二	92	四九六八	118	四九九四	144
四九一七	67	四九四三	93	四九六九	119	四九九五	145
四九一八	68	四九四四	94	四九七○	120		
四九一九	69	四九四五	95	四九七一	121		
四九二○	70	四九四六	96	四九七二	122		
四九二一	71	四九四七	97	四九七三	123		
四九二二	72	四九四八	98	四九七四	124		
四九二三	73	四九四九	99	四九七五	125		
四九二四	74	四九五○	100	四九七六	126		

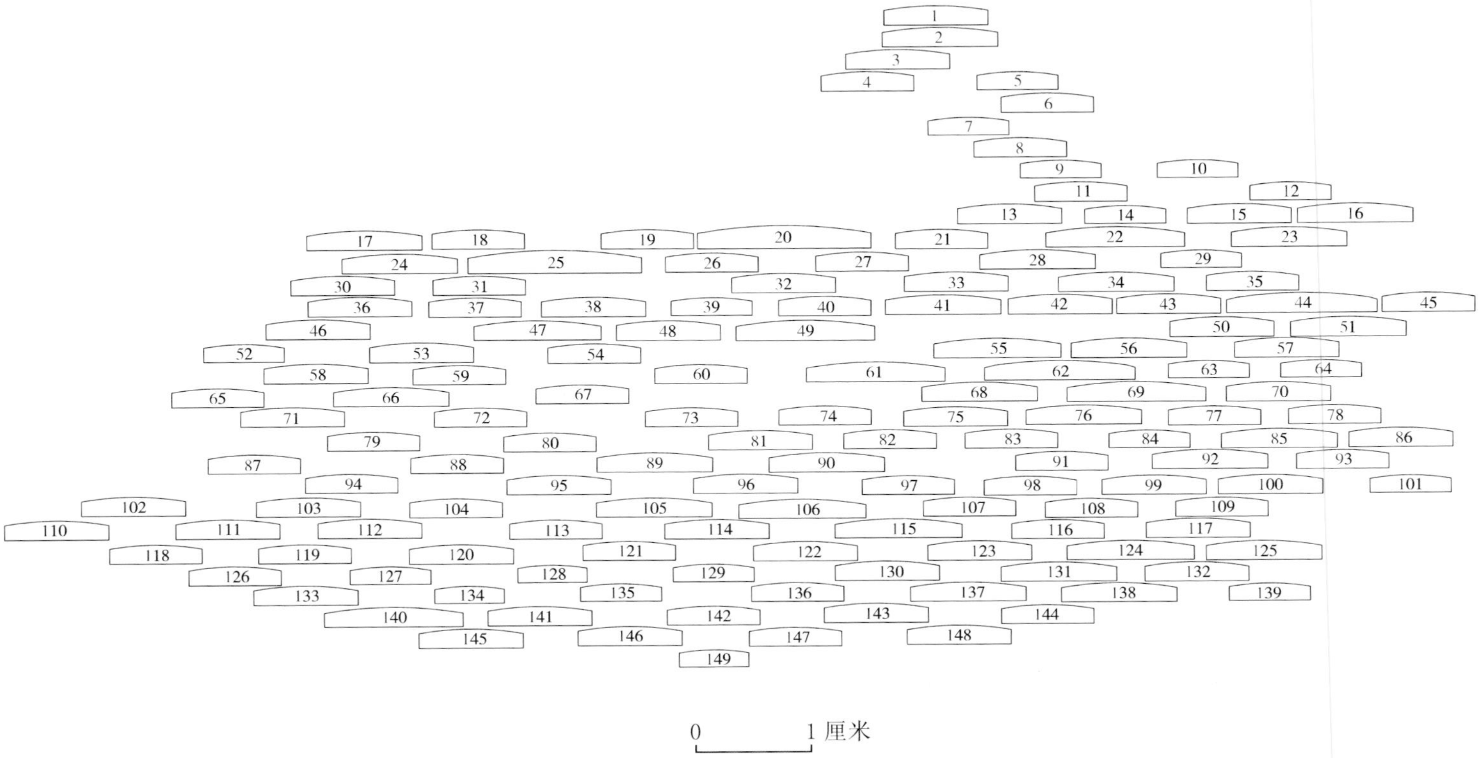

圖二十六 Ⅰc3⑧簡牘揭剥位置示意圖

圖二十六竹簡整理編號與示意圖編號對應表

整理號	示意圖編號	整理號	示意圖編號
四九九六	1	五〇二〇	25
四九九七	2	五〇二一	26
四九九八	3	五〇二二	27
四九九九	4	五〇二三	28
五〇〇〇	5	五〇二四	29
五〇〇一	6	五〇二五	30
五〇〇二	7	五〇二六	31
五〇〇三	8	五〇二七	32
五〇〇四	9	五〇二八	33
五〇〇五	10	五〇二九	34
五〇〇六	11	五〇三〇	35
五〇〇七	12	五〇三一	36
五〇〇八	13	五〇三二	37
五〇〇九	14	五〇三三	38
五〇一〇	15	五〇三四	39
五〇一一	16	五〇三五	40
五〇一二	17	五〇三六	41
五〇一三	18	五〇三七	42
五〇一四	19	五〇三八	43
五〇一五	20	五〇三九	44
五〇一六	21	五〇四〇	45
五〇一七	22	五〇四一	46
五〇一八	23	五〇四二	47
五〇一九	24	五〇四三	48

整理號	示意圖編號	整理號	示意圖編號	整理號	示意圖編號	整理號	示意圖編號
五〇四四	49	五〇七〇	75	五〇九六	101	五一二二	127
五〇四五	50	五〇七一	76	五〇九七	102	五一二三	128
五〇四六	51	五〇七二	77	五〇九八	103	五一二四	129
五〇四七	52	五〇七三	78	五〇九九	104	五一二五	130
五〇四八	53	五〇七四	79	五一〇〇	105	五一二六	131
五〇四九	54	五〇七五	80	五一〇一	106	五一二七	132
五〇五〇	55	五〇七六	81	五一〇二	107	五一二八	133
五〇五一	56	五〇七七	82	五一〇三	108	五一二九	134
五〇五二	57	五〇七八	83	五一〇四	109	五一三〇	135
五〇五三	58	五〇七九	84	五一〇五	110	五一三一	136
五〇五四	59	五〇八〇	85	五一〇六	111	五一三二	137
五〇五五	60	五〇八一	86	五一〇七	112	五一三三	138
五〇五六	61	五〇八二	87	五一〇八	113	五一三四	139
五〇五七	62	五〇八三	88	五一〇九	114	五一三五	140
五〇五八	63	五〇八四	89	五一一〇	115	五一三六	141
五〇五九	64	五〇八五	90	五一一一	116	五一三七	142
五〇六〇	65	五〇八六	91	五一一二	117	五一三八	143
五〇六一	66	五〇八七	92	五一一三	118	五一三九	144
五〇六二	67	五〇八八	93	五一一四	119	五一四〇	145
五〇六三	68	五〇八九	94	五一一五	120	五一四一	146
五〇六四	69	五〇九〇	95	五一一六	121	五一四二	147
五〇六五	70	五〇九一	96	五一一七	122	五一四三	148
五〇六六	71	五〇九二	97	五一一八	123	五一四四	149
五〇六七	72	五〇九三	98	五一一九	124		
五〇六八	73	五〇九四	99	五一二〇	125		
五〇六九	74	五〇九五	100	五一二一	126		

附録二　索引

一 人名索引

一、本索引收録《長沙走馬樓三國吴簡·竹簡〔肆〕》所見之能够辨識的人名，包括有姓字人名和無姓字人名。有姓字的人名，按姓字的漢語拼音順序編次；無姓字（或姓字無法辨識）的人名，按所見名字的漢語拼音順序編次。

二、爲排版方便，原釋文未敢遽定之字而在釋文下加的「(?)」號及簡文原以殘泐據殘筆或文例所補字外加的「□」號一律取消。另人名如「董□」、「□基」中的「□」號也被取消，取消「□」號後分别入「有姓字人名索引」和「無姓字人名索引」。因竹簡斷損造成姓名字殘缺者，用「☑」號表示殘缺之字。

三、姓名用字使用通假字，本索引將其列入被通假字位置並加括弧注明，如「番慮」入「潘慮」列，作「潘（番）慮」。

四、爲便於查閲，本索引所列人名下，亦列出與其相關的鄉、里、丘等地名。地名若僅能辨識「鄉」、「里」、「丘」等字者，如「□□鄉」、「□□丘」等，不列出。

五、姓名首字不能以今之通行字迻録，依原字摹録者，以及僅能辨識部分偏旁，未辨識之部分用□號表示者，附於後。

有姓字人名索引

G

 四五二三（一）
郭喜　上幸丘　三五一一
郭作　三三七二
郭溥　桑鄉　夫與丘　三一五一
郭　桑鄉　夫與丘　一八四九
 一九〇五

H

韓佃　平鄉　僕丘　一一四三
何春　一一七二
 四八四一
 四八八七
 四九二四
 五一一八
何等　一一七五
何獲　西鄉　倘溲丘　二三四五
何琪　東扶里　六一七
何倩　奇溲丘　三二七〇
何戎　胡萇丘　三六八〇
何殄　平町里　五二六
何王　西鄉　上俗丘　一八七二
何息　東鄉　音溲丘　九八五
 東鄉　音溲丘　九九七
何玄　三八三五
何楊　西鄉　上俗丘　二三三五
何逸　五〇二一
 五一二二
何員　四八〇七
 四八七六
 五一八一
何逐　西鄉　上俗丘　一四六七
何著　下俗丘　四三九七
何和　三七〇三
何　東鄉　音溲丘　二三一七
 三八八九
侯表　三六三一
侯虞　領山丘　二一〇八
 〼山丘　二一〇九
侯　平樂里　一九七三
胡材　平鄉　溫丘　二三三二
胡萇　六三七
胡督　三八七二
胡恕　五四九五
胡同　西鄉　復睾丘　二三二〇
胡皖　五四〇二
胡文　廣成里　二〇二三
胡則　模鄉　林丘　一二五四
胡仲　四四七三
胡　一四四〇
黃蔡　帝丘　一五七六
黃岑　桑鄉　夫與丘　二二九三
黃巢　東鄉　大田丘　三七八五
黃承　五四八八
黃垂　桑鄉　上唯丘　一二一一
黃得　造丘　三一九四
黃碓　小武陵鄉　暹丘　二三三七
黃馮　東鄉　莨丘　一〇二四
黃復　平鄉　函丘　二二七九
黃敢　湛丘　三二四〇
黃功　四五六〇
黃貴　東鄉　石下丘　一八五五
黃賀　桑鄉　利下丘　三四九九
黃暉　東鄉　三七九六
黃諱　二九四五
 三二四四
 三八七一
 四〇一二
 四〇三二
 四〇五二
 四〇九六
 四一一八
 四一三六
 四一六二
 四一六九
 四一七〇
 四三〇五
 四四二一
 四五八六
 四六〇七
 四六二四
 四六四三
 四六五一
 四六五六
 四六五七
 四六六〇
 四六八五
 四六八八
 四六九七
 四七三四
 四七五〇
 四七八四
 四七八六
 四八〇九
 四八一六
 四八二〇
 四八二二
 四八五〇
 四八七四
 四九〇二
 四九〇四
 四九四〇
 四九七五
 四九八〇
 四九九〇
 四九九六
 五〇〇六
 五〇四四
 五〇四九
 五〇七五
 五一一四
 五一一六
 五一五六
 五四三七
黃彊　區丘　四二二四
黃階　東鄉　二一三六
黃界　二一七四
黃金　桑鄉　金丘　三八三三
黃堇　石下丘　一七一五
黃客　三九四三
黃狸　曼溲里　四三三
黃禮　四九七六
黃利　平鄉　四八八六
黃廉　四一三二
 四八八七
 四九二四
 五〇六五
黃婁　一四二八
黃囊　緒中里　六七六
黃濮　桑鄉　三四四四
黃妾　模鄉　一四二三
黃欽　模鄉　一三八二
黃清　筋竹丘　五五一〇
黃若　桑鄉　扶與丘　二二九二
 夫與丘　三一五五
黃仨　小赤里　四九五
 七〇三
黃升　一六一六
 三二四三
 四〇五六

J

K

L

李達 平鄉 平樂丘 一二三八
李代 四〇九九
李範 東扶里 七七九
李非 平鄉 僕丘 三一四〇
五三三一
李狗 桑鄉 夫與丘 一八一四
李廣 五三三二
李果 東扶里 四〇六
李和 三九〇四
李撿 東扶里 七七一
李建 東扶里 一六九
李角 三八二六
李金 一〇九四
一四五四
一五四二
二五一八
三二四四
三七一一
三七一三
三八七一
四六〇九
四六一六
四六一九
四六三六
四六六二
四六八三
四六八四
四九五〇
五〇五七
五二五〇
五二六八
五三四四
五三四七
五四九〇
李進 東扶里 六一八

李開 東扶里 七八六
李客 平樂里 二四九五
四五七四
李麦 東鄉 劉里丘 四二四四
劉里丘 三三九〇
李民 ☐陵鄉 下象丘 三一八三
李念 桑鄉 平樂丘 三一五二
李彭 下象丘 三五〇五
李平 丘 三四一〇
李強 胡萇丘 三七三二
李樵 五六〇四
李取 曼溲里 五八五
李如 平鄉 杷丘 一九六二
李俗 東鄉 茗上丘 三九九一
李晟 一二四三
李勝 劉里丘 二一〇五
李綬 四〇二一
四七三六
四七七七
四八五四
四八八五
四九六一
四九七四
四九八七
五〇一六
五五六四
李鼠 東鄉 唐下丘 一〇四一
李恕 四五五〇（一）
李嵩 四五九四
四六〇九
四六一六
四六一八
四六二四
四六三六
四六四三

四六四四
四六五四
四六五六
四六五七
四六六〇
四六六二
四六七六
四六八三
四六八四
四六八五
四六八八
四六九七
四九五〇
五〇四四
五〇五七
李臺 一四九四
李塼 南疆丘 二二七二
李息 東鄉 石唐丘 四二九〇
李肖 小武陵鄉 中落丘 三九六五
李銀 平樂里 二四九三
李幼 東鄉 石唐丘 九八六
李運 一六八
李珠 四四三六
五二八四
五三六〇
李租 平鄉 枯萇丘 三八五七
李 平鄉 僑丘 三八五〇
東扶里 一八二
小赤里 四八六
阿丘 三一五六
平樂丘 四二〇四
石唐丘 三二七七
伍社丘 四二九五
五三四二
五四一二

利合 五四三一
利駕 小武陵鄉 松杭丘 三六八七
利舉 三七七二
利勝 五四〇二
利禿 四一三八
利馬 廣成里 二〇二五
一三四三
一六〇七
四一三三
四一六一
四六四七
四七八七
四七九三
四八二六
四九二一
四九二二
五〇八九
五一〇八
五三五一
利 一三二五
連 東鄉 谷□丘 三一九三
廉方 東扶里 一六六
廉張 三六六七
梁飲 下巾丘 一八三一
梁 三九九二
廖晏 西鄉 上俗丘 一八二〇
廖鄱 三八八五
廖山 桑鄉 盧丘 一一六九
廖士 廣成里 二〇五三
廖蘇 東鄉 劉里丘 一〇四七
廖邑 □成里 一九六四
廖殷 平鄉 僕僕丘？ 一二一八
廖由 胡萇丘 三六六五
廖悉 小赤里 二八四二
廖 平鄉 □下丘 一〇〇九

M

O

X

謝從		余元丘	三六四二
謝大	廣成鄉		二〇一一
			二一九六
謝德			三三六四
謝動	樂鄉	夫丘	一〇二三
	樂鄉	丈丘	一二二五
	桑鄉	何丘	一一八三
	小武陵鄉	丈丘	二五八八
謝牒	模鄉		一三八五
謝多	樂鄉	語丘	一一七四
謝馮	樂鄉	渚田丘	三七五三
謝福	西鄉	龍穴丘	二七八八
謝蓋			二一七九
謝敢	西鄉	旱丘	三八六〇
謝贑	東鄉	仨丘	一〇四九
謝耕	平鄉	上和丘	一九五一
謝貴	桑鄉		二三五三
謝旱	桑鄉	上和丘	二二八三
謝候			四三五二
謝健	平鄉	上和丘	九〇三
謝薦	東鄉	石下丘	一一二九
謝進			一二九七
			一三七三
			三八八〇
謝驚		領山丘	一七一〇
謝郎	桑鄉	平□丘	二五五四
謝陵		上□丘	三四八九
謝龍		倉丘	三五一二
謝買	小武陵鄉	松杭丘	三一七九
謝目	東鄉	東丘	一一〇九
謝南			四三七九
謝難	小武陵鄉	上戲丘	三一四八
謝難	小武陵鄉	戲丘	三七九九
謝内		三州丘	一六八一
謝溺	平鄉	僕丘	三七四一
謝年		□下丘	三四二一
謝齊		武龍丘	二〇〇八
謝騎	桑鄉		二八一二
謝起	平鄉	上和丘	四二七一
謝妾	小武陵鄉	戲丘	三一四七
	☐陵鄉	戲丘	三一七一
謝勤	樂鄉	丈丘	一一七三
謝困		中象丘	三五〇二
謝仨	平鄉	專丘	三一五四
	小武陵鄉	白石丘	三七九八
			四一〇〇
謝盛		上和丘	二五七四
謝叔		常略丘	一八三三
謝鼠	東鄉	新成丘	一一一四
謝獀		旱丘	三六七〇
謝棠	小武陵鄉	丈丘	三九六四
	小武陵鄉	中落丘	一〇六一
謝同		復丘	二一三七
謝完		象下丘	三七七六
謝威	平鄉		三三〇〇
	桑鄉	平樂丘	二八一三
	桑鄉	平樂丘	三七八九
		上□丘	一一一九
謝文	桑鄉		三七四九
謝吴		巾竹丘	三六二五
謝物	樂鄉	柚丘	一一三七
謝熹			三四八八
謝襄			三六〇九
謝懸	樂鄉	酋丘	一〇一七
謝羊			三四一二
			三八四四
謝易	平鄉	專丘	三四四六
	平鄉	專丘	三八三四
謝銀	平鄉	洽丘	一九五五
謝尤		廣成里	二六六五
謝有		常略丘	一六八〇
謝幼	廣成鄉		一〇六五
謝佑			一三九〇
謝遠	平鄉	上和丘	三五六〇
謝張			一六〇四
			三五九四
謝詔		資丘	三五四一
謝趙		上和丘	二〇六七
		上和丘	二一一八
			二八八〇
			四九六〇
謝鄭	西鄉	茹丘	一九七〇
謝志	平鄉	上和丘	二七八三
		旁丘	三四一九
謝珠			三九八五
謝膁	桑鄉	平樂丘	二〇六一
謝⿰足鬼	小武陵鄉	平支丘	三七三三
謝侅	小武陵鄉	余元丘	三七五八
謝怗	小武陵鄉		三七九五
謝困		下□丘	一五八〇
謝毅		音溲丘	一二〇八
謝洊			三四二六
謝⿰米睪			三五六四
謝⿰口魚	西鄉	下汝丘	二三一四
謝	東鄉	彈溲丘	九九二
	東鄉	區丘	四二三〇
	樂鄉	尋丘	三八一九
	樂鄉		三七四四
	模鄉		一三九一
	模鄉		一四五九
	平鄉	盡丘	二三〇八
	平鄉		三八一七
	桑鄉	壬丘	一七九三
	桑鄉	下唐丘	一一一〇
	小武陵鄉	相丘	三一六三
	小武陵鄉	中落丘	一〇二六
	小武陵鄉		一九六〇
		平樂里	五一七八
		彈丘	一八九六
		巾溲丘	四二一〇
		領山丘	四三八六
		上乂丘	三六一六
		柚丘	一六一九
		語丘	二一〇一
		中落丘	三三六一
		卻丘	三五五四
		伯元丘	三六九一
		□成丘	一八八四
			一四一二
			一六〇〇
			三四一五
訢			四一〇五
信外			三三一一
徐萇			一三四一
徐碓	中鄉	梨下丘	八三〇
徐晶			五一八九
徐麦	廣成鄉	東簿丘	八二六
徐邵			四九四二
徐末			五一二三
徐賢			二一二〇
許賓		橋丘	三七七九
許城		陽貴里	一七二〇
許傳			三七四〇
許迪			三七七五
			三七九二
許貴		僑丘	三九一八
許紀			五一六〇
許民	東鄉	廣丘	一一五七
許囊	平鄉	僑丘	一〇六三
許祁		陽貴里	一七一九

周城 東扶里 三九五
周春 三三一
四九二〇
周從 成里 二六三三
周佃 平鄉 栗丘 三四三〇
周櫝 平鄉 栗丘 二三七二
周符 廣成里 二〇八一
周會 一一二〇
周基 四八五〇(一)
周進 四六一〇
四六一二
四六一五
四六六三
周客 平鄉 栗丘 一〇〇四
平鄉 栗丘 一一〇七
栗丘 九〇一
栗丘 一〇八五
四三三八
周明 廣成里 二〇一六
周弩 三三四
周沛 二〇九
周慶 三〇八
周仁 八七五
周若 曼溲里 七四二
周尚 三八三六
周文 三二八
周物 二五〇
周興 西鄉 上俗丘 一八一六
周顔 三四七
周儀 二三四
周義 平鄉 監沱丘 一三三二
周章 一三六二
周秩 平鄉 一〇〇四
九〇一
一〇八五
周稚 三七〇
周囗 平鄉 栗丘 二一三二
周暘 西鄉 莫丘 二九一五
周 小五陵鄉 淦丘 三四九〇
小武陵鄉 金丘 三九二八
廣成里 二四六二
廣成里 二六七五
廣成里 二六八九
五唐里 三八〇
寇丘 四三二七
一一二〇
一七七四
四〇四九
四一一七
五三〇九
朱哀 四一三七
朱兵 廣成里 二六七六
朱倉 三一二八
朱常 平鄉 函丘 三一五〇
朱萇 廣成里 二〇四二
朱佃 小武陵鄉 一〇〇一
小武陵鄉 一二五八
小武陵鄉 二三〇六
☒陵鄉 平支丘 三九一〇
朱敢 小赤里 八六七
朱驚 小武陵鄉 平支丘 三一六〇
小武陵鄉 平支丘 三七八一
朱頸 石丘 三五八二
朱廉 新成里 一九六三
朱淩 東扶里 一九一
朱劉 桑鄉 四八七七
朱米 拖丘 二二三一
朱旻 西鄉 上俗丘 三八一六
朱能 五三〇九
朱屏 下巾丘 三〇一一
朱七 四六九三
朱饒 小武陵鄉 下巾丘 一三七二
朱善 桑鄉 夫與丘 四三〇三
朱碩 把丘 一八二九
朱謝 下巾丘 三六二八
朱於 平町里 五三三五
朱稚 滈丘 九〇七
朱 廣成鄉 三四八〇
小武陵鄉 下巾丘 三九六一
余元丘 三四三五
三七九三
四一三七
四五五六
宗樂 桑鄉 牯萇丘 二二八七
宗里 三〇〇
宗孝 四三九二
宗元 六五二
宗 四五一五

附：

疢草 五三六三
 二〇〇

無姓字人名索引

有　四三七　四三九　五七〇　八〇二　八五八　一七一七　一七一八　二七五二　三四五九
幼　三六七
祐　四九三八
于　四四八四
魚　五三　三五二
愚　四二一
虞　一三二四
羽　二八〇〇
雨　五四四
豫　一九三一
元　一三八　一四一　三五四　七一〇　二二五三　二五二四　四四六五　四五二一
垣　一七三七
員　二五四一
袁　一九一九
遠　三五九　三六〇
月　五一八五　五三三三
雲　二七〇三
允　四三八八

Z

載　五〇二
在　一九七五
早　二四五二
造　三
竈　一九六七
澤　八二九　一二四三
增　三三八
展　三九九　四〇〇　四〇二
戰　三五三　三五四
張　八二　三五五　七一五　八七七　一七四三　四〇〇八
章　二八三三
昭　二六七　二六八　三八七　一七八一　二六二九
召　二四
兆　五三二七
照　一九一八
趙　二九六九
者　二八六　八六五
貞　二〇五四
丞
正　二九八一
政　三〇二　三八五　六五九
知　六九二
職　三九七五
植　五四〇三
姪　三六八七
止　七九六　二四七四　二七七三
至　二六八八
挃　二五四六　二五五五
晊　四四八九
銍　一七三一
忠　四〇　一九一六　四四八二
衷　二〇三五
仲　八一　五四四　一九二三　一九二七　二四九八　二五三一
重　廣成里　二四五七
衆　三八　三四二　三四四
周　二六五〇
書　一八三六
朱　一七　五二〇　五二四　一六〇〇
逐　二〇七五　二八二八
主　一四六　五二〇九
祝　二五〇二
著　二四六三
專　二〇二九　二四九九
轉　六二一　一〇八八
庄　一九三八　二五三八
佳　三六六
追　二七一四
準　一一九
咨　七九七　八四六
子　四七四
紫　五三八七
自　七九　一七二四
漬　五四八八
宗　八九五
走　六九六　六九七　二五九〇
租　東扶里　七八九
足　一二一　四五九　五三九　九三六　二五八三

二　地名索引

一、本索引收録《長沙走馬樓三國吴簡·竹簡〔肆〕》所能辨識之地名，分爲鄉、里、丘及其它地名四個部分。並將簡中鄉與丘有明確關聯者附於最後。本部分是用電腦按中文拼音字母順序編排的。

二、爲便於讀者使用，本索引所列地名下，亦列出與其相關的人名。

三、爲方便排版，原釋文未敢遽定之字而在釋文下加的「(?)」號及及簡文原以殘泐據殘筆或文例所補字外加的「□」號一律取消。

四、地名若僅能辨識「鄉」、「里」、「丘」等字者，如「□□鄉」、「□□里」、「□□丘」等，不收録。

五、地名首字不能以今之通行字迻録，依原字摹録者，以及僅能辨識部分偏旁，未辨識之部分用□號表示者，附於後。

鄉

C 昌鄉

	區能	三九〇三

D 東鄉

莔丘	鄭經	九八九
莔丘	鄭經	一〇〇三
莔丘	黃馮	一〇二四
莔丘	陳補	一〇四八
莔丘	鄭熊	三一三三
莔丘	鄭經	三七八三
莔⊠		二四〇八
倉丘	張祇	四二九八
楮丘	鄭領	九八二
大田丘	黃巢	三七八五
大田丘	烝這	一一八九
大田丘	烝這	二四二四
大田丘	烝□	三一八八
大田丘		一一五九
彈溲丘	謝□	九九二
帝丘	趙□	三一五三
帝丘	烝徐	一四四九
帝丘	烝□	一一九二
東丘	謝目	一一〇九
東溲丘	烝龍	一一七九
東溲丘	烝學	一〇四五
東田丘	烝鼠	一〇五三
東田丘	鄭仙	九九六
東田丘		二四一一
枎丘	鄧著	三一五八
夫丘	黃利	一〇六四
夫丘	鄧□	三七五七
複丘	陳補	一八一一
辜丘	鄭南	九八七
辜丘	鄭南	三四三九
谷□丘	連□	三一九三
廣丘	許民	一一五七
賀丘	谷宜	三七九六
賀丘	黃張	一一五四
賀丘	黃	一六七〇
監?		二四一七
沮丘	劉□	一九七七
莒丘	烝陳	一〇五四
禮丘	毛羊	二五六九
廉丘	黃	二四二二
領下丘	黃生	一七九一
領下丘		二三八四
劉里丘	蔡□	四二六四
劉里丘	雷□	一〇七〇
劉里丘	李麥	四二四四
劉里丘	廖蘇	一〇四七
劉里丘	劉棠	四三一〇
劉里丘	劉□	一六七六
劉里丘	劉□	二〇六八
劉里丘	劉□	二二九一
劉里丘	劉	二六三〇
劉里丘	劉□	三一三七
劉里丘	殷赿	四三〇九
劉里丘	殷楮	一〇七八
劉里丘	殷終	一四七二
茗上丘	李俗	三九九一
茗上丘	鄭各	三九九一
莫丘	謝倉	一〇八四
蔦丘	□碩	一八五八
旁丘	黃楊	三七四七
旁丘	黃	三七五〇
旁丘	烝碩	一〇五〇
平樂丘	鄧□	一〇四〇
奇丘		二三九二
嵜丘		二三九一
區丘	謝□	四二三〇
仨丘	謝贛	一〇四九
上辜丘	黃	二四一三
上辜丘	鄭成	九九〇
上辜丘	鄭成	一一〇八
上辜丘	鄭喜	九九三
上利丘	蔡棠	一〇五一
上利丘	烝黃	一一一二
上利丘	烝黃	三四四七
上利丘	烝淩	三一九九
上利丘	烝蘇	九八四
上利丘	烝堂	一〇四三
上利丘	烝棠	一八〇四
上利丘	□貴	一八五九
上唐丘		二三八五
上唐丘	孫□	一〇七九
上唐丘	鄭馬	一〇八〇
甚丘	陳息	九八三
甚丘	史□	一一五八
石唐丘	李參	一一四四
石唐丘	李息	四二九〇
石唐丘	李幼	九八六
石唐丘	鄭周	一三六五
石唐		二三九四
石唐		二五七二
石下丘	黃貴	一八五五
石下丘	謝鷹	一一二九
石下丘		二四〇二
石下丘		二四〇三
唐下丘	李鼠	一〇四一
唐下丘		一〇四二
舞丘	黃旻	一四一四
舞丘	黃□	一〇五二
舞丘	黃□	一〇七三
舞丘	張祇	一一一三
舞丘	□釦	九九四
下□丘	鄭馬	一〇一八
新成丘	黃畜	一八七五
新成丘	謝鼠	一一一四
新成丘	由旱	二〇六四
新成丘	烝齋	二五八四
新成丘		四二三一
緒丘	婁金	九九一
音溲丘	何息	九八五
音溲丘	何息	九九七
音溲丘	何	二三一七
音?		二一三六
湛丘	黃蜀	二四〇〇
湛丘	烝當	三七六三
湛丘	烝銀	二三一六
湛丘		三四八六
資丘	毛意	一一七一
資丘		二四一〇
詛丘	蔡和	一〇八一
	陳□	一六七四
	黃暉	三七九六
	黃文	三一四三
	黃階	二二三六
	黃香	三七八五
	黃□	一〇三三
	黃□	一〇三九
	劉坙	三八〇四
	烝賓	三一九三
	烝偖	三七五〇
	烝杲	四〇七八

和丘		四三七三
胡萇丘	許□	一二四八
胡萇丘	許仲	一二〇三
胡萇丘	陽屯	二二九四
桓丘	谷□	一六七一
監沱丘	蕊首	二三二八
監沱丘	蕊頂	三一四四
監沱丘	蕊知	一〇七七
監沱丘	谷□	三七八四
監沱丘	廖□	二七七八
監沱丘	周義	一三三二
監沱丘		二三四七
監沱丘		二三七一
監沱丘		三四四九
巾竹丘	石萇	一〇六二
巾竹丘	烝□	一〇一九
筋竹（丘）	石龍	三七七〇
筋竹丘	石誌	三一三一
盡丘	監買	二三六四
盡丘	巨馬	二三一二
盡丘	巨新	二三七〇
盡丘	謝□	二三〇八
浸須丘	番平	一一一六
藎丘	王歆	二三一〇
枯萇丘	李租	三八五七
枯萇丘	廖□	一八六〇
枯于丘	誦牛	三一三五
栗丘	蔡□	三八四八
栗丘	鄧	一六六九
栗丘	谷□	二二七八
栗丘	烝山	二二八二
栗丘	烝山	二七四一
栗丘	烝山	三一七六
栗丘	烝□	一三二六
栗丘	周佃	三四三〇
栗丘	周犢	二三七二
栗丘	周客	一〇〇四
栗丘	周客	一一〇七
栗丘	周汩	二一三二
林丘	烝楊	一八一九
林丘		二三四二
領傳丘		四三三四
杷丘	李如	一九六二
杷丘	潘有	三九六二
杷丘	石象	二三二三
杷丘	石業	二三〇九
杷丘	石員	三四三四
杷丘	文黑	二三一一
杷丘	文黑	二三八〇
平樂丘	李達	一二三八
平樂丘	文幾	一〇五七
平樂丘		一〇七二
平樂丘		三六五一
平陽丘	劉龍	二三五五
平藥丘	鄧張	二二九八
僕丘	韓佃	一一四三
僕丘		二三五二
僕丘	李非	三一四〇
僕丘	廖殷	一二一八
僕丘	文敬	二一三〇
僕丘	謝溺	三七四一
僕丘	庚□	一六九八
僕丘		二三六二
僕丘		二三八九
七丘		二五九四
洽丘	吳周	一〇一〇
洽丘	吳卒	一八一三
洽丘	謝銀	一九五五
洽丘	張□	二三四六
洽丘	張□	二三六九
僑丘	許囊	一〇六三
僑丘	李□	三八五〇
上和丘	陳復	三九二四
上和丘	謝耕	一九五一
上和丘	謝健	九〇三
上和丘	謝起	四二七一
上和丘	謝遠	三五六〇
上和丘	謝志	二七八三
上和丘		一七〇五
上和丘		二三三〇
上丘	烝龍	二三六〇
舍田丘	廖□	四三四八
石文丘	番才	二三二六
石文丘	潘末	二二八九
石下丘	區復	一八四四
蘇下丘	石祁	二八〇五
臺丘	五陽	一一九五
唐中丘	黃營	一七九〇
唐中丘	彭帑	一〇八九
溫丘	胡材	二三三二
溫丘		二三八三
伍社丘	番子	三八五四
伍社丘	潘谷	四二九七
伍社丘	石□	三一三四
伍社丘	石苛	三八四九
伍社丘	王敬	四三〇六
伍社丘	張斥	四三〇七
伍社丘	張□	一一三二
伍社丘		二三五一
下□〼		一七〇四
於上丘	番牒	二二八四
於上丘	蕊羡	四二六六
杖丘	陳張	三七二七
杖丘	烝義	一二〇七
周陵丘	區曲	四三二〇
周陵丘	蕊苲	四三二〇
專丘	吳定	一三三〇
專丘	謝仨	三一五四
專丘	謝易	三四四六
專丘	謝易	三八三四
專丘		一八五七
秋丘	張殷	一〇八二
蘝竹丘	石欣	二七八五
□汩丘	番□	一一〇三
□下丘	廖□	一〇〇九
□沂丘	文平	二二九五
	蔡忠	四三四六
	蔡忠	四三四八
	蔡忠	四三七三
	蔡□	四〇〇五
	蔡□	四三三四
	鄧虁	三六九四
	鄧□	三八五二
	番賈	二二九九
	番元	一二二四
	郭宋	四三四九
	郭宋	四三七一
	黃利	四八八六
	監訓	三八〇七
	潘定	二三二四
	潘桐	四三四九
	石芮	四〇〇五
	吳馮	三八五八
	吳亮	一〇一〇
	謝威	三三〇〇
	謝□	三八一七
	張斥	四三〇六
	周秩	一〇〇四
	□謝	三一三〇
		九一〇

S

桑鄉

X

里

D

東扶里　陳倉　六三一
陳駕　一八一
鄧菫　六三六
鄧展　四〇三
鄧□　二二九
鄧□　四二八
何琪　六一七
雷菫　七八〇
雷怒　八八
李匊　四一四
李夳　四一九
李範　七七九
李果　四〇六
李撿　七七一
李建　一六九
李進　六一八
李開　七八六
李□　一八二
廉方　一六六
周城　三九五
朱凌　一九一
□益　一九四
□租　七八九
四〇八
八五七
東扶　陳阱　六〇八
潘幸　六〇九

F

富貴里　劉楊　一九九四
文和　三〇〇三
富貴　二九六一

G

廣成里　蔡睪　二六六九
蔡叩　二六三二
郭當　二〇四三
胡文　二〇二三
黃張　二六八四
黃□　二六六〇
利禿　二〇二五
廖士　二〇五三
盧□　一九一七
謝尢　二六六五
周車　一九二四
周符　二〇八一
周明　二〇一六
周□　二四六二
周□　二六七五
周□　二六八九
朱兵　二六七六
朱蓑　二〇四二
□重　二四五七
二四五三
二六八五
三一〇九

L

梨下里　潘佳　二九〇

孫儀　二八五
鄭舉　二八一
鄭宜　二八三
鄭□　二七五

M

曼渡里　蔡粲　七七〇
蔡應　一四八
陳匿　二七九一
陳師　四四七
陳邪　二八一九
杜忽　四四三
逢櫝　一一二三
黃狸　四三三
李取　五八五
宋□　七五五
孫傳　四五二
王生　七四三
文□　五九三
由經　八五一
由末　一三九
由汜　一二八
張可　四五四
張惕　五九九
周若　七四二
□忽　五六八
□誼　七六三
七〇七
二八二三

P

漂里　潘當　二四八一
平樂里　鄧□　一九七四

谷兒　二七二〇
侯□　一九七三
監□　二七二二
李客　二四九五
李銀　二四九三
唐美　五一六六
唐宜　五一四五
謝□　五一七八
烝怹　一九七二
平町里　陳文　二一四
赤朱　八八三
何殄　五二六
黃陽　六六三
毛怹　八六九
區坑　九〇九
唐上　八六〇
文宗　八九六
楊治　八〇五
朱於　五三五
六七一

S

石下里　五五二

W

五唐里　周□　三八〇

X

小赤里　鄧□　六九
黃仁　四九五
黃石　二八〇三
李□　四八六

丘

	桑鄉	黃肅	一五六一
	桑鄉	黃微	三九一二
	桑鄉	李狗	一八一四
	桑鄉	劉察	一一八四
	桑鄉	朱善	四三〇三
		陳客	一一四五
		黃若	三一五五
		黃	三一一〇
			四三三二
扶與丘	桑鄉	黃若	二二九二
男丘	桑鄉		一八〇九
敷丘	桑鄉	婁辰	一八四五
	桑鄉	婁折	二四三五
	桑鄉	潘丁	一二〇〇
	桑鄉	潘丁	一三四七
	桑鄉	潘丁	二二九〇
	桑鄉	潘丁	四二八三
		婁元	三四六五
複丘	東鄉	陳補	一八一一
複睪丘	西鄉	□敢	一八一二
	西鄉	胡同	二三二〇
	西鄉	殷	二三九八
復丘	桑鄉	黃□	二三六一
		謝同	二一三七

G

敢渡丘	小武陵鄉	鄧蔡	三九二五
高樓丘	西鄉	逢囷	三八五六
		壬□	三三〇六
		烝凌	三一九五
		烝□	一八九三
			三七八六
高□丘		逢囷	二三〇〇
淦丘	小武陵鄉	盧生	三九〇九
	小五陵鄉	周	三四九〇
宮渡丘	☒成鄉	烝貴	三九六九
辜丘	東鄉	鄭南	九八七
	東鄉	鄭南	三四三九
			一一四八
谷□丘	東鄉	連□	三一九三
廣丘	東鄉	許民	一一五七

H

函丘	平鄉	番圭	二七三七
	平鄉	番圭	三五五七
	平鄉	谷養	一八七八
	平鄉	黃復	二二七九
	平鄉	潘嘉	一八七九
	平鄉	潘澍	三七二五
	平鄉	烝□	二三七五
	平鄉	鄭	二三八一
	平鄉	朱常	三一五〇
	平鄉		二三二九
		番圭	三一二七
		番何	四二九六
		潘成	四二〇九
函☒	平鄉		二三七七
旱丘	西鄉	謝敢	三八六〇
	西鄉	烝龍	二三一五
		謝獲	三六七〇
滴丘	桑鄉	朱稚	九〇七
何丘	桑鄉	蔡戎	二〇七四
	桑鄉	谷□	三七〇四
	桑鄉	黃釗	二四二八
	桑鄉	謝勳	一一八三
	桑鄉	殷連	一五六〇
	桑鄉	由炭	二二九六
		殷兒	一七九六
		由荏	二六一一
		烝□	二二三一
和丘	平鄉		四三七三
賀丘	東鄉	谷宜	三七九六
	東鄉	黃張	一一五四
	東鄉	黃	一六七〇
胡萇丘	平鄉	許仲	一二〇三
	平鄉	許□	一二四八
	平鄉	陽屯	二二九四
		何戎	三六八〇
		李強	三七三二
		廖由	三六六五
		鄧□	一七六八
胡丘	西鄉	黃□	二二六八
斛渡丘	西鄉	烝萇	二二六九
桓丘	平鄉	谷□	一六七一
黃閘丘	西鄉	蔡胡	二三三四

J

己丘			九一七
監沱丘	平鄉	悊頂	三一四四
	平鄉	悊首	二三二八
	平鄉	悊知	一〇七七
	平鄉	谷□	三七八四
	平鄉	廖□	二七七八
	平鄉	周義	一三三二
	平鄉		二三四七
	平鄉		二三七一
	平鄉		三四四九
		悊邯	三六三〇
		悊□	三三七五
		范侯	一五七〇
		業淩	四一一七
			一九〇一
			四二九九
監	東鄉		二四一七
巾渡丘		謝□	四二一〇
巾竹丘	平鄉	石萇	一〇六二
	桑鄉	烝謾	二二八六
	桑鄉	烝蒙	二三〇五
	平鄉	烝□	一〇一九
		潘安	一五五一
		謝吳	三六二五
金丘	桑鄉	黃金	三八三三
	小武陵鄉	周□	三九二八
筋竹丘	平鄉	石誌	三一三一
		黃清	五五一〇
		石誌	三三六二
筋竹（丘）	平鄉	石龍	三七七〇
盡丘	平鄉	監買	二三六四
	平鄉	巨馬	二三一二
	平鄉	巨新	二三七〇
	平鄉	謝□	二三〇八
		番□	三三〇七
		巨傳	一八二三
		李邈	一七六六
		潘伯	三七四五
			三九九七
浸頃丘		番愓	一八五六
		潘□	四二七七
		孫客	四三七五
			一八〇五
浸須丘	平鄉	番平	一一一六
			一一二七
			一一二九
浸☒			二一六八
薔丘	平鄉	王畝	二三一〇
沮丘	東鄉	劉□	一九七七
		劉韋	三五七二

莒丘	東鄉	烝陳	一〇五四

K

空☑		須	三三七八
寇丘		鄧動	三二五九（一）
		烝☐	一八〇一
		周陳	四二八六
		周	四三二七
			三五五六
枯萇丘	平鄉	李租	三八五七
枯于丘	平鄉	廖☐	一八六〇
	平鄉	誦牛	三一三五
窟丘		雷砻	三三四七
		雷砻	三六八九
		☐任	三六八六
			三四六三
苦竹丘	桑鄉	谷由	三四三二
	桑鄉	張囊	二三四四
	西鄉	雷石	二二七五
	西鄉	張☐	一八四六
		潘石	三六五三
		張況	三五八八
苦（竹）丘		婁金	三四四三

L

撈丘	廣成鄉	陳根	一六八二
	廣成鄉	陳牙	八三五
		烝☐	二九〇二
榜丘	廣成鄉	陳異	二七九八
	廣成鄉		一六七八
梨下丘	中鄉	徐碓	八三〇
礼丘	東鄉	毛羊	二五六九
里中丘		鄧潘	五三五二
利☐丘	模鄉	陳風	五二二六
利丘	小武陵鄉	衛平	一〇〇〇
	小武陵鄉	衛平	一〇〇五
	小武陵鄉	衛☐	一〇六〇
利下丘	桑鄉	黃賀	三四九九
	桑鄉		二四一四
栗丘	平鄉	黃☐	一五九三
	平鄉	蔡☐	三八四八
	平鄉	鄧	一六六九
	平鄉	谷☐	二二七八
	平鄉	烝☐	一三二六
	平鄉	烝山	二二八二
	平鄉	烝山	二七四一
	平鄉	烝山	三一七六
	平鄉	周氾	二一三二
	平鄉	周佃	三四三〇
	平鄉	周櫝	二三七二
	平鄉	周客	一〇〇四
	平鄉	周客	一一〇七
		周客	九〇一
		周客	一〇八五
			一六五〇
栗溲丘		吳☐	二六一三
廉丘	東鄉	黃	二四二二
	小武陵鄉	陳湖	三八五五
	小武陵鄉	虞善	三八〇一
		陳朔	三四八一
亮丘			三三九六
林丘	模鄉	胡則	一二五四
	平鄉	烝楊	一八一九
	平鄉		二三四二
		陳☐	二一四八
		仇有	一六〇五
		鄧服	八二四
領傳丘		區落	一一〇六
		平鄉	四三三四
領山丘		侯虞	二一〇八
		謝☐	四三八六
		謝驚	一七一〇
			三〇九八
領下丘	☑☐陵鄉	吳宣	三一八一
	東鄉	黃生	一七九一
	東鄉		二三八四
		黃生	二五七三
		烝貴	三二二八
劉里丘	東鄉	蔡☐	四二六四
	東鄉	雷☐	一〇七〇
	東鄉	李麦	四二四四
	東鄉	廖蘇	一〇四七
	東鄉	劉棠	四三一〇
	東鄉	劉☐	一六七六
	東鄉	劉☐	二〇六八
	東鄉	劉☐	二二九一
	東鄉	劉☐	三一三七
	東鄉	劉	二六三〇
	東鄉	殷終	一四七二
	東鄉	殷赴	四三〇九
	東鄉	殷楮	一〇七八
		李麦	三三九〇
		李勝	二一〇五
		劉苦	三三四九
		劉萇	三八二〇
		婁充	二五七一
		殷☐	二三〇三
		烝近	三三六九
		烝已	一五二三
			二五六〇
龍丘		吳	二六〇二
龍上丘	小武陵鄉	陳牛	二〇六〇
龍穴丘	西鄉	毛客	三五五八
	西鄉	苗世	一五〇四
	西鄉	謝福	二七八八
露丘	桑鄉	烝黃	一二一四
	桑鄉	烝前	三八〇三
	桑鄉	烝☐	二三九五
	小武陵鄉		二二七六
		黃生	四二八一
		黃☐	三九三五
		五宗	一九五二
		烝記	二一三四
盧丘	桑鄉	廖山	一一六九
略丘		婁金	一七八〇
落丘		張	二三四一

M

曼丘		黃張	二一〇三
		毛爲	三八一四
曼溲丘		烝文	一九九五
毛丘			三四〇八
茗上丘	東鄉	李俗	三九九一
	東鄉	鄭各	三九九一
莫丘	東鄉	謝倉	一〇八四
	西鄉	周𣉻	二九一五
木𠃊丘	小武陵鄉	蔡瑋	三七五五
	小武陵鄉	吳頭	三七三九
木氏丘	小武陵鄉		四三三一

N

南疆丘	西鄉	區歆	二三七四
	西鄉		二三一八
		李塼	二三七二
蔦丘	東鄉	☐碩	一八五八

		谷首	三四九六
		黃彊	四二二四
		婁生	三四三六
		石埦	三一九〇
		鄭管	三三四八
			三二〇七
困丘		董基	三三六七

R

壬丘	桑鄉	謝□	一七九三
日世（丘）	廣成鄉	唐義	二七五六
茹丘	西鄉	黃如	三七三五
	西鄉	黃□	二二七三
	西鄉	雷崇	一二五一
	西鄉	謝鄭	一九七〇
汝丘	西鄉	楊烏	一六七五

S

仨丘	東鄉	謝贛	一〇四九
三□丘		馮	九七六
三州丘		謝內	一六八一
上唯丘	桑鄉	黃垂	一二一一
上𠄌丘	謝□		三六一六
上▨	桑鄉		一七〇一
上▨	桑鄉		二三八七甲
上▨			三〇〇七
		谷□	三五九一
		黃	二一七〇
		謝陵	三四八九
		謝威	一一一九
		楊得	三四九三
		張僑	三六六三
			二〇〇五
			二四四八
			三〇一四
上薄▨			一八八七
上薄丘	廣成鄉		二四二五
		區得	二〇六三
		區文	二〇六二
上幸丘	東鄉	黃	二四一三
	東鄉	鄭成	九九〇
	東鄉	鄭成	一一〇八
	東鄉	鄭喜	九九三
		郭喜	三五一一
		烝	二六〇八
		鄭□	一〇四四
		鄭□	二九三六
		鄭南	三一九二
		鄭喜	三五〇三
上何丘	廣成鄉	鄧度	二一三九
	平鄉	陳復	三九二四
	平鄉	謝耕	一九五一
	桑鄉	謝旱	二二八三
	平鄉	謝健	九〇三
	平鄉	謝起	四二七一
	平鄉	謝遠	三五六〇
	平鄉	謝志	二七八三
	平鄉		一七〇五
	平鄉		二三三〇
		陳虞	一九〇八
		陳□	一〇二七
		谷嘉	三四九七
		謝盛	二五七四
		謝趙	二〇六七
		謝趙	二一一八
			三三三三
上利丘	東鄉	蔡棠	一〇五一
	東鄉	烝黃	一一一二
	東鄉	烝黃	三四四七
	東鄉	烝淩	三一九九
	東鄉	烝蘇	九八四
	東鄉	烝堂	一〇四三
	東鄉	烝棠	一八〇四
	東鄉	□貴	一八五九
	東鄉		二三八五
		烝尚	三四六〇
上落丘		張圠	三六九三
上丘	平鄉	烝龍	二三六〇
上囷丘		石狗	三六〇〇
上俗丘	西鄉	何王	一八七二
	西鄉	何楊	二三三五
	西鄉	何逐	一四六七
	西鄉	廖旻	一八二〇
	西鄉	馬孫	一二五二
	西鄉	文州	三八五九
	西鄉	張賓	一六七三
	西鄉	張幾	二三〇一
	西鄉	周興	一八一六
	西鄉	朱旻	三八一六
	西鄉	□碩	二三二二
		□麥	一一三〇
		鄧宣	一七〇二
		谷漢	三八〇八
		張□	三一二六
		張圭	五二九四
		烝俗	一五三二
			三五一五
			三八五一
上唐丘	東鄉	孫□	一〇七九
	東鄉	鄭馬	一〇八〇
上戲丘	小武陵鄉	謝難	三一四八
上唫丘			一八二八
舍田丘	平鄉	廖□	四三四八
甚丘	東鄉	陳息	九八三
	東鄉	史□	一一五八
石丘	小武陵鄉	蔡□	三八四五
		朱頸	三五八二
石唐丘	東鄉	李參	一一四四
	東鄉	李息	四二九〇
	東鄉	李幼	九八六
	東鄉	鄭周	一三六五
		□民	三四九四
		□息	一七九九
		李	三二七七
石唐	東鄉		二三九四
	東鄉		二五七二
石文丘	平鄉	番才	二三二六
	平鄉	潘末	二二八九
石下丘	東鄉	黃貴	一八五五
	東鄉	謝薦	一一二九
	東鄉		二四〇二
	東鄉		二四〇三
	平鄉	區復	一八四四
	小武陵鄉	蔡數	三九一三
	小武陵鄉	鄧□	三九七一
	小武陵鄉	烝旱	三七五四
	小武陵鄉	烝開	二三三六
	小武陵鄉	烝樂	二三一九
	小武陵鄉	烝政	二五四七
		蔡龍	三九一五
		黃菫	一七一五
		盧□	三三七七
		五新	一九四九
			三二九二
			四三一八
石羊丘		鄭喜	一九五八
石□丘			三四四二
世丘	廣成鄉		二七六六

松杭丘	小武陵鄉	利駕	三七七二
	小武陵鄉	松周	三七四二
	小武陵鄉	謝買	三一七九
松坑丘	小武陵鄉	松賫	三九〇七
蘇下丘	平鄉	石⿰示口	二八〇五

T

臺丘	平鄉	五陽	一一九五
唐下丘	東鄉	李鼠	一〇四一
	東鄉		一〇四二
	桑鄉		三四四五
唐中丘	平鄉	黄營	一七九〇
	平鄉	彭囊	一〇八九
惕丘		烝咄	三三六〇
田□丘		鄧	五三八六
通□丘		張倗	一九五九
桐丘	桑鄉	番建	一一五三
	桑鄉	潘健	一一三六
		□匠	四四〇〇

W

温丘	平鄉	胡材	二三三二
	平鄉		二三八三
吴丘	小武陵鄉	鄧長	三一五九
		黄□	一五七九
		烝□	三三四三
吴溏丘	都鄉	龔傳	三九七九
	都鄉	黄□	三九七九
五□丘	小武陵鄉	盧⿰口專	八二七
伍社▨			五四六〇
伍社丘	平鄉	番子	三八五四
	平鄉	潘谷	四二九七
	平鄉	石苛	三八四九
	平鄉	石□	三一三四
	平鄉	王敬	四三〇六
	平鄉	張斥	四三〇七
	平鄉	張□	一一三二
	平鄉		二三五一
		郭蘭	四三六九
		李□	四二九五
			四三七〇
武龍丘	五戭		三七四六
		謝齊	二〇〇八
舞丘	東鄉	黄旲	一四一四
	東鄉	黄□	一〇五二
	東鄉	黄□	一〇七三
	東鄉	張柢	一一一三
	東鄉	□鉊	九九四

X

戲丘	小武陵鄉	謝難	三七九九
	小武陵鄉	謝妾	三一四七
	▨陵鄉	謝妾	三一七一
下園丘	桑鄉	唐連	一一六三
下和丘		烝桊	二五八六
下巾丘	小武陵鄉	烝猬	三七六六
	小武陵鄉	朱饒	一三七二
	小武陵鄉	朱□	三九六一
		梁飲	一八三一
		朱屏	三〇一一
		朱謝	三六二八
下梨丘		烝有	八三二
下略丘		鄧□	一八二五
下頃丘		番九	三四五二
下汝丘	西鄉	謝⿰口魚	二三一四
下俗丘		何著	四三九七
下俗丘	五旻		三六二六
		烝□	二五九七
下唐丘	桑鄉	謝□	一一一〇
下無丘	桑鄉	劉平	三一八九
下象丘	▨陵鄉	李民	三一八三
	樂鄉	番囊	一〇一二
	樂鄉	番囊	一〇二二
	樂鄉	□餞	二四三〇
	樂鄉		二四二九
	小武陵鄉	擱機	三四三一
	小武陵鄉	趙宜	三一四六
	小武陵鄉	烝斗	二五八七
	小武陵鄉	烝斛	三九六三
		番囊	三六七二
		李彭	三五〇五
		烝斗	三一八四
下□			三〇二七
下□丘	東鄉	鄭馬	一〇一八
	廣成鄉		二七七七
	桑鄉		一一二四
		番省	三一九七
		謝困	一五八〇
		烝□	三六一四
			二九七九
下□▨	平鄉		一七〇四
夏□丘			二二一三
暹丘	小武陵鄉	番媸	三八〇二
	小武陵鄉	黄確	二三三七
	小武陵鄉	烝從	一二一五
	小武陵鄉	烝羊	三七八八
	小武陵鄉	烝□	一〇五九
		殷□	三四四一
			二一四〇
湘溲丘			四五二四
象丘		潭淩	二二六五
象下丘		謝完	三七七六
新□丘			一八一五
新成丘	東鄉	黄育	一八七五
	東鄉	謝鼠	一一一四
	東鄉	由旱	二〇六四
	東鄉	烝齋	二五八四
	東鄉		四二三一
		陳承	三四五三
		陳崇	一八二二
		陳□	一八〇八
		鄭□	一六八五
			二一六三
新城丘		陳□	二四〇七
新丘		陳耀	四二七四
須丘	樂鄉		一九八一
			二〇九七
徐元丘	小武陵鄉	烝儀	九七一
緒丘	東鄉	婁金	九九一
尋丘		黄顔	九四五
	樂鄉	誦騎	三七四八
	樂鄉	謝□	三八一九
			三九三四

Y

楊丘	廣成鄉	番惕	三九〇八
	廣成鄉	雷贊	二七六七
			三四九一
楊溲丘		郭生	三三五三
堯都丘		鄧斬	一六五八
音溲丘	東鄉	何息	九八五
	東鄉	何息	九九七
	東鄉	何	二三一七
		陳息	三五七五
		謝毅	一二〇八
音▨	東鄉		二一三六
唫丘	小武陵鄉	衛冷	一九五三
	小武陵鄉	吴張	三四四八

其它地名

A

安成 四一九五
四二〇八

C

長沙 臨湘 東鄉 茗上丘 李俗 三九九一
臨湘 東鄉 茗上丘 鄭各 三九九一
臨湘 東鄉 烝杲 四一四六
臨湘 東鄉 烝□ 四一四六
臨湘 都鄉 吳溏丘 黃□ 三九七九
臨湘 都鄉 吳溏丘 龔傳 三九七九
臨湘 樂鄉 黃 五二二五
臨湘 樂鄉 鄭狗 五二二五
臨湘 模鄉 利□丘 陳風 五二二六
臨湘 桑鄉 盧□ 五二一一
臨湘 田□丘 鄧 五三八六
臨湘 文主 五二〇九
汝南 陳谷 三九八二
桑鄉 劉廣 四〇〇九
婁蓋 五五九七
三二一七
三九五六
三九七八
五六〇八

D

當陽 平鄉 潘桐 四三四九

G

廣粲 四一九五
廣□ 四二〇八
桂陽 零陵 四〇三二
零陵 四〇三六
四〇六九
四七五五

J

建寧 四一九〇
四一九八
建業 胡皖 五四〇二
四五七五

L

醴陵 劉仁 四七五九
鹿馮 五五九六
謝仁 四一〇〇
周進 四六〇六
周進 四六一〇
周進 四六一二
周進 四六一五
四一八三
四一九〇
四一九一
四一九八
臨湘 長沙 東鄉 茗上丘 李□ 三九九一
長沙 東鄉 茗上丘 鄭各 三九九一
長沙 東鄉 烝杲 四一四六
長沙 東鄉 烝□ 四一四六
長沙 都鄉 吳溏丘 龔傳 三九七九
長沙 都鄉 吳溏丘 黃□ 三九七九
長沙 樂鄉 黃 五二二五
長沙 樂鄉 鄭狗 五二二五
長沙 模鄉 利□丘 陳風 五二二六
長沙 桑鄉 盧□ 五二一一
長沙 田□丘 鄧 五三八六
長沙 文主 五二〇九
南陽 □公 三九八六
〼武陵 梁□ 三九九二
都鄉 黃□ 三九四九
模鄉 □陳 一四〇一
模鄉 陳客 一四〇四
模鄉 鄧雞 一四二四
模鄉 鄧平 一四五二
模鄉 黃妾 一四二三
模鄉 黃欽 一三八二
模鄉 潘□攵 一三九八
模鄉 潘□ 一三八六
模鄉 潘度 一三八四
模鄉 潘陽 一三七一
模鄉 區須 一四六一
模鄉 區政 一四一一
模鄉 五氵□ 一四〇八
模鄉 謝□ 一三九一
模鄉 謝□ 一四五九
模鄉 謝萇 一三九三
模鄉 謝牒 一三八五
模鄉 張陴 一四〇〇
模鄉 張郡 一三八七
模鄉 烝□ 一四三〇
模鄉 烝馬 一四二二
模鄉 烝若 一三五六
模鄉 烝若 一三六三
模鄉 烝若 一三八二
模鄉 烝若 一三八三

X

下雋 一二九六

Y

宜都 四四八七

益陽 四一八七

永新 陳崇 三六六四

陳崇 四〇三七

陳崇 四〇六三

陳崇 四〇八一

陳崇 四七四二

陳崇 四七九〇

陳崇 四八〇六

陳崇 五〇七八

陳崇 五一三四

區善 九二三

□阿 二〇七

四一九五

四二〇八

攸 四一九九

利舉 五四〇二

一二九六

四一八二

四一九〇

四一九八

四五一八

附：

□陵 謝仁 四一〇〇

□陵 三九七八

□陽 曲□丘 五仕 四三八三正

四〇八一

附録：本卷所見有明確關聯的鄉與丘

D

東鄉 黃 二四〇八

黃丘 九八九

黃丘 一〇〇三

黃丘 一〇二四

黃丘 一〇四八

黃丘 三七八三

倉丘 四二九八

楮丘 九八二

大田丘 一一五九

大田丘 一一八九

大田丘 二四二四

大田丘 三一八八

大田丘 三七八五

彈渡丘 九九二

帝丘 一一九二

帝丘 一四四九

帝丘 三一五三

東丘 一一〇九

東渡丘 一〇四五

東渡丘 一一七九

東田丘 九九六

東田丘 一〇五三

東田丘 二四一一

秩丘 三一五八

夫丘 一〇六四

夫丘 三七五七

複丘 一八一一

宰丘 九八七

宰丘 三四三九

谷□丘 三一九三

廣丘 一一五七

賀丘 一一五四

賀丘 一六七〇

賀丘 三七九六

監 二四一七

沮丘 一九七七

莒丘 一〇五四

禮丘 二五六九

廉丘 二四二二

領下丘 一七九一

領下丘 二三八四

劉里丘 一〇四七

劉里丘 一〇七〇

劉里丘 一〇七八

劉里丘 一四七二

劉里丘 一六七六

劉里丘 二〇六八

劉里丘 二二九一

劉里丘 二六三〇

劉里丘 三一三七

劉里丘 四二四四

劉里丘 四二六四

劉里丘 四三〇九

劉里丘 四三一〇

茗上丘 三九九一

茗上丘 三九九一

莫丘 一〇八四

蔦丘 一八五八

旁丘 一〇五〇

旁丘 三七四七

旁丘 三七五〇

平樂丘 一〇四〇

奇丘 二三九二

但丘 二三九一

G

L

M

坪丘 一〇一四
坪丘 一〇一六
坪丘 一二三二
坪丘 一二五〇
坪丘 一五六三
蒲空丘 三一七四
上戲丘 三一四八
石丘 三八四五
石下丘 二三一九
石下丘 二三三六
石下丘 二五四七
石下丘 三七五四
石下丘 三九一三
石下丘 三九七一
松杭丘 三一七九
松杭丘 三七四二
松杭丘 三七七二
松杭丘 三九〇七
吴丘 三一五九
五□丘 八二七
戲丘 三一四七
戲丘 三七九九
下巾丘 一三七二
下巾丘 三七六六
下巾丘 三九六一
下象丘 二五八七
下象丘 三一四六
下象丘 三四三一
下象丘 三九六三
遲丘 一〇五九
遲丘 一二一五
遲丘 二三三七
遲丘 三七八八
遲丘 三八〇二
徐元丘 九七一

唫丘 一九五三
唫丘 二九二六
唫丘 三四四八
余元丘 一〇二五
余元丘 一二五六
余元丘 三一六一
余元丘 三一八二
余元丘 三七五八
相丘 三一六三
丈丘 二五八八
丈丘 三九六四
中落丘 一〇二六
中落丘 一〇六一
中落丘 二三〇二
中落丘 三一六二
中落丘 三一七二
中落丘 三九六五
中象丘 二三六六
中象丘 二三八一
物下丘 二二七一
壇埣丘 三九五六
記□丘 三七六四
□度丘 三八〇〇

Z

中鄉
梨下丘 八三〇

三　紀年索引

一、本索引收録《長沙走馬樓三國吴簡·竹簡〔肆〕》所見之紀年，包括有確切年號的紀年和無確切年號的紀年。

二、有確切年號的紀年，以年號先後爲序編次。一年之中，以月份先後爲序編次，潤月置於十二月之後。無確切月份者，置於該年之末。年號清楚而無確切年份者，置於該年號之末。

三、無確切年號的紀年，附於最後。其中一些可根據簡文推定的年號，本索引均不作推定，依舊迻録。

黃龍三年

（黄）無確切年號

嘉禾元年

一一四八
一一五〇
一一五一
一一五二
一一五三
一一五四
一一五五
一一五六
一一五七
一一五八
一一五九
一一六〇
一一六二
一一六三
一一六九
一一七一
一一七三
一一七四
一一七六
一一七七
一一七九
一一八三
一一八四
一一八八
一一八九
一一九二
一一九三
一一九五
一一九七
一二〇〇
一二〇三
一二〇七
一二〇八
一二〇九
一二一一

一二一二
一二一四
一二一五
一二一八
一二一九
一二二五
一二二六
一二三八
一二三九
一二四四
一二四八
一二五〇
一二五一
一二五二
一二五四
一二五六
一二五八
一二六〇
一三二六
一三二八
一三三〇
一三三二
一三四七
一三四八
一三六五
一三七二
一四一四
一四四九
一四六七
一四七二
一四八九
一四九三
一五〇〇
一五〇三
一五〇四

一五三八
一五五一
一五五三
一五五九
一五六〇
一五六一
一五六二
一五六三
一五七〇
一五七九
一五八〇
一六〇五
一六一二
一六一九
一六二三
一六三二
一六五〇
一六五三
一六五四
一六五五
一六五六
一六六七
一六六九
一六七〇
一六七一
一六七二
一六七三
一六七四
一六七五
一六七六
一六七七
一六七八
一六七九
一六八〇
一六八一

一六八二
一六八三
一六八五
一六八七
一六九四
一六九八
一六九九
一七〇〇
一七〇一
一七〇二
一七〇三
一七〇四
一七〇五
一七〇六
一七一〇
一七一五
一七六六
一七六八
一七七七
一七九〇
一七九一
一七九三
一七九六
一七九七
一七九九
一八〇〇
一八〇一
一八〇四
一八〇五
一八〇六
一八〇八
一八一一
一八一二
一八一三
一八一四

一八一五
一八一六
一八一八
一八一九
一八二〇
一八二一
一八二二
一八二三
一八二四
一八二五
一八二六
一八二七
一八二八
一八二九
一八三一
一八三二
一八四〇
一八四二
一八四四
一八四五
一八四六
一八四八
一八四九
一八五〇
一八五四
一八五五
一八五六
一八五七
一八五八
一八五九
一八六〇
一八六五
一八七二
一八七三
一八七四

一八七五
一八七八
一八七九
一八八二
一八八四
一八八九
一八九〇
一八九三
一八九六
一九〇五
一九〇六
一九一三
一九四九
一九五〇
一九五二
一九五三
一九五四
一九五五
一九五八
一九五九
一九六〇
一九六二
一九七〇
一九七七
一九八一
一九九〇
一九九二
一九九五
一九九七
一九九八
二〇〇八
二〇一〇
二〇一一
二〇一三
二〇六〇

二〇六一
二〇六二
二〇六三
二〇六四
二〇六七
二〇六八
二〇七四
二〇八九
二〇九七
二一〇一
二一〇五
二一〇六
二一〇七
二一一二
二一二四
二一二五
二一二七
二一三〇
二一三一
二一三二
二一三四
二一三五
二一三六
二一三八
二一三九
二一四七
二一四九
二一五八
二一六二
二一六六
二一六八
二一七〇
二一七五
二一七八
二一九二

二一九八
二二〇二
二二〇三
二二〇六
二二一〇
二二一二
二二一三
二二一六
二二一九
二二二〇
二二二九
二二四八
二二五七
二二六四
二二六五
二二六六
二二六八
二二六九
二二七一
二二七二
二二七三
二二七四
二二七五
二二七六
二二七七
二二七八
二二七九
二二八〇
二二八一
二二八二
二二八三
二二八四
二二八五
二二八六
二二八七

二二八八
二二八九
二二九〇
二二九一
二二九二
二二九三
二二九四
二二九五
二二九六
二二九七
二二九八
二二九九
二三〇〇
二三〇一
二三〇二
二三〇三
二三〇四
二三〇五
二三〇六
二三〇八
二三〇九
二三一〇
二三一一
二三一二
二三一四
二三一五
二三一六
二三一七
二三一八
二三一九
二三二〇
二三二二
二三二三
二三二四
二三二五

二三二六
二三二七
二三二八
二三二九
二三三〇
二三三一
二三三二
二三三四
二三三五
二三三六
二三三七
二三三八
二三三九
二三四〇
二三四一
二三四二
二三四三
二三四四
二三四五
二三四六
二三四七
二三四八
二三四九
二三五〇
二三五一
二三五二
二三五三
二三五五
二三五六
二三五七
二三五八
二三五九
二三六〇
二三六一
二三六二

三九六三
三九六四
三九六五
三九六六
三九六九
三九七一
三九七二
三九七三
三九七四
四四二一
五三五〇
五三七五
五四五三
五四六〇
五五二三

十二月 三五四三

無確切月份 九二一
九七六
一〇三六
一二四九
一二七六
一四七四
一五一二
一五六四
一六八六
一六九三
一八八八
二一〇四
二一四四
二一五〇
二一五七
二一九一
二二四六
二三六三
二四一六
二四三二
二四五〇
二四五一
二八四九
二九五三
二九五六
二九六三
二九七五
二九九八
三〇四二
三〇六八
三〇六九
三〇九四
三一〇四
三一〇六
三一二五
三一二七
三一四七
三二五二
三二五三
三二五五
三二五八
三二五九乙
三二六三
三二六七
三二九九
三三〇四
三三〇五
三三七〇
三三七九
三三八二
三三八五
三三九九
三四〇一
三四六七
三四六八
三四九七
三五二七
三五四九
三五五一
三五九七
三六〇〇
三六一八
三六五六
三六六一
三七一二
三七一三
三七一四
三七一五
三七三一
三七六七
三八一一
三八一三
三八一七
三九二一
三九三二
四〇八二
四二〇四
四二〇九
四二一〇
四二二四
四二三〇
四二三一
四二四四
四二五九
四二六四
四二六六
四二七一
四二七二
四二七三
四二七四
四二七七
四二七九乙
四二八〇
四二八二
四二八三
四二八四
四二八五
四二八七
四二八八
四二八九
四二九〇
四二九二
四二九三
四二九四
四二九五
四二九六
四二九七
四二九八
四三〇〇
四三〇三
四三〇六
四三〇七
四三〇八
四三〇九
四三一〇
四三一二
四三二六
四三二七
四三二八
四三三一
四三三四
四三五七
四三七七
四三九五
四四〇三
四四〇四
四四〇七
四四〇九
四四一三
四四一五
四四一七
四六八二
五〇一四
五〇五三
五二九一
五三五四
五三七八
五四九三
五五二八

嘉禾二年

二月 一四八五

四月 三九九七
四三一六
四三二〇
四三二一
四三二五
四三二七
四三二八
四三三一
四三四六
四三四八
四三四九
四三五二
四三七一
四三七三
四八七七
四八八六

五月 一四一二
四〇〇五

四二八六
四三八一
四三八六
五五五五

六月

一三九二

七月

一三九二

八月

一三五七

九月

三三八八
三三九二
三三九五
三四二九
三六八九
三八一四
三四五〇
四〇〇六

十二月

一三三五
一四七六
三三二三
三三五八
三三四三
三三四八
三七七七
四三三〇
四三三一
四二四四
四二六四
四二九〇
四二九八
四四〇七
四五四八
四五七四

十月

三一九四
三三三九
三一九二
三一九四

三三五〇
三三六一
三三六二
三三六三
三三七一
三三七七
三三九〇
三三九四
三三九六
三四〇八
三四一九
三四二一
三四九七
三六〇〇
三六八四
三八一二
三九一八
四三一〇
四五二八

十一月

三三四九
三三五一
三三五二
三三五三
三三五四
三三六七
三三六九
三三七八
三三九三
三四五四
三七一二
三七一四
三七九四
三八一七
三八四二
三八六二

三九五一
三九九三
四二七九乙
四二八二
四二八三
四二八五
四二九一
四二九六
四二九七
四三〇三
四三一二
四五五七

無確切月份

九二四
九三九
一二九四
一四〇七
一五七一
一五八六
二九一九
三三五六
三三五七
三三七四
三三八七
三三九〇
三三二〇
三三四六
三三七六
三三八九
三三九一
三六四一
三六九一
三七七八
三七七八
四〇〇二
四一九六乙

四二〇〇
四二三〇
四二三一
四二四四
四二六四
四二六六
四二七一
四二七二
四二七三
四二七七
四二七九甲
四二八二
四二八三
四二八七
四二九〇
四二九五
四二九六
四二九七
四二九八
四三〇三
四三〇九
四三一〇
四三一二
四三二六
四三六五
四三九四
四三九七
四四〇三
四四〇五
四四一一
四四一二
四四一四
四四一八
四六二一
四六二三

四七〇〇
四八五一
五四三五
五五一六
五六〇五

嘉禾三年

正月

二〇〇五
三六二九
三九三〇
四二一〇
四三〇六
四三〇七
四三三二
四六六七

四月

一四一七
四二〇〇
四二〇四
四二〇九
四二六六
四二七一
四二七四
四二七七
四二九五
四二九九
四三〇〇
四三〇一
四三〇四
四三三三
四三三四
四三六九
四三七二
四三七五
四三八四

五月

四二七二
四二七三

八八六
九一九
九三〇
九四〇
九五一
九五二
九六一
九六六
九七四
一〇九八
一三二五
一四二五
一五一四
一五一五
一五八五
一六〇三
一六一四
一六一七
一七一六
一七七五
一七八三
一八〇七
一八〇九
一九八七
二〇〇二
二〇八六
二〇九〇
二〇九九
二一〇〇
二一一一
二一四二
二一四三
二一四五
二一五四
二一七三
二一八四
二二〇七
二二一四
二二一八
二二三四
二二六五
二二九七
二四一五
二四二〇
二四二七
二四四三
二四四七
二六一〇
二八六二
二九三七
二九四〇
二九六五
二九八五
二九八六
二九九一
二九九三
三〇二三
三〇三九
三〇七〇
三〇八二
三二一〇
三二三八
三二五九乙
三二六九
三二七二
三二九〇
三三〇八
三三三二
三四〇三
三四一八
三六一〇
三六三八
三六四九
三六八五
三七〇九
三九二〇
三九三一
四〇八二
四〇八七
四〇八九
四二八七
四二八八
四三〇五
四三一五
四三二五
四三七〇
四六二七
四九七三
五〇四二
五二五一
五二七六
五三九九
五五〇四
五五四六
五五八一
五五九九

無確切年號

六三六
九〇七
九〇八
九四五
九六九
一〇五六
一〇五六
一一〇〇
一一二二
一二〇五
一二二〇
一二二四
一二九〇
一三〇九
一三一〇
一三一三
一三一四
一三一五
一三一九
一三三八
一三三九
一三四〇
一三四四
一三四五
一三四九
一三五〇
一三五一
一三五二
一三六三
一三六六
一三六九
一三七〇
一三七六
一三七九
一三八一
一三八八
一三八九
一三九〇
一四〇二
一四〇二
一四〇九
一四一〇
一四一〇
一四一二
一四一五
一四一五
一四一六
一四一六
一四一七
一四一九
一四二〇
一四二七
一四四〇
一四四一
一四四一
一四四二
一四四四
一四四六
一四四七
一四四八
一四五一
一四六三
一四六四
一四六五
一四六六
一四六九
一四七〇
一四七八
一四七九
一四八一
一四八二
一四八六
一四八七
一四九〇
一五〇五
一五一九
一五二二
一五二三
一五二四